整治形式主义

RECTIFYING FORMALISM

李松 著

新华出版社

图书在版编目（CIP）数据

整治形式主义 / 李松著 . -- 北京 : 新华出版社 , 2025.1
ISBN 978-7-5166-7878-7
Ⅰ. D261.3
中国国家版本馆 CIP 数据核字第 2025WS0065 号

整治形式主义
作者：李松
出版发行：新华出版社有限责任公司
（北京市石景山区京原路 8 号　邮编：100040）
印刷：捷鹰印刷（天津）有限公司

成品尺寸：155mm × 245mm　1/16　　**印张：**17.75　　**字数：**280 千字
版次：2025 年 3 月第 1 版　　**印次：**2025 年 3 月第 1 次印刷
书号：ISBN 978-7-5166-7878-7　　**定价：**48.00 元

/ 序言一 /

“全景敞视”中的形式主义样态

——序李松《整治形式主义》

韩春晖 | 中共中央党校（国家行政学院）教授、博士生导师

《论语》有云：“君子以文会友，以友辅仁。”我和新华社记者李松多年的君子之交正是结缘于他的文字，它不断拓展了我的认知视野，提升了我的认知水平，也可算得是“以友辅仁”。自古以来，中国有道统却无文统，“文以载道”是文人志士的最高追求。李松的《整治形式主义》秉承着二十余年如一日的“载道”初心，以手中寸管勾勒出当前政治生态中形式主义病变的症状并给予方剂，令我更加深感“君子怀德”。

该书开篇就直陈形式主义的危害性——“形式主义害死人”，树立起认知、分析和评判形式主义表现的“观测点”。尔后分章细述了当前形式主义的十五种样态，即“政务秀场指尖式”“调查研究走秀式”“贯彻落实虚化式”“服务群众推诿式”“项目建设形象式”“召开会议重复式”“公文机械拼凑式”“责任担当退缩式”“工作实效包装式”“履行职责签单式”“对待问题漠然式”“检验考核过滥式”“民主生活按摩式”“信访接待太极式”“学习培训空心式”。

其中，他对每种样态的形式主义都进行了类型化提炼、表象化勾勒、机理性分析和对策性思考，形成了一个逻辑完整、相对独立却又互相联系的结构单元。一方面，这十五章既是开篇提出的“形式主义害死人”这一命题的具体展现，又是开篇中提出的形式主义治理思路的具体落实；另一方面，这十五章之间也存在一种相互关联——恶性循环的关联。例如，“调查研究走秀式”会导致领导干部心中无底、脑中无物，必然会导致“贯彻落实虚化式”和“服

务群众推诿式”。总体来看，这十五章既外在扩展，又内向回应了全书的“开篇”，就像一个个相连的“小房间”闭环地拱卫着耸立于圆心的“瞭望塔”，形成了颇具隐喻的“全景敞视监狱”的经典图景。

全景敞视监狱，是英国哲学家边沁于 1791 年提出的一个理论概念。该设计巧妙地利用了圆形建筑和中心瞭望塔的布局。通过逆光效果，人们可以从瞭望塔的与光源恰好相反的角度，观察四周囚室里被囚禁者的小人影。这些囚室就像是许多小笼子、小舞台。在里面，每个囚徒、每个演员都是茕茕孑立，各具特色并一览无余。

显然，李松对于这一理论概念的建构和运用娴熟于心且得心应手。置身于这个中心瞭望塔中，李松看到：有的人“从群里来，到群里去”替代“从群众中来，到群众中去”、用“键对键”替代“面对面”的行为；有的人作秀式调研，有时一天要调研十多个点，到调研点与基层干部握握手、说两句话、拍几张照后便离开；有的人在批评别人时按照事先设计的“台词”，避重就轻、隔靴搔痒，“是非面前不开口，遇到矛盾绕道走”；有的人习惯层层发文件、填表格，“以会议贯彻会议，以文件落实文件”，抓工作只重表面。这些人以为自己是优秀的“演员”，李松却知他们只是“囚徒”，被困于极端的官僚主义与扭曲的政绩观所共同编织的囚笼之中。

透过“实事求是”的棱镜，李松看到了这些“囚徒”的真正罪因：一是政绩观扭曲；二是本领恐慌；三是“官本位”思想；四是官僚主义；五是监督机制缺失。

当然，作为一个冷静的观察者，李松出于治理者视角的思考则极为审慎。他认为，历史和现实告诉我们，作风问题具有反复性、顽固性，反对形式主义不可能一蹴而就、毕其功于一役。

历代以来，中国文官队伍投身公职之初，都有士人精神和天下情怀，都想做一个“大写的人”。其实，选择一种形式主义的作风，也就意味着选择一种卑微的“活着”甚至“混着”。因为，一个人但凡躺平了，就会真的缺钙，再也站不起来；一个人但凡摆烂了，就会真的发臭，再也干净不了。李松看到了这一点，并把目光切向另一个视角——“后记：古人是这样整治形式主义的”。

由此，我看到古人是这样整治形式主义的——

庄子见鲁哀公，哀公曰：“鲁多儒士，少为先生方者。”庄子曰：“鲁少儒。”哀公曰：“举鲁国而儒服，何谓少乎？”庄子曰：

“周闻之：儒者冠圜者知天时，履句屦者知地形，缓佩玦者事至而断。君子有其道者，未必为其服也，为其服者，未必知其道也。公固以为不然，何不号于国中曰：无此道而服此服者，其罪死！”于是哀公号之五日，而鲁国无人敢儒服者。独有一丈夫，儒服而立乎公门。公召而问以国事，千转万变而不穷。庄子曰：“以鲁国而儒者一人耳，可为有多乎？”

时移势迁，此方可否？

是为序。

2024 年 12 月 31 日于北京半月苑

/ 序言二 /

让形式主义无处遁形

—— 为李松《整治形式主义》作序

郎佩娟｜中国政法大学教授

新华社记者李松的《整治形式主义》对形式主义作了全方位、深入细致的盘点，涉及形式主义的概念、表现、根源、危害、整治等。

形式主义是什么？形式主义是我们再熟悉不过的一个概念，但“熟知非真知”，要想全面准确且通俗易懂地诠释形式主义实在是件难事，因为有哲学视角的形式主义、宗教形式主义、法律形式主义、文学艺术形式主义等。李松认为：“形式主义是一种注重形式而忽视内容、不重视实效而脱离实际的形而上学的方法和作风。”从全书内容看，李松诠释的形式主义是政坛形式主义，即公权力机关和公职人员在推行政务、管理事务中的形式主义。这种形式主义的特点是只重形式，不屑内容；附赘悬疣，劳民伤财；不做实事，误国殃民。

形式主义有何具体表现？李松用较多篇幅细数了形式主义的各种表现，涉及数字政务、调查研究、政策落实、公共服务、项目建设、会议召开、公文写作、政绩报送、考核评比、民主批评、信访接待、学习培训等各领域的形式主义。细数之后，我们看到了一幅可怖的情景：形式主义是从上到下的、形形色色的、无处不在的。这些形式主义有些是早已有之的，有些是新近形成的，有些则是“花样翻新”的。例如，“指尖上的形式主义”就是一种新型形式主义。近些年来，我国积极推进数字政府建设，目的是优化政府组织和运行程序，提高政府治理、管理和服务能力。数字政府是指以现代计算机、通信网络等为支撑，将大数据、云计算、区块链、人工智能等数字技术应用于政府管理与服务的一种政府形态，其特点是政府自身建设和职能履行的数字化、网络化和智能化，例如数字机关建设、经济运行大数据监测分析、智慧监管、数字化社会治理、数字化公共服务、数字化生态环境治理等。但是，几乎与数字政府建设和运行同步，附着在数字政府上的形式主义不期而至，诸如政务应用软件过多过滥且强制使用、数据多头重复申报、过度留痕等。这种指尖上的形式主义与数字政府的应有效能和良好体验背道而驰，必然会引发广大基层工作人员和民众的口诛笔伐。再如，时下，无论是政策文件还是时事宣传都时不时冒出一些表面好听，实则掩盖社会问题的“新词”，有人认为这是“语言腐败”，也有人认为这是“不说人话”。从社会治理的角度看，面对公共问题不是务实求解而是用生造的新词粉饰门面，这可以说是花样翻新的形式主义。

形式主义的根源在哪里？这就涉及形式主义和官僚主义的关联。官僚主义是以“官本位”政治文化为基础的思维定式和行事做派。对上，官僚主义唯上、畏上、媚上，一切以上级意志为转移，凡事以上级满意为标准，为此甚至可以弄虚作假；对下，官僚主义高高在上，颐指气使，好大喜功，浮夸浮躁，敷衍推诿，不做实事。形式主义和官僚主义同是“官场病”，但在现实中，两者有着不同的外在表现。形式主义多表现为工作方式的各种“花架子”，官僚主义多表现为高高在上、做官当老爷的“官僚气”。形式主义和官僚主义有何关联？李松认为，一方面，形式主义和官僚主义是“种属关系”，形式主义是“种”，官僚主义是“属”，形式主义的根源就在官僚主义。这种看法可谓一语中的。正因有“楚王好细腰”的官僚主义，才有取悦上级、花样百出的形式主义。另一方面，形式主义和官僚主义常有重合之处，对于一级公权力机关来说，日常工作中的某些做法既是形式主义，也是官僚主义。正如李松所说：“官僚主义与形式主义互为因果，两者往往是你中有我、我中有你，或你就是我、我就是你。”例如，解决民众“急难愁盼”的问题，官僚主义说些大话、空话、套话，形式主义做些表面文章，制造一些毫无实效但足以内耗的虚假繁忙；随后，笔下生花，写一份讨上级欢喜的工作报告；最后，民众的诉求或被束之高阁，或被无限期拖延。这个过程表明，形式主义和官僚主义确实是通同一气的弊病。从更深处看，形式主义背后还有“官本位”政治文化，这种政治文化延续千年且影响至今。

形式主义有多大危害？李松认为，形式主义是一种作风。既如此，形式主义就有了“风”的某些特征。风，或弥漫，或流动，被风笼盖的人和物难以摆脱风的影响。同样地，形式主义成风的地方，无论民众还是官员都深受其害。首先，形式主义损害民众利益，甚至会对人民生命财产安全造成巨大损害。李松以“长沙‘4·29’特别重大居民自建房倒塌事故”为案例，分析了形式主义在这场事故中的推波助澜，由于这场事故，五十四条鲜活的生命瞬间消逝。进一步说，形式主义严重损害政府公信力，导致信心丧、民心失，动摇社会长治久安的根基。其次，形式主义损害公职人员的利益。在形式主义成风的地方，体制内公职人员面对形式主义大致有两种选择：一是积极抵制，抵制的结果可能是形式主义减少，也可能是“劣币驱逐良币”，一些人遭逆淘汰；二是消极顺应，顺应的结果是与形式主义同流，成为新进的形式主义者，并被日复一日的形式主义磨损精神，蹉跎岁月，辜负生命。

如何整治形式主义？在回顾历史的基础上，李松提出了整治当下形式主义的具体方法和一般方法。具体方法是整治特定领域形式主义的方法，如整治指尖形式主义、政策执行中的形式主义、公共服务中的形式主义等；一般方法是从具体方法中抽象出来并对具体方法有指导意义的整治形式主义的方法，包括各级领导以身作则、聚焦突出问题、加强监督检查、优化用人机制、重视制度建设等。实际上，整治形式主义更基础的问题是认知：一是认知整治形式主义于国、于民、于公职人员自身的必要性；二是认知整治形式主义务必跳出形式主义，不能以形式主义整治形式主义，否则，形式主义会越整越多；三是认知形式主义和工作方法的区别，要整治形式主义，也要创新工作方法；四是认知形式主义背后的“官本位”政治文化，整治形式主义还要破除这种政治文化的影响；五是认知整治形式主义的艰巨性和长期性，形式主义由来已久，根深蒂固，历经讨伐仍层出不穷，整治起来并不容易，但越是不容易就越要花大气力去做。正如李松所说：“作风问题具有反复性、顽固性，反对形式主义不可能一蹴而就、毕其功于一役。要保持‘咬定青山不放松’的定力，紧盯形式主义新动向、新表现，以钉钉子精神持续深入推进，久久为功。”

整治形式主义的目标是什么？目标就是让形式主义无处遁形。无处遁形何以体现？首先，可以体现为各级公权力机关和公职人员对形式主义的高度戒备和自觉抵制：一是各级都不再制造形式主义；二是上级监督下级，对下级的形式主义及时责令改正；三是下级对上级的形式主义不曲意逢迎，而是提出建设性改进意见；四是上级对下级的意见择善而行，纠正形式主义。其次，可以体现为民众对形式主义的抵制和监督。民众与公权力机关打交道，可能直接遭遇形式主义，是形式主义的受害者，民众的抵制和监督可以使有关部门认清问题并改进工作。公权力机关及时呼应民意，既表明自己真心实意抵制形式主义的态度，也给自己创造了建功立业、实现从政价值的机会。

对于公权力机关和民众齐心抵制形式主义，李松的判断和期待是："党风正则人心齐，人心齐则事业兴，必须让作风建设的警钟长鸣，使党员干部手握戒尺、心存敬畏，养成自觉接受监督的习惯，实现从'不敢''不能'到'不想'的深层次转变。"李松的期待也是我们共同的期待。我们相信，有公权力机关和民众的合力抵制，整治形式主义虽不能一蹴而就，但毕竟人心所向，必定未来可期。

是为序。

2024 年 12 月 10 日于北京

目录

CONTENTS

有的领导干部“宁愿不做事，只求不出事”，看到事情躲着走，遇到事情绕着走，凡事都要上级拍板，避免自己担责，甚至层层往上报、层层不表态。干事不作为、消极应付、不敢担当，习惯层层发文件、填表格，以会议贯彻会议、以文件落实文件，抓工作只重表面。

形式主义对待工作实效是知行不一，不求实效，花拳绣腿，贪图虚名，弄虚作假。最典型的特点是，对工作不重实效而重包装，把精力都放在“材料美化”上，一项工作刚开始就急于总结成绩、宣传典型，搞“材料出政绩”。

签订责任书是为了真正将责任落实下去，工作作出成效，签订责任书之前将责任细化、分类，不同的对象把握不同的责任内容，各司其职，各尽其责，才不会让责任书变成摆设。

／开篇／

形式主义害死人

2024 年 1 月 8 日，反腐大片《持续发力　纵深推进》第三集《强化正风肃纪》播出，其中湖南长沙自建房倒塌事故追责问责案例再次说明，在关乎人民生命安全的问题上，形式主义、官僚主义真的会害死人。

2022 年 4 月 29 日 12 点 24 分，湖南省长沙市望城区金山桥街道的一栋居民自建房忽然下坐式垮塌。从 8 层楼到变成一片废墟，仅仅 4 秒钟。

张双是 9 名幸存者之一，她的左腿严重受伤。而对于 54 名遇难者的家庭来说，事故留下的更是难以愈合的创伤。

如果能把时钟拨回到从前，其实曾有过避免悲剧的机会。涉事房屋属于金坪社区盘树湾组，房主是当地居民吴奇生、吴治勇父子。他们在 2012 年盖起了一栋 5 层楼房（局部 6 层），2018 年又擅自加盖到 8 层（局部 9 层），楼高达 26.3 米。整个过程他们从没有向任何部门报备、办证，设计施工找的都是没有专业资质的人，导致房屋结构和建筑质量都存在严重隐患。最不可思议的是，除了一楼是实心砖墙，二至五层全是承重性很差的空斗墙，出问题是早晚的事。现在，吴奇生已经在事故中丧生，吴治勇则受到法律的制裁。

当房主安全意识和基本常识极度缺失时，监管就显得格外重要。2016 年以来，党中央、国务院及湖南省委、省政府曾先后 6 次部署开展专项行动，要求对违建房屋清查整治，切实维护人民生命财产安全。但这栋夺命建筑竟然在历次行动中都成了漏网之鱼，最终酿成悲剧。

事后再多忏悔，都无法挽回逝去的生命。经党中央批准，中央纪委国家监委对负有领导责任的 4 名中管干部予以追责问责；湖南省纪委监委对 62 名省管及以下干部进行追责问责，其中 4 人涉嫌严重违纪违法，被移送司法机关；对此次事故负有责任的 20 个单位被责令作出书面检查并切实整改。房主吴治勇及房屋设计施工人员、检测公司相关人员等 14 人，也都被追究相应的法律责任。

形式主义是作风建设的一大顽疾，与中国共产党的性质、宗旨和优良作风格格不入。党的十八大以来，中央把“整治形式主义，为基层减负”作为党的作风建设的重要内容来抓，解决了一批突出问题，刹住了一些歪风邪气。

但不容忽视的是，一些困扰基层的形式主义问题依然存在，甚至有的问题十分顽固、积习难改，在各个领域派生出不少新表现。诚然，现实中的形式主义通常会给出各种冠冕堂皇的理由，有时界限也不那么明显，具有一定的迷惑性和隐蔽性，甄别起来比较困难。但不管使用什么“障眼法”，只要用实事求是这把“尺子”去衡量，就能让各种形式主义原形毕露。

2023 年 6 月 15 日，中央层面整治形式主义为基层减负专项工作机制会议在京举行。会议再次聚焦形式主义这一顽疾，强调要将整治形式主义为基层减负作为学习贯彻习近平新时代中国特色社会主义思想主题教育的重要内容，将纠治和力戒形式主义、官僚主义摆在更加突出的位置，持续推动党风、政风、社会风气向上向好，以整治成果彰显主题教育成效。

一

形式主义是一种注重形式而忽视内容、不重视实效而脱离实际的形而上学的方法和作风。其典型特征是脱离现实生活，强调审美活动的独立性和艺术形式的绝对化，认为是形式决定内容，而不是内容决定形式。

形式主义和官僚主义之间存在着形影不离的“种属关系”——形式主义属于官僚主义的一种，官僚主义必然产生形式主义。

在谈及官僚主义与形式主义之间关系的问题时，邓小平在 1992 年南方谈话中曾一针见血地指出：“形式主义也是官僚主义。”[1]官僚

①《邓小平文选》第三卷，北京：人民出版社，1993 年版，第 381 页。

主义与形式主义互为因果，两者往往是你中有我、我中有你，或你就是我、我就是你。形式主义根源于官僚主义，官僚主义总是千方百计保护形式主义，形式主义是官僚主义所纵容、所允许的。例如，有的领导好大喜功，报喜则奖，报忧则批。这样容易助长官僚主义，反过来又为形式主义推波助澜。

中国共产党成立以来，就一直反对形式主义、官僚主义。早在 1922 年 7 月，党在二大通过的组织章程决议中就指出："党的一切运动都必须深入到广大的群众里面去。"[①]这就告诫所有的共产党人都应该对脱离实际、脱离群众的形式主义、官僚主义保持高度警惕性。

大革命失败后，为了争取群众，掀起革命新高潮，1928 年 11 月，党在《告全体同志书》中指出，不仅要警惕以"机械的找些工人分子""机械的规定指导机关工人成分的比例"[②]的形式主义方式来改造党的倾向；而且还要警惕"不去说服群众，鼓动群众自动的斗争，而用机械式的命令或威力去恐吓群众"[③]的命令主义倾向。

1929 年 6 月，针对当时红四军内部存在比较严重的形式主义问题，毛泽东认为，"于工作上是否有效果，于斗争上是否更形便利，不从需要上实际上去估量，单从形式上去估量"的"这种形式论"，如果任其"发展下去，势必不问一切事的效果，而只是它的形式，危险将不可胜言"。[④]

1930 年，毛泽东在著名的《反对本本主义》中就尖锐地指出："形式主义是一种幼稚的、低级的、庸俗的、不用脑筋的东西。""形式主义害死人！"1930 年 5 月，针对当时开口闭口"拿本本来"的形式主义状况，毛泽东语重心长地指出："我们说上级领导机关的指示是正确的，决不单是因为它出于'上级领导机关'，而是因为它的内容是适合于斗争中客观和主观情势的，是斗争所需要的。"认为"不根据实际情况进行讨论和审察，一味盲目执行，这种单纯

①《建党以来重要文献选编（1921—1949）》第一册，北京：中央文献出版社，2011 年版，第 162 页。

②《建党以来重要文献选编（1921—1949）》第五册，北京：中央文献出版社，2011 年版，第 719 页。

③《建党以来重要文献选编（1921—1949）》第五册，北京：中央文献出版社，2011 年版，第 716 页。

④《毛泽东文集》第一卷，北京：人民出版社，1993 年版，第 72 页。

建立在‘上级’观念上的形式主义的态度是很不对的”。批评这种做法是“形式主义”，指出这种“唯上”是做给上级看的，老百姓要的是实效。并断言“为什么党的策略路线总是不能深入群众，就是这种形式主义在那里作怪”。①

1933 年 8 月，针对经济工作存在的形式主义、命令主义现象，毛泽东在中央革命根据地南部十七县经济建设大会上指出：“要把官僚主义方式这个极坏的家伙抛到粪缸里去”，要同“不理不睬或敷衍塞责的怠工现象”和“命令主义”②作严厉的斗争。在他看来，认为动员群众的方式“不应该是官僚主义的”，开展经济建设工作“同样来不得官僚主义”，也就是说，官僚主义的领导方式“是任何革命工作所不应有的”。③1933 年 11 月，针对上级领导机关出现的脱离基层实际的官僚主义现象，毛泽东在《长冈乡调查》中提出：“反对官僚主义的最有效方法，就是拿活的榜样给他们看。”④因此，1934 年 1 月，中华苏维埃共和国第二次全国代表大会召开之际，大会执委会专门将毛泽东所著的《乡苏工作的模范》⑤一书印发给了参加会议的各位代表，以期通过学习典型经验来防止和克服苏维埃工作中存在的形式主义、官僚主义。

抗日战争时期，毛泽东对我们党内不懂战争策略的形式主义进行了深刻的批判。战争中以空间换取时间，为了长远的胜利，暂时放弃土地，存地失人、人地皆失，存人失地、人地皆存，不打无把握之仗本身是一种战争艺术和战争谋略，是一切从战争实际出发的客观现实需求。但是形式主义者盲目地执着于与敌人战斗的形式，目光短浅，斤斤计较于一城一地的得失。对此，毛泽东指出：“事物是往返曲折的，不是径情直遂的。”⑥我们的战争策略只有根据变化了的客观实际来适时作出相应的调整才能保证在残酷而又现实的战争中把握主动赢得先机，战争的形式及方式方法是需要根据现实战争环境这一内容的不断变化而变化，形式主义者就是用老一套旧

①《毛泽东选集》第一卷，北京：人民出版社，1991 年版，第 111 页。

②《毛泽东选集》第一卷，北京：人民出版社，1991 年版，第 124–125 页。

③《毛泽东选集》第一卷，北京：人民出版社，1991 年版，第 124 页。

④《毛泽东文集》第一卷，北京：人民出版社，1993 年版，第 277 页。

⑤ 该著作分为《乡苏工作的模范（一）—— 长冈乡》《乡苏工作的模范（二）——才溪乡》两篇文章，后来收入中共中央文献研究室编《毛泽东农村调查文集》，分别改名为《长冈乡调查》和《才溪乡调查》。

⑥《毛泽东选集》第二卷，北京：人民出版社，2009 年版，第 509 页。

一套来应付新情况、新战局，这样的思路和做法终归是要把革命引向失败的。

1941 年，针对党内仍然严重存在的“粗枝大叶、不求甚解、自以为是、主观主义、形式主义的作风”，[①]毛泽东在《中共中央关于调查研究的决定》中郑重地指出：“必须力戒空疏，力戒肤浅，扫除主观主义作风。”[②]

1941 年 9 月 14 日、15 日，延安《解放日报》连载了一篇调查报告——《鲁忠才长征记》，说的是陕甘宁边区鄜县城关区副区长鲁忠才率领一支农民运输队到盐池县运盐的经过。不寻常的是，毛泽东在前面加了一个按语：“这是一个用简洁文字反映实际情况的报告，高克林同志写的，值得大家学习。现在必须把那些‘下笔千言，离题万里’的作风扫掉，把那些‘夸夸其谈’扫掉。把那些主观主义、形式主义扫掉。高克林同志的这篇报告是在一个晚上开了一个三个人的调查会之后写出的，他的调查会开得很好，他的报告也写得很好。我们需要的是这类东西，而不是那些千篇一律的‘夸夸其谈’，而不是那些党八股。”[③]

毛泽东为什么对一篇看似普通的有关运盐的文章大加赞扬？详情见《同舟共进》2008 年第 3 期。这里只谈谈毛泽东在“按语”中两次点名“夸夸其谈”，其实批评的是《解放日报》。

创刊于 1941 年 5 月 16 日的延安《解放日报》，是中共中央直接领导的党的机关报。初期办报的领导是博古。胡乔木回忆：“初期的《解放日报》，尽管在总的办报宗旨和指导思想上接受党中央的领导，然而，主观主义、教条主义、党八股这些错误的东西，还不时地表现出来。当时存在的问题具体表现为：第一，在版面安排上，固守于‘一国际，二国内，三边区，四本市（延安市）’的不成文规定，而不是根据党和群众的需要进行安排。”在相当长的一段时间内，报纸的头版头条都是苏联战场的战报。这让人看着与苏联的《真理报》没什么区别。而解放区自己的事情，则被摆到了次席。博古还要求按照苏联《真理报》的形式，每天发表一篇社论。当时的总编辑杨松每天苦思冥想地写社论，写了不到三十篇就累倒

①《毛泽东文集》第二卷，北京：人民出版社，1993 年版，第 360 页。

②《毛泽东文集》第二卷，北京：人民出版社，1993 年版，第 361 页。

③ 李树泉：《扫掉“下笔千言，离题万里”的作风》，《人民日报》，2020 年 1 月 7 日第 19 版。

了，以致英年早逝。形式主义害死人，这是一个典型案例。

而《鲁忠才长征记》这样的重要调查报告，毛泽东加了按语，本应重点宣传，但是报纸仅在第二版（当时的报纸每天只有两版）的左下角见报。这篇还没有社论长的文章，还是分两天刊登完的。毛泽东极为不满，说《解放日报》不是党报，而是“社报”。

毛泽东下决心把那些“下笔千言，离题万里”的作风坚决扫掉。改版后的《解放日报》突出宣传抗日前线战况和解放区的政治、经济、文化建设大事。文风讲究实际，语言生动活泼。这个改变起到了明显的效果。《解放日报》真正变成了一张反映人民生活的报纸，变成了一张人民喜欢看的报纸。

《解放日报》的改造是毛泽东反对“党八股”文风、反对盲目崇洋的形式主义斗争的一部分。1942 年 2 月，针对“党八股”问题，毛泽东在《反对党八股》中列举了“党八股”的八条罪状，其中，他着重指出：“现在许多同志津津有味于这个开中药铺的方法，实在是一种最低级、最幼稚、最庸俗的方法。这种方法就是形式主义的方法。”①同时，他还指出，五四运动之后，共产党内“一部分人发生偏向，马克思主义没有拿得稳，犯了形式主义的错误。这就是主观主义、宗派主义和党八股，这是形式主义向‘左’的发展”。②

1942—1945 年的延安整风运动，大力反对主观主义、形式主义、官僚主义，从而使“形式主义”这一概念广为人知，形式主义和官僚主义也成为历代中央领导集体坚决反对的工作作风。

1949 年 9 月，针对各地区在召开各界代表大会时“存在形式主义”“缺乏中心内容”等问题，毛泽东强调，“必须反对形式主义”，要“切切实实讨论工作中存在的为人民所关心的问题”“否则将损害党的政治威信”。③

二

中华人民共和国成立后，中国共产党更加重视反对形式主义，尤其是官僚主义，组织开展了一系列斗争。

1953 年，中央就曾针对区乡工作中“任务多、会议集训多、

①《毛泽东选集》第三卷，北京：人民出版社，1991 年版，第 838 页。
②《毛泽东选集》第三卷，北京：人民出版社，1991 年版，第 832 页。
③《毛泽东文集》第五卷，北京：人民出版社，1996 年版，第 337 页。

公文报告表册多、组织多、积极分子兼职多”的“五多”问题，进行了一次集中整治。“五多”问题，首先是中央西北局在农村调查时发现并总结上报中央的。中央高度重视这个报告，3 月 19 日转发这个报告并向全党发出指示指出，“五多”问题“集中地反映了我们党政组织在农村工作中一些严重地脱离农民群众、损害农民及其积极分子的利益的问题”，要求各地区、各部门应仿照西北局的办法，深入检查引起“五多”问题的事项，迅速加以清理。

经过整治，“五多”问题在不同程度上得到解决。但中央没有掉以轻心，1953 年 6 月 20 日，在《批转西北局关于解决区乡工作中“五多”问题的指示》中指出：“一次安排好一切，也是不可能的”，各级党委应将它“当作一种经常的注意事项，不断检查、不断改进，认真克服官僚主义与分散主义，反掉错误的制度和领导方法，随时建立起正确的领导制度和方法，并使之巩固下去”。

不出中央所料，一些地方“五多”问题很快有所回潮。1960 年 3 月 14 日，山东历城县委在一份报告中说，基层仍然存在“五多五少”的问题：会议多，联系群众少；文件、报表多，经验总结少；人们蹲在机关多，认真调查研究少；事务多，学习少；一般号召多，细致的组织工作少。

邓小平对形式主义一贯深恶痛绝，他在成为党的第二代领导核心以后，一直倡导坚持实事求是，一切从实际出发，反对和破除形式主义，多次要求领导干部在工作中必须务实求实。

邓小平在 1978 年就指出：“追求表面文章，不讲实际效果、实际效率、实际速度、实际质量、实际成本的形式主义必须制止。说大话、说空话、说假话的恶习必须杜绝。”[①] 同年，他再次批评了“一项工作布置之后，落实了没有，无人过问，结果好坏，谁也不管”[②] 的现象。

1980 年，邓小平在《党和国家领导制度的改革》一文中剖析了官僚主义、形式主义的种种表现：“高高在上，滥用权力，脱离实际，脱离群众，好摆门面，好说空话，思想僵化，墨守成规，机构臃肿，人浮于事，办事拖拉，不讲效率，不负责任，不守信用，公文旅行，互相推诿，以至官气十足，动辄训人，打击报复，压制

①《邓小平文选》第二卷，北京：人民出版社，1994 年版，第 100 页。

②《邓小平文选》第二卷，北京：人民出版社，1994 年版，第 150–151 页。

民主，欺上瞒下，专横跋扈，徇私行贿，贪赃枉法，等等。这无论在我们的内部事务中，或是在国际交往中，都已达到令人无法容忍的地步。”①

有的领导者做报告、写文章，装腔拿调，烦琐冗长，内容空洞，套话连篇，不着边际，不知所云。这种充满八股习气的讲话和文章，无助于任何问题的解决。针对这种现象，邓小平曾尖锐地批评：“现在有一个问题就是形式主义多。电视一打开，尽是会议。会议多，文章太长，讲话也太长，而且内容重复，新的语言并不很多。”②他主张领导者讲话态度鲜明，内容扼要，“没有话就把嘴巴一闭。不开空话连篇的会，不发离题万里的议论”。③

有的领导者整天沉湎于开会和批阅文件，靠画圈圈过日子，没有时间深入基层，没有精力抓工作落实。开会时议来议去，议而不决；批文件时批来批去，不了了之。遇到问题“踢皮球”，碰到矛盾绕道走，该办的事情拖着不办，该解决的问题解决不了。邓小平对这种“文山会海”的现象曾经痛心疾首地指出：“到处靠开会画圈圈过日子，许多问题一个电话就可以解决的，拖到半年解决不了，这样还搞什么四个现代化！”④他反复强调“开会要开小会，开短会，不开无准备的会……开会、讲话都要解决问题”。⑤

邓小平反对形式主义、官僚主义的思想，是邓小平理论的重要组成部分。它植根于革命实践沃土，经历了革命战争年代起步探索、中华人民共和国成立后系统发展、改革开放后成熟完善的过程。

三

党的十八大以来，以习近平同志为核心的党中央抓住作风建设这条主线，持之以恒纠正“四风”，党风政风为之一新、党心民心为之大振。

早在2012年11月15日，习近平总书记在十八届中央政治局常委第一次与媒体集体见面会上就指出：“一些党员干部中发生的

①《邓小平文选》（1975—1982），北京：人民出版社，1983年版，第287页。
②《邓小平文选》第三卷，北京：人民出版社，2001年版，第381页。
③《邓小平文选》第二卷，北京：人民出版社，1994年版，第283页。
④《邓小平文选》第二卷，北京：人民出版社，1994年版，第142-143页。
⑤《邓小平文选》第二卷，北京：人民出版社，1994年版，第262-263页。

贪污腐败、脱离群众、形式主义、官僚主义等问题，必须下大气力解决。”

习近平总书记深刻指出：“形式主义、官僚主义同我们党的性质宗旨和优良作风格格不入，是我们党的大敌、人民的大敌。”[①]针对党内存在的不正之风，特别是形式主义、官僚主义、享乐主义和奢靡之风等问题，中央把颁布执行八项规定作为切入口，以踏石留印、抓铁有痕的劲头，持续深化“四风”整治。

2017 年 12 月，习近平总书记就新华社一篇题为《形式主义、官僚主义新表现值得警惕》的文章作出重要指示：“文章反映的情况，看似新表现，实则老问题，再次表明‘四风’问题具有顽固性、反复性。纠正‘四风’不能止步，作风建设永远在路上。”“特别要针对表态多调门高、行动少落实差等突出问题，拿出过硬措施，扎扎实实地改。”[②]

改作风走到今天，享乐主义和奢靡之风在很大程度上受到遏制，但形式主义不断衍生出新变种，成为隐蔽性极强的“软钉子”，在一些地方甚至还比较突出，主要有十五种新表现：

一是在数字政务方面，不少地方只图“有”，不管“用”，更不想“优”，先进的“数字政务”沦为形式主义的“新画皮”。有的地方只为“装点门面”，别人搞了，自己也得搞，但搞而不用，只在领导视察时露个脸；有的“线上线下两张皮”，既搞线上的信息化，又要填线下的纸质表；等等。

二是在调查研究方面，有的单位搞形式、走过场，像打造旅游线路一样打造“经典调研线路”，无论什么调研主题，去的是同一条路线、访的是同一批对象、听的是同一套说辞，大搞走秀式调研。

三是在贯彻落实方面，有的领导干部对贯彻落实中央重大决策部署表态多、调门高，但行动少、落实差，虚多实少，仅仅满足于“轮流圈阅”“层层转发”“安排部署”，个别领导干部说一套、做一套，我行我素。

四是在服务群众方面，有的单位表面上推进服务型政府建设，

---

① 习近平：《在中共十九届中央政治局民主生活会上的讲话》，《人民日报》，2017 年 12 月 27 日。

② 习近平就新华社文章《形式主义、官僚主义新表现值得警惕》作出的指示（2017 年 12 月），《人民日报》，2017 年 12 月 12 日第 1 版。

"门好进、脸好看"，但还是"事难办"，将过去的"管、卡、压"变成了现在的"推、绕、拖"。有的政务服务热线电话长期无人接听。有的政府网站更新的内容主要是领导活动，政务公开、便民服务等栏目几乎成为"僵尸"栏目。

五是在项目建设方面，一些地方热衷于打造领导"可视范围"内的项目工程，而不考虑客观实际，"不怕群众不满意，就怕领导不注意""奖状一屋子，工作还是老样子"。

六是在召开会议方面，一些地方无论什么会议都要层层重复开，一个接一个，检查评比走马灯，导致干部疲于应付，没有时间抓落实。

七是在改进文风方面，有的地方写文件、制文件机械照搬照抄，出台制度规定"依葫芦画瓢"，内容不是来自调查研究，而是源自抄袭拼凑。

八是在责任担当方面，有的领导干部"只求不出事，宁愿不做事"，凡事都要上级拍板，避免自己担责，甚至层层往上报、层层不表态。

九是在工作实效方面，有的地方对工作不重实效而重包装，把精力都放在"材料美化"上，一项工作刚开始就急于总结成绩、宣传典型，搞"材料出政绩"。

十是在履行职责方面，有的部门热衷于与下属单位签订责任书，将责任下移，试图让下级的责任书成为自己的"免责单"。

十一是在对待问题方面，有的党员干部对身边不良风气和违规问题态度漠然，事不关己，高高挂起；知情不报，听之任之，甚至在组织向其了解情况时仍不说真话。

十二是在检查考核方面，在有些地方，名目繁多的核查、评比、考核，数不胜数的重复报表、材料、展板、模型，表面上轰轰烈烈，声势浩大，基层干部也是整天忙得团团转，老百姓却见不到实惠，也解决不了实际问题。

十三是在民主生活方面，一些单位的领导班子民主生活会，存在不愿批评、不会批评、不敢批评的情况；有的在会前先把本人的不足写在纸上，供别人批评自己作参考；有的对会上"谁批评谁""批评什么"都事先做好安排。

十四是信访接待方面，有些地方的信访接待，存在超期未办结、调查不认真、处置不到位、反馈不及时等问题；有的存在压件不办、久拖未办或者一转了之等问题。

十五是学习培训方面，有的干部因为工作繁忙“不愿学”、碌碌无为“不爱学”，或装点门面“不真学”、急功近利“不深学”。有些地方或单位组织的干部培训，重形式、轻内容，重留痕、轻实效。

上述十五种形式主义新表现，必须下大力气加以整治。

中共中央办公厅2019年3月11日印发《关于解决形式主义突出问题为基层减负的通知》，把2019年定为“基层减负年”。中国将如何破解“口号喊得震天响，行动起来轻飘飘”的形式主义问题，备受瞩目。

习近平总书记在2019年5月31日举行的“不忘初心、牢记使命”主题教育工作会议上明确指出，“抓落实”的重要内容之一，就是“力戒形式主义、官僚主义”。“力戒”，一个颇具分量的词汇，体现出习近平总书记反对形式主义、官僚主义的坚定态度。

2020年1月19日，中央纪委国家监委首次向社会公开发布查处形式主义、官僚主义问题的数据：2019年，全国共查处形式主义、官僚主义问题7.49万起，处理党员干部10.8万人。统计结果显示，形式主义、官僚主义问题量多面广，群众对党员干部不担当、不作为等问题反映强烈。

2020年4月14日，中共中央办公厅印发了《关于持续解决困扰基层的形式主义问题　为决胜全面建成小康社会提供坚强作风保证的通知》。该文件提到，2019年的工作取得明显成效，但2020年仍不能放松。一些困扰基层的形式主义问题依然存在，还出现了一些新动向、新表现。

来自中央纪委国家监委的统计数据显示，党的十九大以来，截至2022年8月底，全国纪检监察机关共查处形式主义、官僚主义问题27.3万个，批评教育帮助和处理41.0万人，其中给予党纪政务处分24.3万人。[1]

中共中央办公厅有关负责人在接受媒体采访时说，一些形式主义现象改头换面、隐形变异，有的屡禁不止。例如，发文件红头改白头、正式改便笺，同一议题会议层层重复开，过多要求基层提供

① 陆丽环：《党的十九大以来全国共查处形式主义、官僚主义问题27.3万个》，中央纪委国家监委网站，2022年10月9日。

视频或图片资料作为工作佐证，调研扎堆，流于形式，干扰基层工作，以“属地管理”为由搞责任“甩锅”。

四

历史和现实告诉我们，作风问题具有反复性、顽固性，反对形式主义不可能一蹴而就、毕其功于一役。要保持“咬定青山不放松”的定力，紧盯形式主义新动向、新表现，以钉钉子精神持续深入推进，久久为功。

形式主义这种歪风邪气，它的存在、发展是有其根源的。

一是政绩观扭曲导致脱离实际、胡乱作为。有人将形式主义比喻成“臭豆腐”——闻着臭，吃着香。群众看着观感极差，但于当事者而言，搞一番形式不但可代替实际工作，甚至还可能“出政绩”。

有的人顾虑个人的仕途和名利，或者为了小集团的利益，既不愿意下功夫真抓实干，又想取宠于上级领导，因而去搞形式主义的花架子、做表面文章，只重显绩而不重潜绩，只练唱功而不练做功，抓工作只要“短平快”、不要“长远实”。其根子是虚假的政绩观和严重缺失的责任心，用简单易行的表面工作代替了需要艰苦奋斗的过程。这类的形式主义者总摆出一副“政治正确”的样子，常常以“对上级负责”为借口，其实，真正对之负责的只不过是他们自己的名利或他们那个小集团的利益。所以，宁肯不顾实际需要，使工作受损失，也要去迎合、应付、讨好上级，从根本上讲，这是个人主义在作祟。

二是缺乏担当、本领恐慌导致懒政怠政。形式主义、官僚主义的产生与一些党员干部懒政怠政密不可分。不分缘由地“一禁了之”、不切实际地“搞一刀切”、不问是非地“各打三十大板”等皆属此类。

归根到底，懒政怠政与缺乏担当精神有关。只想揽权而不想担责，只想出彩而不想出力，自然遇见好事就办，遇见困难就拖，遇见矛盾就躲，“宁愿不做事，只求不出事”。缺乏担当本领，不会与时俱进、因地制宜地创新工作方式方法，就只能照搬照抄上级要求，“上下一般粗”，妄图“一把钥匙开各种锁”，抑或囫囵吞枣、不求甚解，“依葫芦画瓢”，想要“一个药方包治百病”。

三是“官本位”思想影响导致脱离群众，高高在上。形式主义、官僚主义积弊甚深，与传统文化糟粕的流毒有着密切关系，其中，“官本位”思想和“面子”文化影响最深。

官僚主义自不必说，无论是脱离实际，脱离群众的高高在上，还是作风霸道、迷恋特权的目中无人，都折射出权力的任性。受“官本位”思想影响，一些党员干部自觉不自觉地就有了“官老爷”做派和“衙门作风”，出门“讲排场、要威风”，群众办事“门难进、脸难看、事难办”，包括“门好进、脸好看”，但依然“事难办”，“一朝权在手，便把令来行”“对上唯唯诺诺，对下横眉立目”等都是这种做派的具体表现。

“讲面子”“好面子”等思想深深根植，也在一定程度上助长了形式主义、官僚主义。中国人的面子情结源远流长，鲁迅先生曾辛辣地将面子喻为中国人的“精神纲领”。现实中，“死要面子活受罪”“宁失‘里子’也要‘面子’”“做足‘面子’好显摆”等现象并不鲜见，有的领导干部下基层调研的习惯层层陪同、前呼后拥，有的习惯以开会解决问题，大会小会“各方代表”都得到齐，以显示重视，归根到底还是“面子”文化作祟。

四是上级罔顾实际，下级应付差事，官僚主义催生形式主义。有人说，形式主义的发生有时是被官僚主义给“逼”出来的，不无道理。

有的领导机关和领导干部好大喜功，定不切实际的高指标，层层下压，逼下面搞形式主义。督查检查、评比达标活动过多过滥，基层应接不暇；检查工作不深不细、蜻蜓点水、走马观花，下面做表面文章，上面看表面文章。官僚主义为了掩饰自己，也最怕形式主义被揭穿，总是千方百计地保护形式主义。有关部门考察干部不深不透，提拔重用了一些惯于搞形式主义的人。这些都在客观上起到了纵容和助长形式主义的作用。于是，本来躲躲闪闪的形式主义便摇身一变，理直气壮、堂而皇之地登上了大雅之堂。

五是监督机制缺失导致心存侥幸、少有顾忌。形式主义之所以屡禁不止，还在于形式主义的界限往往不明晰，甄别起来有一定困难，给监督和问责带来一定难度。特别是形式主义者往往又会摆出很多冠冕堂皇的理由，披上各种各样“政治正确”的外衣，具有极强的迷惑性。

这些“障眼法”骗得了一时，骗不了一世，但在客观上提高了形式主义被发现的难度，造成监督难以及时到位，这让形式主义的想法、做法在一些党员干部中始终存在市场。而且，有时候形式主义带来的损失和危害并不直接，这不仅带来监督的滞后，追责也难以及时跟上。由此，一些党员干部索性平日采取“睁一只眼，闭一只眼”的态度，甚至听之任之，监督和处罚都没有动真碰硬，甚至陷入“以形式主义反形式主义”的怪圈中，在客观上纵容和助长了形式主义。

还有一个更深层次的根源，从历史角度来看，我们反对形式主义都是重视运用教育培训的方式解决，而不太重视制度和机制建设。用法律、党内法规或其他制度对形式主义表现形态、适用情形、认定标准、处罚措施等作出有针对性的规定，这方面积累的经验比较少。

正是因为在历史上高度重视反对思想方法上的形式主义，往往将工作实践中的形式主义当作思想方法上的形式主义来对待和处理。因此，整治形式主义常采用整风的方式来进行解决，而不是通过制度、机制等常规方式来解决。如延安整风运动解决主观主义、宗派主义、党八股等作风问题。用整风的方式来解决形式主义作风问题，容易将已经蔓延开来并具有普遍性的不良党风、政风在较短时期内遏制住，但这种运动式的治理也有弊端。运动式治理对形式主义作风问题的处理在不同时期处理的力度不一样，往往是紧一阵、松一阵。运动来了，有关部门和机构对“顶风违纪”处理很严很重，运动过后则处理相对较轻。运动式治理往往大量采用通知、意见、方案等非规范性方式要求整改，较少通过稳定性制度安排的方式处理。

不正之风具有容易复发的特点，由于缺乏稳定性的制度和机制保障，“运动式”治理之后，不良作风可能会复发并蔓延。时紧时松的运动式治理容易造成习惯性依赖，一旦出现形式主义作风问题，往往总希望发起新的运动来解决。这种依赖程度越深，给形式主义留下的制度性缺陷空间就越难缝合。

五

习近平总书记在十九届中央纪委三次全会上强调，要把力戒形式主义、官僚主义作为重要任务。各地区、各部门党委（党组）要履行主体责任，紧盯形式主义、官僚主义的新动向新表现，拿出有效管用的整治措施。

实践证明，分析形式主义“制度性缺失”的形成机理，系统审视权力运行全过程，抓住决策、执行、监督、用人等关键环节，更有利于对症施策，治理“以形式主义反对形式主义”，铲除形式主义滋生的制度土壤。

首先，领导干部率先垂范，发挥好“头雁效应”。“上为之，下效之。”一些形式主义问题表现在下面、根子在上面。防止和克服形式主义，就要从领导干部带头做起改起。要抓住“关键少数”，发挥领导干部的“头雁效应”，通过领导干部以身作则，层层压实责任，推动上行下效。

一方面，从中央和国家机关的党员干部抓起。中央和国家机关是国家治理体系的中枢，地位重要，影响面广，中央和国家机关领导干部的“头雁效应”更加明显。反对形式主义、官僚主义的“第一刀”，先从中央和国家机关切起，从中央和国家机关学习贯彻党的十九大精神和文件印发、会议召开、政务公开、审批监管、调查研究等工作的实效入手，扎扎实实地抓、认认真真地改，以优良作风层层带动各级党政机关和党员干部转作风、改作风。

另一方面，从各级党组织主要负责人抓起。党组织主要负责人是头雁，是“关键少数”中的“关键少数”，其作风是一个地方或单位领导班子成员乃至全体党员干部作风的风向标。必须紧紧盯住各级党组织主要负责人，督促其树立优良作风，以上率下，以“关键少数”的自我革命带动“大多数”党员干部的作风转变。

其次，坚持问题导向，把工作抓实抓细。形式主义往往比享乐主义、奢靡之风难分辨、难定性。各级党组织要聚焦突出问题，加强调查研究，充分认识形式主义的多样性和变异性，摸清形式主义在不同时期、不同地区、不同部门的不同表现，把握共性、突出个性，强化“靶向治疗”。

要聚焦表态多、调门高、行动少、落实差等突出问题，以此为突破口和切入点，紧抓不放、一抓到底，以点带面，用小切口推动大变局。

当前，重点是要聚焦贯彻落实中央重大决策部署，打好防范化解重大风险、精准脱贫、污染防治的攻坚战。对于保障和改善民生水平等方面工作中存在的形式主义、官僚主义问题，应着力整治、抓出成效。

第三，健全监督制度，做到露头就打。推行第三方评估，防止决策者自定标准、自说自话；注重考核实际效果，防止事无巨细地查询痕迹，力求客观、独立、公正；要建立健全群众评议制度，增加群众评议干部的分量和话语权。不仅要上级考核下级，也要加大基层和群众对决策部门考核的话语权；加强决策的合法性审查，防止权力任性，杜绝随意决策。要充分发挥社会监督的作用，通过明察暗访、政务公开、微信微博、信访举报、网上投诉等方式，畅通群众举报渠道。

坚持把纪律和规矩挺在前面，对热衷于搞形式主义的党员干部及时“红脸出汗”“咬耳扯袖”，该提醒的提醒，该批评的批评，该诫勉的诫勉，防止小问题造成大影响。对确实构成违纪、需要追究党纪政纪责任的党员干部，该调整岗位的调整岗位，该免职的免职，该处分的处分，既追究直接责任人的责任，又追究有关领导的责任，并点名道姓通报曝光，以严肃问责倒逼党员干部转作风、改作风。

第四，优化选人用人机制，把好用人关。用一贤人则群贤毕至，见贤思齐就蔚然成风。要综合考量政治素质、能力素质、工作实绩等因素，把政治过硬、本领高强、作风务实的干部用起来，在一线实践中培养干部、识别干部，加大干部上下交流力度，切实防范“只有唱功，没有练功”的干部。在党内形成向上的正能量，树立正确的用人导向，让干部看到什么样的人能用，什么样的人不用，让正确的用人机制成为引领干部作风建设的风向标。

党风正则人心齐，人心齐则事业兴，必须让作风建设的警钟长鸣，使党员干部手握戒尺、心存敬畏，养成自觉接受监督的习惯，实现从“不敢”“不能”到“不想”的深层次转变，积极主动投入反对形式主义的斗争中。

整治形式主义，我们一直在路上……

/ 形式主义表现一 /

政务秀场指尖式

“互联网＋政务”在促进办公信息化、便利化的同时，也催生了“指尖上的形式主义”。有的通过微信群、钉钉群等下达“微指令”，通过政务App发通知、要数据、填报表，群里指示、群里回复、群里安排、群里落实，“从群里来，到群里去”代替了“从群众中来，到群众中去”；有的为推广使用互联网应用程序，滥用排名、定期通报、挂钩考核，或为各种评先创优拉票，层层分包任务、最终压到基层，“考核过关了，啥也没落实”……“指尖上的形式主义”屡禁不绝的背后是作风问题在作祟，根源是政绩观出现了偏差。

为基层减负　　　　新华社发 徐骏作

2024年10月14日，“指尖上的形式主义”全国整治工作会议在京召开，就持续深化整治“指尖上的形式主义”进行动员部署。会议指出，深化整治“指尖上的形式主义”，是加强政务应用程序规范化管理的迫切需要，是稳步推进数字赋能基层工作的内在要求。

此前，中央层面就防治“指尖上的形式主义”发布了多个文件。2024年8月，中办、国办印发了《整治形式主义为基层减负若干规定》，首次以党内法规的形式对基层减负作出规范，进一步全面深入落实《关于防治“指尖上的形式主义”的若干意见》迎来了机制重塑、依法依规整治的重大时刻。

与此同时，中央网信办印发了《“指尖上的形式主义”全国整治工作方案》，对持续深化整治“指尖上的形式主义”作出部署，提出在2025年底前，重点集中整治政务应用程序存在的过多过滥、多头填报、建设不规范、功能异化等4方面问题，部署集中摸排、自查自纠、备案管理、健全机制等工作。

一系列紧锣密鼓的行动，具有很强的现实针对性，释放出下大力气整治“指尖上的形式主义”、让基层干部把精力真正花在干实事上的强烈信号。

一、“从群里来，到群里去”

近年来，随着数字技术的深入发展，数字政务得到广泛应用，已成为党政机关的重要渠道和工具。但同时，在一些地方也出现走样跑偏，不仅没有提高工作效率，反而空耗行政资源，沦为“指尖上的形式主义”。

所谓“指尖上的形式主义”，是指发生于手机端、各种政务App上的形式主义，包括但不限于在政务App上打卡点赞、拍照留痕、依据学习时长考核干部等。

2020年9月，习近平总书记在一份反映一些政务App变味走样占用基层干部大量时间的报告上作出重要批示，强调要摒弃形式主义。[①]2021年5月，国务院第四次廉政工作会议指出要整治“指

① 本报评论员：《坚决摈除形式主义　切实减轻基层负担》，《人民日报》，2021年6月21日第一版。

尖上的形式主义”。“指尖上的形式主义”成为数字化转型背景下基层形式主义新的表现形式。

“应急一个 App、环保一个 App、人社一个 App、民政一个 App，每个部门都有 App，挨个登录一遍，手机都要瘫痪”“上个厕所还在填表”“App 刷个遍，问题却没解决几件”。在中央层面整治形式主义为基层减负专项工作机制的统筹、协调与推进下，一些“僵尸群”被解散，一些 App 下线，为基层减了负。但值得注意的是，“指尖上的形式主义”仍有再度抬头、蔓延的态势。

2023 年，齐齐哈尔市在参与“点赞中国城”公益活动期间，市委宣传部下发通知，要求各县（市、区）、各单位定期调度进度，通报点赞数量排名情况，并明确提出各地区参与率不得低于总人口 10% 的要求。各县（市、区）召开专题部署推动会，层层传导“压力”，有的县区要求“向主要领导汇报数据统计情况”，有的县区提出每个社区每天要完成 500 个点赞任务。有的学校和医院分别要求教师、学生、家长和医生、护士全员参与，班主任汇总全班“点赞”证书照片打包上传……①

2024 年 4 月，这个“指尖上的形式主义”典型案例，经中央层面整治形式主义为基层减负专项工作机制办公室会同中央纪委办公厅通报，一度引起了广泛关注。仅 2024 年，就有多起“指尖上的形式主义”典型案例被公开通报。从通报案例来看，“指尖上的形式主义”载体多样，包括 PC 端信息平台、手机 App、工作群，等等，在推广使用上都不同程度地存在形式主义问题。

表现一：强制使用的 App 和公众号

不少基层干部手机里最不缺的就是各类被强制下载的政务 App，以及被强制关注的政务公众账号。政务 App 过多过滥，每个部门都有对应的 App，最多要下载几十个。基层干部每天花费在这些政务 App 和政务公众账号上的时间，从几十分钟至几小时不等。不同 App 存在不同的签到打卡、积分排名、拍照转发等任务要求，

①《中央层面整治形式主义为基层减负专项工作机制办公室、中央纪委办公厅公开通报 3 起整治形式主义为基层减负典型问题》，中央纪委国家监委网站客户端，2024 年 4 月 8 日。

成为“拿捏”基层干部的“紧箍咒”。

2024 年 9 月，青海省通报：海东市互助县强制定位打卡、上传日志，以填写台账的方式进行跟踪管理，加重驻村干部工作负担。该县要求驻村干部每天早晨 9 点前，在“青海省驻村第一书记和工作队信息管理系统 App”上定位打卡，且每日必须上传工作日志，县委组织部通过微信工作群，对定位打卡、上传日志情况进行通报，导致驻村干部疲于应付，影响了工作积极性。驻村干部反映，工作日志内容基本由驻村干部本人填写，这种以填写台账的方式进行跟踪管理，看似加强了与派出单位的联系，实则导致为完成任务不得不应付差事，驻村干部对这种做法有抵触情绪。①

杨冬是东南省份某市人大系统的基层干部，他每天至少要打开两个政务 App 或者小程序完成签到或者学习，每天花费半小时左右。此外，杨冬介绍，其所在的城市，各系统、各单位都开发了自己的 App 或者小程序，如市党工委、文明办、司法局都开发了志愿服务相关的小程序，每一个都需要注册。林静在浙江某市的教育系统工作，她的手机里一度有 23 个政务 App，导致手机运行速度极低，为此只能专门准备一个工作手机使用这些 App，每天需要花费在这些政务 App 上的时间则多达两三个小时。②

某乡镇推出一款工作 App，要求干部通过预约功能约见上级领导。基层干部很无奈：“乡镇干部每天抬头不见低头见，还用得着预约吗？可为了软件活跃度，哪怕领导就坐你对面，你也得先拿手机约见面，这不是笑话嘛！”

表现二：过度追求“留痕”

部分 App 异化为基层干部的“考核工具”。在众多政务 App、政务公众账号、工作群组背后，“过度留痕”几乎是让所有基层干部最为头疼的问题。

---

①《整治“指尖上的形式主义”，这两个地方案例被中央通报》，光明网，2024 年 9 月 5 日。

② 张馨予：《每天打卡 20 多个政务 App，“指尖上的形式主义”为何难以整治？》，《中国新闻周刊》，2024 年 1 月 8 日总第 1124 期。

2024 年 7 月，四川省通报：2023 年以来，岳池县综治中心为在推广使用“随手调”App 工作中出成绩，向 27 个乡镇（街道）下达使用“随手调”录入矛盾纠纷信息年度任务数，并对任务完成情况搞“月通报”。部分乡镇（街道）在“月通报”压力下甚至出现编造虚假纠纷信息的情况。①

中部省份某村的村副书记张宇涛手机里有 5 个政务 App，每天用于政务 App 打卡、学习的时间至少 40 分钟。一到年底，年终迎检总让张宇涛格外忙碌，“有时一项工作就有 20 多本资料”，这几年，许多年终迎检的资料需要通过政务 App 上传，并且不同类型的工作内容需要上传至不同的政务 App。“比如消防安全，现在都划给村镇去检查。”张宇涛说，村里每个月要做一次安全检查，需要去 20 家左右的小餐馆、小作坊检查并拍照，上传到政务 App 或者工作群，每个月都要填表，这对村干部来说是一个不小的工作负担。②

表现三：工作群泛滥

眼花缭乱的工作群、应接不暇的“收到请回复”，不少干部对此苦不堪言。微信工作群原本是为了方便工作、提高工作效率，但在实际工作中，却沦为了“作秀群”“拍马群”，诱发工作脱实向虚。

2024 年 10 月，青海省海北州通报：祁连县卫生健康局先后建立“卫健系统主要责任通知群”“卫健系统信息报送群”“卫健系统创城群”等 18 个微信工作群，群内人数最多的达 358 人，且大多职能重复，并无实际作用和意义，基层干部回复应答耗费大量时间和精力，增加基层干部负担。③

武汉大学社会学院教授、中国乡村治理研究中心研究员吕德文

---

①《科级单位建 18 个微信工作群！多地集中整治》，中国新闻网，2024 年 10 月 28 日。

② 张馨予：《每天打卡 20 多个政务 App，“指尖上的形式主义”为何难以整治？》，《中国新闻周刊》，2024 年 1 月 8 日总第 1124 期。

③《科级单位建 18 个微信工作群！多地集中整治》，中国新闻网，2024 年 10 月 28 日。

长期在乡村开展调研，他曾在一篇文章中指出，基层干部现在随便一个工作都要拉一个群，“群里除了领导就是工作人员，但真正做事的还是那一两个人。我在下面调研的时候发现，一个基层干部有十几二十个群是非常正常的，三四十个群也不奇怪，这么多群，基层干部连消息都回复不过来”。

在一些地方，“指尖上的形式主义”甚至还从党政机关向学校蔓延，逐步成为加重中小学教师负担的重要原因。

组织班级会议、准备教学资源、与任课教师沟通……秋季开学后，贵州省黔东南苗族侗族自治州锦屏县民族中学八（3）班班主任吴菊烨又开始了新一学期的忙碌。说起这学期的变化，吴老师最大的感受就是再也不用操心手机里那些和教学无关的点赞任务了。

2024 年 1 月，黔东南州委、州纪委监委在联合开展为基层减负专项整治时，监督检查组收到锦屏县部分教师反映，相关部门强制要求老师关注有关微信公众号、下载 App，并通报班主任及学生完成关注和点赞评论等情况，挤占老师教学时间，引起学生、家长不满。

“教师不应成为社会性杂事的‘帮手’，更不应成为相关部门拼凑工作量的‘工具’。”在调查了解基础上，监督检查组将问题反馈至锦屏县，严肃指出相关部门存在的形式主义、官僚主义问题。

锦屏县随即成立联合核查组，对反映的问题开展全面核查处理。县纪委监委向县教育局下发问题整改通知书，及时叫停非教学社会事务进校园行为，并对相关责任人进行了严肃处理。[①]

有一些地方，还将政务类 App 或公众号的涨粉需求以及各类评比任务，通过家长群转嫁给学生家长，甚至将微信点赞、下载登录 App 人次、网络投票参与率作为中小学校和教师评优的依据，加重了中小学教师和家长的负担。不同条线的技术平台缺乏整合、各自为政，在一定程度上分散了教师的时间和精力。

---

① 郭兴：《“‘指尖’解放了，心情舒畅了”》，中央纪委国家监委网站客户端，2024 年 11 月 5 日。

二、与官僚主义相伴滋生

形式主义和官僚主义是相互联系、相互影响的。形式主义是指只看事物的表象而不分析其本质的思想方法和工作作风，强调表面形式而忽视实际内容。官僚主义则是指领导干部高高在上、脱离实际、办事拖沓、推诿责任的工作作风。形式主义和官僚主义常常相互配合，形式主义助长官僚主义，官僚主义又为形式主义推波助澜，二者互为支撑，共同疏远党群关系。

“指尖上的形式主义”是形式主义问题在数字化背景下的变异翻新，相比传统的形式主义更具有隐匿性、系统性和复杂性。从表面看，“指尖上的形式主义”是因数字技术的使用不当造成的，但从本质上看，是形式主义披上了数字化、信息化的外衣，根源还是官僚主义。

——“指尖上的形式主义”与喜欢发号施令、隔空喊话的官僚主义习惯分不开。发号施令、隔空喊话的优点是能将领导意志简单、直接、快捷地灌输到基层。这是官僚主义者习惯采用的方式。他们高高在上，一副睥睨天下的样子，动不动就单向地发号施令、隔空喊话，动不动就叫嚣“不要跟我提什么条件”“不要跟我说什么实际”“不要跟我谈什么困难”，让下级唯命是从，简单而粗暴。以前是通过文件、会议层层传导，现在借助移动互联网应用程序。于是乎，各地方各部门纷纷组织人力、物力、财力开发政务 App，要求基层干部向群众推广应用，一时间政务 App 泛滥成灾。

——“指尖上的形式主义”与喜欢闭门造车、拍脑袋决策的官僚主义习惯分不开。“运筹于帷幄之间，决胜于千里之外”，这是许多领导干部喜欢的方式。殊不知，这是有诸多条件的。既要深入基层一线察看实情、调查研究，又要深入学习理解党的创新理论，还要把两者结合起来，从而作出符合发展规律与大势的科学决策。察实情、学理论，这些都是艰苦的工作，需要花精力、耗时间、流汗水，而官僚主义者习惯的是闭门造车、拍脑袋决策，至于是否科学，他们管得很少。第一，反正又不是他们自己执行；第二，在决策之初他们就知道这是形式主义，执不执行、执行得怎么样都无关紧要，不过就是往 App 上一发，让大家动动手指，点个赞，凑个阅读数，走走过场、做做样子。

——“指尖上的形式主义”与喜欢好大喜功、唯利是图的官僚主义习惯分不开。党员干部的功利应该是为党立功、为民谋利，除此之外没有别的什么功利。但官僚主义者的功利首先是个人的功利，凡好处必捞一把，或者说善于“公私兼顾”，在行公事的同时，暗地里却在为自己谋着私利。于是乎，凡事好大喜功，非要弄个排场不可，非要搞得轰轰烈烈不可；凡事唯利是图，非要弄个排名靠前不可，非要弄个领导表扬不可，而不管客观实际，不管下级能否完成，都要以担当为名，行浪得虚名之实。

例如，个别领导总是喜欢不分时间和地点，甚至三更半夜在工作群中布置任务，而且很多时候要求“事不隔夜”。对于基层干部而言，这种任务很多时候根本不可能如期完成，只能“空对空”，要么“指尖”转发至村社干部群，要么“编制”材料应付。

——“指尖上的形式主义”与喜欢推卸责任、任务甩锅的官僚主义习惯分不开。党的十八大以来，随着问责的严厉化与常态化，基层工作的总体态势开始从“邀功”导向的“锦标赛”模式，转向“避责”色彩鲜明的“达标赛”模式。[①] 无论是领导干部还是普通干部，都乐于“指”推动、“隔空”指挥，除了方便快捷，也有“合理避责”的因素掺杂其中。

对于领导干部而言，通过微信群布置、推动工作，把责任、利害讲清楚，等于是“昭告天下”并“充分留痕”，一旦出现问题，肯定不是因为领导没有积极布置和推动。对于普通干部而言，通过微信群等形式“汇报工作进展”“展示工作成绩”，也是很好的留痕方式，万一出现问题，也是意外因素，或者是村社干部执行不到位、欺上瞒下。这样，在街镇领导干部和普通干部都已经做足了“痕迹管理”工作的前提下，最终的责任往往只能落在村社两委，村社干部也就成为出现小范围“意外”后被问责的“背锅侠”。

三、“技术赋能”沦为“技术负能”

基层工作是“上面千条线，下面一根针”，很辛苦、很琐碎，

---

① 倪星、王锐：《从邀功到避责：基层政府官员行为变化研究》，《政治学研究》，2017 年第 2 期。

要是基层干部的指尖都被“绑”到了屏幕上，还怎么抓落实呢?

“指尖上的形式主义”错把手段、技巧和程序当作目的，用“工作如何完成”掩盖了“工作是否完成”“纷繁复杂的基层社会治理问题被高度压缩和简化为一个个简单的数字”，数字形式主义四处蔓延，“群来群往”成为新常态，“处处留痕”的政治“新秀场”频频亮相，积分考核排名催生“空对空”①，“数字赋能”成为“数字负担”，“技术赋能”沦为“技术负能”。②

首先，加重基层干部工作负担。“从早到晚，手机信息响个不停”“每时每刻盯着‘群’，生怕漏看通知”“手机里安装了20余个工作软件，各种打卡、报材料”……广大基层干部苦“指尖上的形式主义”久矣。

深入一线、解决问题是基层干部正常的工作状态，但政务软件的泛滥使得基层干部需要将很大一部分精力置于对上级的信息汇报上，即为实现对组织事务的全程跟进。③但对于一些年龄较大或技术能力较低的基层干部来说，更是需要额外的时间和精力去适应和学习如何正确使用这些工具。如果缺乏有效的培训和支持措施，这些干部可能需要自行摸索或依赖同事帮助，从而分散了他们本应专注于实际工作任务的精力。

“问题上报：发现一个塑料瓶。解决方案：清理该塑料瓶。”2023年4月，中部某县一名村党总支书记向媒体记者介绍了一条巡河记录。他在巡河过程中发现塑料瓶，使用“捡起”的方式解决，并打开一款巡河App拍照上传，以完成上级“每月问题上报”的考核要求。开发政务App的本意是优化工作流程，提高管理效率，但近年来一些地方的政务App功能流于形式，白白消耗行政资源，徒增基层负担。

一名村干部告诉记者，2022年当地搞建设领域相关问题排查，要求限时入户登记信息，并拍照录入App。结果App后台崩溃，

---

① 论剑:《如何治理“指尖上的形式主义”》,《中国纪检监察报》，2021年10月21日第6版。

② 胡世文:《基层数字形式主义表现及治理》,《学习时报》，2023年1月18日第3版。

③ 赵聚军:《指尖上的形式主义：分布形态、生成因素与治理路径》.《中共贵州省委党校学报》，2023年第6期。

到后半夜才能正常操作。“村里网络信号不好，我们就集体住进镇上宾馆，每天守到凌晨三四点搞信息录入。”

当前一些地方政务App泛滥，成为干部新负担。“河长、林长、田长、路长App各一个，禁毒、科普学习打卡忙不停，还有应急、人社、环保、自建房排查都要求安装……”中部某县一名村书记向记者展示手机里满屏的政务App：“几乎每个部门、每项职能都在推App，手机内存都快不够用了。”

政务App多了，令人眼花缭乱，一些地方的基层干部不仅没有因智能化工具减负，反而因此成为沉重负担。

搞了信息化，还离不了纸质表。“摆弄手机大半天，几十条信息填进去，结果台账、报表等纸质材料照样要留痕，操作App完全成了额外负担。”这种情况被基层干部称为“半吊子信息化”“做样子信息化”。①

其次，扭曲基层政绩观。部分领导干部过度依赖微信工作群等“指尖”手段进行“隔空”指挥，习惯于在垂直分管的微信群中部署工作，不再通过正常公文传阅程序，导致对下属的工作情况也不够了解。这就使得部分“善于察言观色”的干部能够找准领导的“关注点”，各类工作群逐渐演化为他们“秀工作”“秀成绩”“拍马屁”的新平台。

微信工作群原本是为了方便工作，提高工作效率，但一些基层干部表示，微信工作群容易诱发工作务虚不务实。一些人在微信群里频频转发群里领导的工作照和考察新闻，却从不谈思考、不提建议。

在中部某省，有乡镇干部告诉记者，在她所加的部分微信工作群里，一些人不停地晒各种“工作照片”，将假装摆拍的下基层照片和加班工作照发到群里，换取领导表扬。

“微信群办公，未必就眼见为实。”一名村支书说，“一些工作，本来应该实地考察，上级却要求村里、镇上拍个照片发到群里，这样就算检查了，并不真正去村里了解情况。”

有部分微信工作群成了向领导献媚、表忠心的秀场，出现比拼

---

① 谢奔、王宜玄：《政务App，想说爱你不容易》，《半月谈》，2023年第8期。

发送各种“献花”“膜拜”之类的表情，以博取领导开心。其他人见到后也跟风说“领导辛苦”“领导高明”之类的奉承话，微信工作群俨然变为“拍马群”。①

“指尖上的形式主义”在扭曲基层干部政绩观的同时，也难免寒了一些“老实人”的心，导致基层工作“脱实入虚”，甚至污染基层的政治生态。

第三，助长弄虚作假之风。信息技术的广泛应用，显然是强化监督、减少弄虚作假现象的利器。但是，如果用各种“指尖”手段代替实地调研等“土办法 ”，就有可能走向反面，甚至助长弄虚作假之风。

“在吗？请帮忙投个票，点开网页链接后勾选我们单位，点确定后关闭网页即可。”近年来，随着移动互联网的发展，网络投票活动越来越常见，类似场景屡见不鲜。一些地方党政机关启用网络投票，将投票结果作为政务量化考核评比的依据，一定程度上扩大了公民参与面、提高了工作效率，但也有个别地方在实际操作中背离了初心，致使网络投票逐渐变味甚至走向反面，“金钱拉票”“人情拉票”“网络刷票”“强制点赞转发”等乱象频发，滋生新的形式主义问题，给基层干部群众带来困扰。

“由于网络投票和考核评比挂钩，基层党员干部自然不敢怠慢。”在中山大学中国公共管理研究中心教授张紧跟看来，泛滥的网络投票促发一系列“拉票”乱象：一是“人情拉票”，滥用亲友、同事、同学等关系拉票，不少人碍于情面不得不投票；二是“金钱拉票”，参评人员或亲友用电子“红包”开道，亲情、友情加利益诱导很难让人拒绝；更有甚者找职业投票网站、团队“刷票”。

由此，投票结果的“水分”越来越大，甚至闹出了不少笑话。有媒体报道，在最具安全感乡镇评选投票中，某乡镇户籍人口仅2万多人却投出7万多票；另外两个乡镇的户籍人口和票数也相去甚远。“你说这个票数是怎么出来的，是不是刚满月的婴儿也投出自己的一票？票数上去了，就能证明一个地方真的非常安全吗？”当

① 徐海波、李雄鹰、杨稳玺：《警惕指尖上的形式主义！大学生村官被加120多个工作微信群》，《半月谈》，2018年第11期。

地基层干部表示质疑。[①]

第四，背离群众路线。人民群众是历史的创造者，是推动改革开放的主体力量。中国共产党把马克思主义关于人民群众是历史创造者的原理运用在党的全部活动中，形成指导党的一切工作的群众观点和群众路线。群众观点是马克思主义的一个根本观点，群众路线是党的根本工作方法和思想方法。在我们党的一切实际工作中，凡属正确的领导，必须是从群众中来，到群众中去。

一些部门或个人单纯“走过场”，只在网络上回应群众关切，实际上并未真正深入了解和解决问题；有些则“应付差事”，对群众反映的问题采取敷衍塞责的态度；还有些人沉迷于“数字业绩”，片面追求网络数据的增长，而忽视了群众的实际需求；更有甚者，进行虚假宣传，夸大其词、误导群众。这些用“从群里来，到群里去”替代“从群众中来，到群众中去”、用“键对键”替代“面对面”的行为，既偏离了党的群众路线，也让作风漂浮于“指尖功夫”，最后必然会扼杀基层创新创造力，戕害党群干群之间的鱼水关系。

有的干部为了完成调研任务，总想走捷径，坐在办公室提出一堆要求，让“下面的人”传材料、传数据、传分析、传对策。这种“遥控”式调研很容易脱离基层、脱离实际。

有些群众在网络问政平台反映问题后，收到了“套路”式的答复——“来信收悉，高度重视”“感谢关注，正在积极推进中”……然后就没有然后了。感觉答复了，却又没完全答复。“电子衙门”门好进、脸好看、话好听，有时候事却不办。[②]

第五，造成财政资金浪费。在一些地方，开发大量的 App 软件，在互联网 + 政务的模式还没有十分成熟的情况下，大规模地开发一些华而不实、利用率非常低的 App 或者其他政务 App 软件，必然会浪费大量财政资金。

---

① 薛鹏：《指尖之累》，中央纪委国家监委网站，2022 年 4 月 6 日。

② 王沐源：《剎住“指尖上的形式主义”》，中共青岛市委宣传部官方公众平台，2023 年 5 月 28 日。

一位基层干部说，开发一个政务App，动辄十几万、几十万甚至上百万元，“有人觉得，花了这么多钱，不让大家多报报数据、炒炒热度，怎么显出这钱花得值？”在他看来，与其事后惩戒，不如事前把关。开发App是为解决什么问题？哪些功能可推动问题解决？某项工作是不是真有必要电子化？得有可量化的标准，不能拍脑袋就上马，否则既苦了各级干部群众，还会浪费大量公帑。[1]

四、破除基层“指尖之累”

针对“指尖上的形式主义”，多地采取了整治措施。例如，上海市开展减证明、减系统、减考核、减挂牌“四减”行动，居村出具证明由47项精减至3项，示范创建由37项精减至9项，填报信息系统由38个精减至15个；湖南省不仅对发文、开会等提出量化硬要求，向社会公开发布并征集问题线索，还建设文会智治信息化平台，对全省各级各部门发文开会情况进行监测，分红色、黄色、绿色进行实时预警管理，并开展专项整治。

从长远来看，清理一个政务平台、关闭几个政务公众号、解散几个微信工作群，并不能从根本上解决“指尖上的负担”。立足常态长效持续纠治，严抓不放、常抓不懈，才能把基层干部从烦琐的“指尖”工作中解放出来，甩开手、迈开腿，下沉到一线，实实在在帮助群众解决现实困难。

——推进政务应用程序规范管理。一是加强立项审核。新建、改建或者采用购买服务方式的政务应用程序，应纳入信息化项目审批范围，开展立项审核，从防治“指尖上的形式主义”方面，审核是否符合信息化数字化规划、是否与已有政务应用程序存在功能交叉重复、是否能作为功能模块嵌入已有政务应用程序、是否能与相关政务应用程序项目进行业务协同、是否满足数据管理和共享要求等内容。

二是突出便捷集约。政务应用程序设计应坚持以用户为中心，注重功能聚合，强化数据共享，优化界面设计，依托“一站式”综

① 点苍:《别让“指尖上的形式主义”加重基层负担》，侠客岛微信公众号，2023年12月20日。

合平台设计开发，统一办事入口、统一身份认证、统一服务事项。政务应用程序建设部署应充分利用政务云的网络、计算、存储和安全防护等软硬件资源。对于功能相近、重复的政务应用程序，要进行整合迁移，防止同质化。

三是限制强制功能。除安保、应急等特殊规定外，政务应用程序原则上不得设置打卡签到、积分排名、在线时长等强制使用功能。确需设置或已经设置的，应严格审批，且上述功能不得向用户和个人开放，仅供内部掌握。

四是防止“空壳”“僵尸”。政务应用程序上线前原则上应对功能完整性、性能稳定性、交互便捷性等进行验收，运行过程中注重收集用户意见，持续优化完善功能性能，提升服务质量和用户体验。对于使用频率低、实用性不强的政务应用程序，应及时关停注销并提前发布公告，依法依规处理相关数据，防止数据泄露及流失。注册运营政务公众账号，要严格控制数量，加强信息更新。

——聚焦数据共享为基层指尖减负。基层任务千头万绪，基层行政人员和群众对“上面千条线”中每条线的业务可能都要采集和提供数据。正是这种业务分散、部门分立的行政体系与数字化转型对整体性的要求之间的张力，加重了基层行政的数字负担。

如果高频业务、复杂业务能够实现业务数据的有效共享与协同，就无须进行重复的采集、录入、填表报数等工作，数据“多源校核”能够代替工作人员机械性的核查、留痕事务。通过实时数据共享能够化解基层工作人员面对工作群繁多、下班后守着手机电脑的问题，通过集约化数据治理以及政务系统、平台、App、公众号的整合，能够提高资源配置与使用效率。要不断强化技术应用、数据共享和集约建设，让数字政务回归便捷易用、高效智能，真正使移动通信、人工智能、大数据等高科技为基层赋能减负。

——建立健全基层减负考核评价机制。一是防止强制使用。应制定政务应用程序使用规范，明确目标对象、应用场景、使用要求等，不得强制推广下载，不得限定用户安装使用率，不得强制要求定期登录等。政务公众账号的推广使用应从实际需求出发，不得进行强制性要求。在工作群组中，不得脱离工作实际强制要求打卡接龙、即时响应，不得随意摊派任务、索要材料。

二是防止过度留痕。不得把政务应用程序作为工作考核日常化、督导检查线上化的载体，不得简单地以工作留痕代替实际的工作成效评价，不得随意要求下级和基层单位通过政务应用程序、工作群组上传不必要的截图或视频。

三是防止滥用排名。不得滥用政务应用程序、政务公众账号的关注点赞、转发评论功能，不得将其作为考核评价、评比评选的依据。设置积分排名、在线时长的政务应用程序，不应将内部掌握的相关数据用于通报排名和考评。

四是防止多头填报。要求基层使用政务应用程序报送数据应加强统筹，针对同一事项或数据，原则上应通过“一站式”综合平台、“一张表”形式报送，实现数据互通、信息共享，防止多头填报、重复索要数据。

——完善监督机制。一是压实主体责任。按照“谁主办谁负责，谁使用谁负责”的要求确定主办（使用）单位，履行建设、使用和安全管理等各环节的主体责任，主动发现“指尖上的形式主义”问题，及时整改纠错。主办单位上线政务应用程序，应按要求履行ICP备案等手续，并在首页上以醒目的方式标示主办单位及ICP备案编号。鼓励在已备案的应用程序分发平台上架政务应用程序。主办单位应在政务应用程序中提供投诉建议功能，设置“指尖上的形式主义”问题投诉专区，实现在线受理、跟踪反馈和回访评价等。

二是落实监督责任。依托现有投诉举报渠道，将“指尖上的形式主义”问题纳入群众监督范围，督促主办（使用）单位及时受理、处置、整改、反馈，回应社会关切。根据政务应用程序、政务公众账号的用户规模、功能应用、使用频次、影响范围等情况，开展重点监测。

要通过明察暗访、大数据监督等加强监督检查，通过实地调研、列席会议、谈心谈话等方式了解基层实际，对“指尖上的形式主义”苗头性、倾向性问题发现一起，纠治一起，防止小问题变成大问题。从严查处问责，严肃查处随意建立各类工作群，强制下载推广政务应用程序，强制基层打卡接龙，随意对基层使用政务应用程序、关注公众号等情况进行排名通报，加重基层负担等问题。对于发现的突出问题，及时提出整改意见和问责建议，督促整改纠正。

/ 形式主义表现二 /

调查研究走秀式

深入到人民群众中去了解实情，才能取得真经。但个别单位开展“形式主义调研”，搞形式、走过场，应付上级检查，像打造旅游线路一样打造“经典调研线路”。有些领导干部人到心不到，蜻蜓点水，提前通知做准备，到了先开座谈会，听指定好的几个人对着材料介绍情况，然后走马观花地看一看，基本不与群众接触；有些领导干部下去就是为了出出镜头露露脸，坐在车上转，隔着玻璃看，只看“门面”和“窗口”，不看“后院”和“角落”，群众说是“调查研究隔层纸，政策执行隔座山”，更谈不上深入实际、深入矛盾、深入现场地解决具体问题。

“如此调研” 新华社发 程硕作

2023 年 12 月 27 日，中央纪委国家监委公开通报六起形式主义、官僚主义典型问题，其中包括贵州省政协原党组副书记、副主席周建琨在调研中搞形式主义、官僚主义，热衷舆论造势、做表面文章问题。

2016 年至 2021 年，周建琨在任毕节市委书记期间，搞“打卡式”“作秀式”调研，有时一天要调研十多个点，到调研点与基层干部握握手、说两句话、拍几张照后即离开，不深入群众了解或解决实际困难。在调研过程中挑剔吃住、专车开道，增加基层负担。热衷搞舆论造势，支持他人写书宣扬其“功绩”，并安排财政资金购买该书，分发给干部学习。

类似现象并不鲜见。早在 2013 年，新华社就曾报道过湖南某市存在着各种五花八门的“假调研”，如“民情笔记全由基层干部代写，明明人在城里，名字却赫然出现在数十公里外的联点驻村签到本上”……

2013 年 7 月 23 日，习近平总书记在武汉召开部分省市负责人座谈会时指出，没有调查，就没有发言权，更没有决策权。2016 年 2 月 23 日，习近平总书记在中央深改组第二十一次会议上强调，要重视调查研究，坚持眼睛向下、脚步向下，了解基层群众所思、所想、所盼，使改革更接地气。

《诗经·召南·采蘩》中：“被之僮僮，夙夜在公。”这是用来指官吏勤于政事。领导干部下基层是一项基本功，调研是科学决策的关键环节，是联系群众的必然途径，也是展示其工作作风的重要窗口。

领导干部有必要掌握“原生态”的民情，宜轻车简从，不打招呼，直接到基层一线去，到群众中去。不按常规套路“出牌”，不走寻常“路线”，让基层“防不胜防”，有利于根治干部调研“虚浮症”。

一、起底七种调研“虚浮症”

中央八项规定出台以来，各地强化和改进调研工作，要求各级干部下基层听真话、察实情、知民意，在调研中发现问题、找原因、想办法。

但在现实中，有些干部以调研为名，实则观山望景；有的隔着玻璃看一看，“蜻蜓点水”；有的流于表面，没有形成高质量的调研报告……这些不了解实情、不发现问题、不解决困难的“假调研”，成为基层的“新负担”。群众称这种调研是“掉到井里的葫芦，在水上浮着”。

形式之一：“踩点式”。自从中央八项规定出台后，干部下乡调研时那种大张旗鼓、前呼后拥的状况明显减少，轻车简从成了新风尚。但是，在有些地方，“踩点式”调研之风愈演愈烈。

有些干部下基层调研，提前安排工作人员打招呼，给下面留有充裕的准备时间。上有所好，下必甚焉，形式主义风气一级传染一级，使一些调研变成了上下默契的“约研”。有的基层为做好“迎研”工作，专门对领导要去的企业、农户家庭、参观地点等进行了“踩点”。

例如，所有调研对象都经过挑选并接受过培训，其中还有不少训练有素的“专业户”——有从外貌、气质上“精心”选择贫困户，教口述、讲政策，通过反复排演，在一颦一笑、一苦一乐之后最终博得本分、踏实、肯干褒扬的；有从路线、选点上“用心”梳理贫困户，把不让看的“自觉”剔除掉，不想说的“自我”屏蔽掉，不能说的“坚决”清理掉……有时，一个地方要接待好几支调研队伍，“群演”不够，基层干部还得来回串场。

更有甚者，有些单纯为了调研而调研，即便知道内情也心照不宣，顺着规划好的线路，围着高标准打造的“样板”，问几句、看几眼、拍拍照，便立即转到下一站。

某地村庄为了接待省调研团，提前一个多月开始忙活、“精心安排”线路和点位，只打扫调研线路必经的道路，只粉刷沿线的房屋和院墙，把一些具有代表性和参观意义的标志物整体迁移到线路上来，对线路经过的群众、家庭突击培训，以备突然询问，把调研搞成了“实景演出”。

某省直调研团一共 20 多人，陪同人员却有 50 多人，每天六七辆中巴车浩浩荡荡，一天要跑七八个地方，大家呼啦啦地围着讲解员，距离稍远点的，连听讲器信号都没有，也不知道前面说了啥内容，抱回一大摞文件材料，在这些材料里裁裁剪剪、整合包装，最

终形成的调研报告质量可想而知……[1]

这些现象背后，官僚主义做派与形式主义应对一拍即合。走马观花、蜻蜓点水，“大伙演，领导看”。结果，形式代替了落实，光鲜亮丽的外表掩盖了实际存在的矛盾和问题。这不光使调研检查效果大打折扣、基于调研成果制定的政策跑偏，更助长了不良风气。

形式之二：“盆景式”。有些领导干部下去调研，都提前下发通知，让下级机关或者基层单位按调研内容和调研要求进行准备。

既然是安排好的调研，那么调研点一定是沿途风景最好的，群众基础最好的、矛盾最少的示范点，在某方面有一定的突出特色或亮点的典型，走到、看到的是事先主人精心准备、认真包装的“盆景”，翻阅的是反复润色过的材料，听到的也是提前“彩排”的好听的话，看到的是精心布置的场景。

这类调研，其间吃喝玩乐占大部分时间，调研汇报则由当地准备好，交给调研的领导干部，材料收集一大袋，来年调研，还是问题依旧。

2023 年 9 月 26 日，新疆维吾尔自治区纪委监委公开通报 6 起违反中央八项规定精神典型问题。其中有阿克苏地委原副书记刘洪俊违规收受礼品礼金、基层走访调研搞形式走过场并接受可能影响公正执行公务的宴请等问题。

2022 年 9 月，刘洪俊在基层调研搞形式主义，在 5 天调研期间 4 天违规接受私营企业主安排的聚餐饮酒和钓鱼活动。[2]

形式之三：“歌德式”。调研是为了发现问题、分析问题、解决问题。但少数领导干部调研之前先定好调，只唱赞歌，不挑毛病。有夸大成绩之心，无研究问题之意；哗众取宠，华而不实。对调查中发现的问题避而不谈，对群众关心的问题，在不挑刺、不揭短中将存在的矛盾一笔带过，而把并不突出的成绩尽可能拔高、美化、放大。

---

① 彭波、史一棋：《学好用好调查研究这门基本功》，《人民日报》，2023 年 8 月 14 日第 7 版。

②《新疆阿克苏地委原副书记刘洪俊被双开》，澎湃新闻客户端，2023 年 9 月 26 日。

深入现实生活，真正去认真体验老百姓的喜怒哀乐，并且将调研的内容用科学的方法加以归纳整理，应作为领导层决策的依据。这里的“调研内容”无疑包括取得的成绩和存在的问题两个方面。而“歌德式”调研，将矛盾的端倪和事件的诱因淡化、淡化，再淡化，显然有悖于调查研究的初衷。

形式之四：“旅游式”。有的领导干部下基层调研就像旅游，不是匆匆一眼，就是提前规划好路线，而被调研地的干部就像导游一样，专门带着领导干部去那些好的“景点”，主动调研成了被动调研。同时，还有工作人员拍照，证明领导下基层调研了，记录也沦为了形式。更有甚者，旅游调研累了，就会去“导游”事先安排好的“场地”放松一下。

2018 年 7 月，浙江省玉环市纪委监委通报的一起案例引发关注。该市民政局殡葬执法大队副大队长陈霄和李军两人，利用职务之便多次接受管理服务对象——殡葬协会提供的旅游活动。其中一次外出调研，8 天中竟有 7 天泡在景区。

此外，中央纪委曾公开曝光，最高人民法院中国应用法学研究所副所长曹守晔出具虚假调研证明，违规公款报销个人春节期间到海南的交通、住宿等费用，受到党内警告、记过处分。

还有些领导干部的调研，今天往东，明天向西；今天下农村，明天进工厂，8 点来了 10 点走，听听情况介绍，讲一通谁都知道、谁都明白、谁都会说的空话、大话、套话，便打道回府。这样的调研连走马观花、浮光掠影都谈不上。有的干部一年到头将大把大把的时间都扔在“调研”上，却没有成果。不解决任何实际问题的“调研”，其实就是装扮成工作的消遣旅游。①

形式之五：“打卡式”。当前，不少单位都规定了调研任务。于是，个别领导干部盯着考核天数在年底突击下乡。

2021 年 1 月，电视专题片《正风反腐就在身边》第三集《坚守铁规》播出，其中江西宁都县委原书记王四华玩“打卡式”调研

---

① 翟永冠、向定杰：《警惕一些地方基层调研形式主义走过场》，新华社客户端，2018 年 11 月 13 日。

的假把戏，可谓荒唐。

据介绍，王四华经常宣扬自己把宁都县299个村、3600多个村小组都跑遍了，实际上却对本县的扶贫难点都没掌握。一天调研10多个乡镇，有的时候就是两三分钟、三四分钟。在下乡调研过程中，王四华授意下属建了一个群，把全县的正科级干部都拉进群中，随行的工作人员抓拍他的一些照片发到群里。这种“蜻蜓点水”“走马观花”式的调研，反映其心里没有群众，不把群众冷暖挂在心上。表面上看是走近了群众，其实是为了自我宣传，私下里他被戏称为“网红书记”。2019年，王四华因违纪违法被开除党籍、开除公职，并移送检察机关审查起诉。①

这类领导干部去调研的常是各类明星村、示范点，刻意处处留痕，未开始调研先签到，入户后再合影，影像和文字资料一厚摞，似乎留下痕迹就证明自己深入基层实地调研了。但留痕只能记录“身入”，无法证明“心入”。

这类领导干部，一般上午到基层调研，下午就钻到办公室写调研报告，干部群众没接触几个，脚上都没沾泥，就端坐电脑前网罗文献、剪切粘贴、抄抄编编。他们的汇报材料喜欢堆砌新名词、新概念，总结经验歌功颂德，对问题却轻描淡写、点到为止。这样的调研报告价值几何，不难想象。

形式之六：“预设式”。一些地方为应付上级调研任务，先写好调研报告，根据报告“量身定做”问卷，再下基层找例证。实际上把调研变成了结论预设、按需求证、合则取不合则弃的工具，不仅浪费人、财、物，还会误导上级决策，助长投机取巧的歪风邪气。

有的干部事先写好报告，“量身定做”问卷，最后下基层找例证。“我们之前搞一个产业发展现状调研。下去之前，领导让我们先比照之前下达的考核指标把成绩摆出来，再预设几个贯彻落实方面可能存在的问题，下去找‘嘴’、找材料。”一位政府研究部门的工作人员说。

①《把群众当“群演”，这样的“网红书记”必然栽倒》，《人民日报》客户端，2021年1月24日。

一位乡镇干部表示，他时常会接到一些上级部门要求提供材料的任务，“尽量鲜活，有现场感”，方便这些部门在写调研报告的时候写出“已经到现场调研的感觉”。①

形式之七：“指导式”。调研不是指导，调查研究应当侧重于了解情况，向群众学习，找到解决问题的办法。每个地方的资源禀赋有差异、群众诉求有不同，就会有不同的发展路径和治理方法。若只重指导，不搞调研，就会让指导变成“纸上谈兵”，不仅无法达到预期效果，还可能出现“南橘北枳”等问题。

有的地方领导到基层调研乡村振兴工作，到了村上就开会，会上就提出了指导意见：“要家家户户门前有流水、屋后有稻田，农药、化肥不得进村。”②

这位领导干部所描述的，虽然愿景很好，但落不到实处，因为这样的画面未必适合所有农村，江南水乡、平原地区估计还不难，可对于山区群众来讲，估计要实现就非常困难了。不知道领导干部说这样话的时候，是否经过深入的调查研究，是否经过严密的科学论证，如果没有，只是从会议上学来的，是照本宣科，那说的就是大话、套话，对基层的发展没有多大作用。

归纳而言，以上七种调研“虚浮症”突出表现为“三多三少”：到基层调研作指示的多，虚心求教的少；开展一般性调研的多，带着问题开展专题调研的少，蹲点调研的更少；到工作突出的地方调研多，到情况复杂、问题多、矛盾突出的地方调研少。基层调研，本应是了解情况、着力发现问题、帮助破解难题的过程，若不能触及现实问题、无法深入群众，就成了假调研。

---

① 翟永冠、向定杰：《警惕一些地方基层调研形式主义走过场》，新华社，2018年11月13日。

② 陈军：《莫将调研变指导》，《中国纪检监察报》，2019年6月16日。

二、“没有调查，就没有发言权”

“没有调查，没有发言权。”[①]

1930年，毛泽东在《反对本本主义》一文中，提出上述这个著名论断，强调调查研究是做好一切工作的前提。不久，在1931年春他又进一步提出“不做正确的调查同样没有发言权”。

“纸上得来终觉浅，绝知此事要躬行。”重视调研是中国共产党在革命、建设、改革各个历史时期做好领导工作的重要“传家宝”。

在中国共产党内，毛泽东对调查研究的作用和意义认识最早最深刻。无论在革命战争年代，还是在中华人民共和国成立后，毛泽东都坚持进行亲身调查。

早在学生时代，毛泽东就崇尚调查研究，常常利用暑期开展“游学”式社会调研。1925年初，从《共产党宣言》中拿起了“阶级斗争”武器的毛泽东，回到故乡韶山，一边搞农村调查和农民运动，一边研究实际的农村阶级斗争。后来，毛泽东曾回忆说：“以前我没有充分认识到农民中间阶级斗争的程度，这次回到韶山后，才体会到湖南农民变得非常富有战斗性。”

几个月之后，毛泽东写出了《中国社会各阶级的分析》这篇重要文章，发表在1925年12月1日国民革命军第二军司令部编印的《革命》第四期上。1951年，毛泽东把它收入《毛泽东选集》，作为全书的开卷篇。

1926年底，身穿蓝布长衫、手拿雨伞的毛泽东回到湖南农村，历时32天、行程700千米，对湖南的农民运动做了一次详细调查。

在调查中，毛泽东看到：农民的主要攻击目标是土豪劣绅、不法地主、各种宗法思想和制度、城里的贪官污吏。这个攻击的形势简直是疾风暴雨。几千年封建地主的特权被打得落花流水。农会成了唯一的权力机关。那些土豪劣绅们，头等的跑到上海，二等的跑到汉口，三等的跑到长沙，四等的跑到县城，五等及以下的则在乡里向农会投降。他们甚至愿意拿出些钱来，请求农会干部批准他们加入农民协会。这一切都是以前见所未见、闻所未闻的奇事，但它

①《毛泽东选集》第一卷，北京：人民出版社，1991年版，参见书中《反对本本主义》一文。

们实实在在地发生了。但一切又似乎才刚刚开始。这让毛泽东大开了眼界，也使他兴奋不已。他对农民革命排山倒海般的力量认识更加清楚，体会更加深刻。

1927 年 2 月 12 日，毛泽东从长沙回到武汉，住在武昌都府堤 41 号。16 日，他写信给中共中央，表示中央对农民运动政策有很大的缺点，并很快写成了两万多字的《湖南农民运动考察报告》。

毛泽东在《湖南农民运动考察报告》中兴奋地感叹："孙中山先生致力国民革命凡四十年，所要做而没有做到的事，农民在几个月内做到了。这是四十年乃至几千年未曾成就过的奇勋。这是好得很。完全没有什么'糟'，完全不是什么'糟得很'。"①

1927 年 3 月 5 日，《湖南农民运动考察报告》在中共湖南省委机关报《战士周报》连载，社会反响十分强烈。接着，又在中共中央机关刊物《向导》上刊载，随后汉口《民国日报》《湖南民报》相继转载。远方的共产国际也注意到了毛泽东的这个考察报告。共产国际执委会机关刊物《共产国际》，先后用俄文和英文翻译发表了这个报告。这是毛泽东第一篇被介绍到国外的文章。英文版的编者按说："在迄今为止的介绍中国农村状况的英文版刊物中，这篇报道最为清晰。"共产国际执委会主席布哈林评价《报告》"文字精练，耐人寻味"。

毛泽东在《中国社会各阶级的分析》《湖南农民运动考察报告》中表现出来的对农民运动的认识，已超出中央的认识。他从对农村、农民在中国社会结构中的特殊地位来说明农民革命的重要性，从分析农民中各阶层的经济、政治地位来说明农民革命的动力和目标。这就比较具体地阐明了中国革命的主要依靠力量问题，大大深化了人们的认识。

此外，《寻乌调查》《反对本本主义》是毛泽东在寻乌县进行调查后，收集了大量的第一手材料而写出的调查报告。这两篇文章都是为了解当时的中国国情而写的，反对"城市中心"论，反对党内和红军中的教条主义。

1930 年，中国共产党经历了第一次国共合作失败的惨痛教训，毛泽东深刻地意识到进行社会革命的必要性和农民的重要性，认为要认识中国、改造中国就必须对中国的农村进行认真的调查，深入

①《毛泽东选集》第一卷，北京：人民出版社，1991 年版，第 15–16 页。

社会最底层，感受农民的生活疾苦，了解农民内心真正的渴望与需求，从而紧紧抓住农民这一最大、最可靠的同盟军，为他的土地改革创造有利的条件，为他的革命奠定群众基础。同年 5 月，毛泽东在寻乌进行了长达一个月的农村调查。1931 年，毛泽东利用战斗间隙，把在寻乌调查中得来的第一手资料整理成 5 章 39 节长达 8 万多字的调查报告，这就是调查研究的典范之作——《寻乌调查》。

1930 年 5 月，毛泽东在寻乌做社会调查期间，还写下一篇题为《反对本本主义》(原题为《调查工作》) 的文章，深刻地阐明坚持辩证唯物主义的思想路线、坚持理论与实际相结合原则的重要性。

毛泽东在《反对本本主义》中指出："马克思主义的'本本'是要学习的，但是必须同我国的实际情况相结合。我们需要'本本'，但是一定要纠正脱离实际情况的本本主义。"[①]"中国革命斗争的胜利要靠中国同志了解中国情况。"[②]在此文中，毛泽东在中国共产党内首次提出了"从斗争中创造新局面的思想路线"，[③]他强调："无产阶级要取得胜利，就完全要靠他的政党——共产党的斗争策略的正确和坚决。共产党正确而不动摇的斗争策略，绝不是少数人坐在房子里能产生的，它是要在群众的斗争过程中才能产生的，这就是说要在实际经验中才能产生。因此，我们需要时时了解社会情况，时时进行实际调查。"[④]

针对党内一部分人只满足于书本上的知识，生吞活剥地对待马列主义，不深入实际调查研究，却喜欢夸夸其谈的不良倾向，毛泽东首次响亮地提出了"没有调查，没有发言权"的科学论断，并谆谆告诫同志："一切结论的产生都是在调查情况的末尾，而不是在它的先头。"[⑤]不论做什么工作，了解和处理什么问题，都必须经过认真的调查研究，才能获得正确的结论。

20 世纪 30 年代初，可谓毛泽东调查研究的高峰期，他深入基层，除了上述调查报告外，他还连续写出了《兴国调查》《东塘等处调查》《木口村调查》等一系列调查报告，从实际出发，把马克

①《毛泽东选集》第一卷，北京：人民出版社，1991 年版，第 111–112 页。
②《毛泽东选集》第一卷，北京：人民出版社，1991 年版，第 115 页。
③《毛泽东选集》第一卷，北京：人民出版社，1991 年版，第 116 页。
④《毛泽东选集》第一卷，北京：人民出版社，1991 年版，第 115 页。
⑤《毛泽东选集》第一卷，北京：人民出版社，1991 年版，第 109–110 页。

思主义的普遍真理同中国革命的具体实际结合起来，为解决土地革命中的基本政策，提供了可靠依据。1933 年 11 月，为总结和指导各级苏维埃的工作，他又接连完成了《长冈乡调查》《才溪乡调查》，解剖了典型，推动苏区各级苏维埃工作健康发展。

毛泽东的一生是调查研究的一生，他不仅自己注重调查研究，也要求其他领导干部要注意调查研究。

1960 年 12 月 24 日到 1961 年 1 月 13 日，中共中央在北京召开工作会议。会议议程有三项：一是关于农村整风整社和纠正"五风"问题（"共产风"、浮夸风、命令风、干部特殊风和对生产瞎指挥风）；二是关于一九六一年国民经济计划问题；三是关于世界各国共产党和工人党代表会议的报告。由于面临着严重的经济困难，大家头脑都比较冷静，能够面对现实，和衷共济地为克服暂时困难而共谋大计。会议期间，毛泽东听了五次汇报，经过充分讨论、酝酿和思考，毛泽东关于大兴调查研究之风的思想逐渐形成。在中央工作会议最后的一天，1 月 13 日，发表了以大兴调查研究之风为主旨的讲话。

1961 年 1 月，在中国共产党的八届九中全会以及此前召开的中央工作会议上，毛泽东多次发表讲话，要求全党恢复实事求是、调查研究的作风。他希望与会者回去大兴调查研究之风，一切从实际出发。

随后，中共中央向各中央局、省、市、区党委致信，并附上 1930 年毛泽东写的《关于调查工作》（即《反对本本主义》）一文，要求县以上各级领导机关联系实际认真学习。信中指出：深入基层调查研究，是领导工作的首要任务。

全会之后，毛泽东亲自组织和指导三个调查组，分赴浙、湘、粤农村进行调研。中央其他领导人也分别到农村调查。各省、市、自治区党委书记也纷纷深入基层，形成了一股浓烈的调查研究风气，解决了实际工作中存在的许多问题。

如今，毛泽东关于"没有调查，没有发言权"的至理名言，依然像警钟长鸣，时刻提醒我们，要了解客观实际，就必须深入群众、深入实践进行调查研究，把客观存在的事实搞清楚，把事物的内部和外部联系弄明白，从中找出能够解决问题、符合群众要求的办法来。

三、形式主义调研只会结形式主义的果

党的十八大以来，中国共产党面临的形势和任务都发生了重大变化，但调查研究的作用和要求没有变。在党的十九届一中全会上，习近平总书记要求中央委员会的每一位同志，搞调查研究要扑下身子、沉到一线，迈开步子、走出院子，到车间码头、到田间地头、到市场社区，亲自察看、亲身体验。

当前，我们面临的改革、发展、稳定任务艰巨，需要解决的问题更加复杂繁重，这就愈加需要广大领导干部在调研时坚持问题导向，把事情的来龙去脉搞清楚，把问题弄明白，从而"对症下药"、科学决策。如果党员干部在深入基层调查研究的过程中热衷于搞形式主义，人到心不到，群众就不买账。调查研究的实质本来就应该是察实情、找症结，然后根据实际情况提出解决问题的方案和对策。形式主义的调查研究瞄准的只是过程，根本没有，甚至不会顾及调查研究的实质，这样的调研危害不可小觑。

一方面，调研"虚浮症"的存在会导致领导干部双脚"踩空"、头脑"发空"、问题"抓空"，出现"拍脑袋"决策的现象。

2014—2015 年，西部某贫困县在没有深入考察群众养殖技术、养殖成本及市场风险的情况下，在两个乡镇 3000 多户贫困户中推广蛋鸡养殖。结果遭遇风险，政府投入几百万元的项目全面失败，部分农民甚至背着鸡到政府上访。还有网友吐槽形式主义的调研称，村里来了扶贫工作组，调研村里成立养殖合作社的事，草草转了一圈就开始"献计献策"：有人建议养鸭，有人建议养牛，最后开了个会决定养鸭，说是养鸭见效快。然而，鸭苗买过来不到一个月就死了一大半。有村民说："半山上的村子，连喝水都困难，养什么鸭？！"①

类似教训并非个案，也警示人们，调研形式主义之风不可助长，一旦蔓延开来，其后果相当严重。正如毛泽东当年批评的那

① 高皓亮、梁建强：《调研套路化，基层新负担》，《半月谈·内部版》，2017 年第 12 期。

样："调查的结果就像挂了一篇狗肉账，像乡下人上街听了许多新奇故事，又像站在高山顶上观察人民城郭。这种调查用处不大，不能达到我们的主要目的。"①

2018年，甘肃省住建厅在精准脱贫"农村危房改造回头看"专项行动中部署工作草率，在两个多月时间内仅此项工作就先后4次发文更改工作要求、表格内容和上报时限，令基层无所适从，加重基层负担。

2018年6月，在没有深入调研、没有充分征求基层意见的情况下，照搬照抄其他地方的做法，印发了《甘肃省农村危房改造档案管理实施细则》，脱离本省实际，内容冗杂，工作程序环节繁多，基层工作人员理解困难、难以落实，导致危房改造工作花钱多、推进慢、效果不佳，干部群众反映强烈。省住建厅关于农村危房改造的工作部署朝令夕改，工作流程烦琐难懂，任务落实流于形式，对全省脱贫攻坚工作造成了负面影响。李兰宏作为分管村镇建设处的副厅长，负有重要领导责任，受到党内警告处分。省住建厅村镇建设处处长贺建强负直接责任，受到党内警告处分。②

这是中央纪委国家监委2020年4月26日通报的8起形式主义官僚主义典型案例之一。

李兰宏在甘肃省住建厅主要分管扶贫工作，农村住房安全和危房改造是他理应投入主要精力、加以重点关注的领域。2018年6月，省住建厅印发《农村危房改造档案管理实施细则》。这份3200余字的文件，并未结合全省扶贫领域危房改造实际，内容不全面、未细化，针对性和可操作性不强，流于形式。

"有些内容表述专业性强，工作人员和农户理解起来存在困难，有些表格需要村、乡、县、市四级签字，四级盖章背书，形式上层级负责，实质上市一级对村一级情况并不掌握，签字盖章流于形式，给工作落实增加了负担，导致基层干部和农户反映较多。"甘肃省纪委监委第二监督检查室相关负责人介绍。

一名参与危房改造工作的乡镇干部说："表格报送了10遍才

①《毛泽东选集》第一卷，北京：人民出版社，1991年版，第113页。

②《中央纪委国家监委通报8起形式主义官僚主义典型问题》，中央纪委国家监委网站，2020年4月26日。

过，政策三天两头变，让基层乡镇投入了大量的人力、物力、财力。对于危房改造，国家有统一的住房信息系统和档案管理系统，基层干部也都录入完成了，为什么还要建纸质版档案？一户危改户的档案建成需要50多页，也就是要做一本书，村、镇、县还要到市上盖公章。让基层干部哭笑不得、苦不堪言，这是典型的劳民伤财！”

此案例的教训是，领导干部需要深入调研，从实际出发，实事求是地做事，违背规律、缺乏论证的胡乱作为只会招致群众的唾弃，受到应有的惩罚。

近年来，一些地方重大工程盲目上马、环境严重污染等行为都与决策失误有关。其中一部分原因是前期调研或调研不充分，酿成决策错误。

2017年3月22日，国资委党委、中央纪委驻国资委纪检组对已查处的中国铁路物资（集团）总公司，中国冶金科工集团有限公司两起国有资产重大损失案件进行通报。中国铁物违规开展融资性贸易，对抗国资委指示，拒不执行党和国家方针政策和重大工作部署、决定，对子企业疏于管理，放纵风险发生，造成巨大经济损失；中冶集团并购唐山恒通集团公司过程中，进行违规决策和操作，造成巨大经济损失。其中，“决策不当”最主要的一个原因是，相关负责人缺乏调研，拍脑袋决策。①

诚如毛泽东所言：“我的经验历来如此，凡是忧愁没有办法的时候，就去调查研究，一经调查研究，办法就出来了，问题就解决了。”②“如果不是这样做，则官越大，真理越少。大官如此，小官也是如此。”③行走在基层，扭住真问题，不断提高调查研究能力与水平，我们的决策才能更科学、更具针对性。

另一方面，调研“虚浮症”的存在，上面“蜻蜓点水”，下面“一条龙”忙得团团转，耗费大量人力、物力。

上级领导来调研了解基层情况，推动工作开展，这对基层原本

①《国资委通报中国铁物国有资产重大损失案》，央视网，2017年3月24日。

②《毛泽东文集》第八卷，北京：人民出版社，1999年版，第261页。

③《毛泽东年谱（1949–1976）》第五卷，北京：中央文献出版社，2013年版，第410页。

是好事，然而，一些领导干部调研习惯“高调”，先发文件、发通知、打电话给调研单位，调研单位为迎合领导，便会事先进行“踩点”和特意安排，甚至根据领导的要求进行“排练”，这样的假调研成果几乎为零，还劳民伤财。

中部某县有个“被调研明星乡”。据不完全统计，一年有500多批次领导干部前来调研。这意味着乡里一年365天，平均每天至少都有一拨领导干部前来调研，乡里班子成员不得不全员上阵，耗费了大量时间和精力。①

为保证某些领导调研“效果”，基层单位得准备数不胜数的重复报表、材料、展板、模型，表面上轰轰烈烈，声势浩大，基层干部整天忙得团团转，老百姓却见不到实惠，也解决不了实际问题。“半年一小检、一年一大检”，导致基层部门单位疲于应付，把更多的精力放在“纸上作业”、做表面文章上，单位也成了“材料加工厂”，难免陷入务虚不务实的怪圈。

由此看来，领导干部“走过场”的调研还是不要有，让基层干部腾出时间和精力多干实事，才是真正的要紧事。

四、力促干部调研更接“地气”

当前，我们所面临的任务千头万绪、纷繁复杂。任何工作、任何事情都不可能通过一次调查研究便可全部得到解决，不可能“毕其功于一役”甚至“一蹴而就”。这就要求我们的党员干部在进行调查研究的过程中要带着明确的调研主题“广听、细问、深思”，致力于步步为营、稳扎稳打。

从实践来看，领导干部调研能否成功，主要有三个重要前提：

一是有没有揣着真正问题“去”。这是调研工作的出发点和前提，带着真问题去，调研才能有的放矢。领导干部下基层，目的应是研究问题、发现问题、分析问题，并最终解决问题。

---

① 高皓亮、梁建强：《调研套路化，基层新负担》，《半月谈·内部版》，2017年第12期。

二是有没有真实数据“来”。真实数据是一份有价值的调研报告的生命力所在，有真实数据才有真相，这是衡量调研真实性的标准之一。

三是有没有真知灼见“出”。就是调研要有结果和结论，这是调研的最终目的，调研质量要体现在解决实际问题之上。

让调研这个“传家宝”发挥现代功用，就要有相应的制度保障，确保调研工作有正确的态度和正确的方式方法。

第一，领导干部要放下架子、扑下身子，接地气、通下情，除“身入”之外，还需要在“心至”上投入精力。调查研究只有找准问题，才能更好地为科学决策服务，为提高党的执政水平服务。当前，各级领导干部的调研要着眼于事关改革、发展、稳定全局的重大问题、与人民群众利益密切相关的热点问题、经济社会发展中出现的倾向性问题，进行调查研究。调研的目的不仅仅在于说明“是什么、为什么”，更在于回答“做什么、怎么做”。在“三期叠加”的关键时期，领导干部到基层深入实际、了解情况，是为了给工作中的难点找到解决思路。

春江水暖鸭先知。只有身到心到，才能感知事物的本来面目和实践的重要可贵。调研“心至”，需要耐心。调研不是一锤子买卖，往往需要反复走访、长期关注，保持一股“不破楼兰终不还”的韧劲。

调研“心至”，需要细心。当年毛泽东在苏区开展调研，既在区乡政府召开座谈会，又深入贫雇农、烈军属和干部家中一对一地聊，从选举到生活，从公债到合作社，大小事情样样问全、问细。无论是哪家豆腐做得好、哪家水酒酿得香，还是每家每户吃盐多少、价格几何，他都仔细了解、如数家珍。靠着细致入微的调研，毛泽东找到了启动农村革命的钥匙。处处留心皆学问，“蹲下去看蚂蚁”，就能跳过粗疏抓到细节，透过表象看到本质。

调研“心至”，还需要虚心。调研的过程就是向群众学习的过程，也是从群众中寻找解决问题的办法的过程。摆正自己的位置，真心诚意拜群众为师，对做好调研尤其重要。万里担任安徽省委第一书记时，经常一部小车、三两个人，说走就走、随时可停，直接到村入户，找干部探究农村“突围”问题，向群众讨教摆脱贫困的法子。短短三四个月时间，他便把大部分地区都跑遍了，摸清了实情，为后来安徽打响农村改革第一炮打下了根基。老老实实向群众学习，用群众的智慧丰富头脑和心灵，工作起来才能无往而不胜。

第二，坚持和完善"先调研，后决策"的重要决策调研论证制度。调研是一切工作的基础，应成为贯穿于领导干部工作全过程的基本工作制度。为了防止和克服决策中的随意性及其造成的失误，应当坚持从制度设计上把调研贯穿于领导干部决策的全过程。

对本地区、本部门事关改革、发展、稳定全局的问题，应坚持做到先调研，后决策。提交讨论的重要决策方案，应该是经过深入调研形成的，有的还应有不同的决策方案作比较。特别是涉及群众切身利益的重要政策措施出台，要采取听证会、论证会等形式，广泛听取群众意见。领导干部调研宜突出针对性。调研只有找准问题，才能更好地为科学决策、提高党和政府的执政水平服务。

河南郑州惠济区有环卫工人抡扫帚打花，花瓣散落一地。起因是，按照当地"以克论净"的标准，如果检测人员拍到有花落在地上，环卫工人就会被罚款，一次罚 100 元，而他们工作一天才挣七八十元。4 月 21 日，当地召开了全区环卫作业紧急会议，要求详细告知一线环卫工人，落花属自然现象，不在作业标准范围。[①]

从发生舆情，到有关部门迅速回应，有针对性地解决问题，这值得点赞。不过，这背后的形式主义问题仍值得反思。环卫工打落花瓣，同有关部门（人员）机械执行"以克论净"的考核标准分不开。

上级部门的指挥棒往哪儿指，基层的着力点就会往哪儿偏。如果指挥不当，就容易产生形式主义。上面不顾实际，机械执行严苛标准，下面就容易无所适从，甚至产生"环卫工人抡扫帚打花"的奇葩行为。

"以克论净"现象警示我们，破除形式主义的重要方法之一就是坚持实事求是。任何政策、考核标准的制定及其检查的方式方法都应深入调查基层实际情况，遵循科学管理规律，并将要求与有关方面、人员充分沟通。

第三，完善领导机关、领导干部的调研工作制度。领导干部要

---

① 兰琳宗:《"扫帚打鲜花"根子在上头》，中央纪委国家监委网站，2020 年 4 月 23 日。

带头调查研究，拿出一定时间深入基层，特别是主要负责人要亲自主持重大课题的调研，拿出对工作全局具有重要指导作用的调研报告。因为对各种问题特别是重大问题的决策，最后都需要主要负责人去集中各方面的意见由领导集体决断，而主要负责人亲自做了调查研究，同大家有着共同的深切感受和体验，就更容易在领导集体中形成统一认识和一致意见，更容易作出决定。

例如，20世纪60年代初，为了度过当时国民经济的严重困难，全党同志就当时一些重大问题同时开展调研，尤其是各级领导机关的主要负责人都参与了调研，结果很快就形成了解决一系列重大经济社会问题的正确决策，使困难局面迅速得到扭转。那次全党大调研留下了不少宝贵经验。

第四，坚持和完善领导干部的联系点制度。建立领导干部联系点，是防止领导干部脱离群众的一种重要手段，也是发现和解决问题的一条有效途径。领导干部宜选择问题多、困难大、矛盾集中、与本职工作密切相关的农村、社区、企业等基层单位，开展蹲点调研，倾听群众呼声，找准问题的症结所在。

领导干部到联系点调查研究，要真心实意地交朋友、拉家常，通过面对面交流，直接了解基层干部群众的所想、所急、所盼。只要把心用到了，真心拜人民群众为师，真诚与人民群众交心，就能在调研中听到真话，察到实情，获得真知，收到实效。

第五，把握好“调查”与“研究”两个环节。调研的根本目的是解决问题，调查结束后要进行深入细致的思考，进行一番交换、比较、反复的工作，把零散认识系统化，把粗浅认识深刻化，直至找到事物的本质规律，找到解决问题的正确办法。

调研报告则提倡短而精，力求做到观点鲜明、论证充分、文风朴实。调研中形成的新认识、新举措要及时写入领导讲话材料或规范性文件。

第六，建立和完善重大决策失误责任追究机制。这项机制可倒逼各级领导干部真正重视调研，提升科学决策能力和水平。

一是找准责任主体。重大决策行为多种多样，决定了重大决策责任必定是一个复杂体系。重大决策涉及决策方案的提出、论证、决议、执行、反馈等一系列环节，各个程序环节既相互独立，又紧密联系。

二是明确责任范围。应当明确什么样的重大决策需要追责，即对重大决策纳入终身追责的严重后果所界定的标准，如国务院2014年最新修改颁布的《中华人民共和国安全生产法》，根据生产安全事故造成的人员伤亡或者直接经济损失，对生产安全事故划分为特别重大事故、重大事故、较大事故、一般事故。

三是建立完善程序。一方面，要明确是谁来进行追责；另一方面，具体的追责程序要保证追责的顺利进行。当重大决策已经过去很久之后，才发现决策时的过错，只有通过正确的程序，才能对当时的决策进行调查、取证。

/ 形式主义表现三 /

贯彻落实虚化式

个别地方单位的领导干部对贯彻落实中央重大决策部署习惯于做“传声筒”“播放器”，表态很多，调门很高，但行动很少，落实很差，虚多实少，仅仅满足于“轮流圈阅”“层层转发”“安排部署”。有些地方一些具体工作和责任落实仅在嘴上“空跑”，在纸上“旅行”，压力传导递减，缺少具体抓手，存在应付了事的现象。有的干部说得天花乱坠，干时敷衍应对。有些说一套做一套，会上热烘烘，会后就放松，再过几天就无影无踪，雨过地皮湿，陷入“走过场、刮阵风”的怪圈，欺上瞒下，以“对策”对“政策”，以绕道走做变通。

问责　　新华社发 徐骏作

2020年4月20日，习近平总书记到陕西牛背梁国家级自然保护区，考察秦岭生态保护情况。他指出："秦岭和合南北、泽被天下，是我国的中央水塔，是中华民族的祖脉和中华文化的重要象征。"①

"秦岭违建是一个大教训"，站在青山绿水间，习近平总书记深情凝望大山，深刻告诫在场的党员干部。

习近平总书记所说的这个"大教训"，指的正是秦岭北麓西安境内违建别墅问题，曾一度严重破坏当地生态环境。秦岭违建，最早可以追溯到2003年，一直到2018年经过习近平总书记六次批示，历时四年多才彻底解决。

对于政令不畅的沉疴顽疾，2013年1月22日，习近平总书记在十八届中央纪委二次全会上就直言，要防止和克服地方和部门保护主义、本位主义，决不允许"上有政策，下有对策"，决不允许有令不行、有禁不止，绝不允许在贯彻执行中央决策部署上打折扣、做选择、搞变通。2016年6月28日，中共中央政治局会议审议通过《中国共产党问责条例》。这次会议特别强调，要紧紧围绕贯彻党的路线、方针、政策，协调推进"四个全面"战略布局强化问责，确保党中央的集中统一领导，确保党中央政令畅通。

2019年2月20日，十九届中央纪委第三次全体会议工作报告提到，紧盯对中央重大决策部署不敬畏、不在乎、喊口号、装样子的错误表现，严肃查处空泛表态、应景造势、敷衍塞责、出工不出力等突出问题。中央反复强调政令畅通，足见其重要性。然而，这也从另一个侧面反映出，有些地方贯彻落实中央重大决策部署还流于形式。

一、贯彻落实中央决策部署屡现"堰塞湖"

"会议、文件、活动较多""干部作风慵懒松散""形式主义、官僚主义问题仍然存在"……近年来中央巡视组反馈中出现的高频词，折射出一些地方和部门以形式主义、官僚主义对待中央决策部

① 学而时习：《总书记的"江河情怀"》，求是网，2021年4月29日。

署的突出问题。

“痛则不通，通则不痛”是中医学的重要原理，把这条原理应用在时下的政府工作中，同样至关重要。因为，再优惠的措施，政令不畅等于白搭；再好的决策，政令不畅，也无法得到又好又快的落实。

当前，一些地方贯彻落实中央决策部署虚化式，有以下四种主要表现形式：

形式之一：打折扣、做选择、搞变通。近年来，有些地方存在严重的地方和部门保护主义、本位主义，在工作中看菜下碟，实行“上有政策，下有对策”，常常有令不行、有禁不止，在贯彻执行中央决策部署上打折扣、做选择、搞变通。

还是以秦岭违建为例吧——

2018年7月31日起，一场专项整治行动在秦岭北麓西安境内展开，违法建设别墅被一一查清拆除，所在土地复绿复耕。

据统计，行动清查出1194栋违建别墅，其中依法拆除1185栋、依法没收9栋。依法收回国有土地4557亩，退还集体土地3257亩。

2018年11月，中共中央办公厅、国务院办公厅就秦岭别墅事件发出通报，通报的标题中措辞严厉：“陕西省委、西安市委严重违反政治纪律”。

由此案牵出的人事变动——

陕西省委原常委、秘书长钱引安落马；

陕西省人大常委会原党组副书记魏民洲落马，后因受贿罪被判无期徒刑；

陕西省西安市委原副书记、西安市原市长上官吉庆被处以留党察看两年处分，降为副厅级非领导职务；

陕西省西安市政协原主席、党组书记程群力被给予处分，终止人大代表资格，终止西安市第十三次党代会代表资格；

…………

另有知情者称，除了被问询官员数量庞大外，还有多名官员被调查，“总共有三位数之多”“他们主要来自规划、国土等相关部门”。

“国家公园成了私人花园”，牵涉其中的人最终为违建付出了代价！

冰冻三尺，非一日之寒。

2014 年 3 月，秦岭北麓违法乱建别墅、破坏生态环境情况再次被曝光。2014 年 5 月 13 日，习近平总书记就秦岭北麓西安段圈地建别墅问题作出重要批示，要求陕西省委、省政府主要负责人关注此事。

然而，省里没有对习近平总书记的重要批示精神进行传达学习，西安市也直到 20 多天后的 6 月 10 日才成立调查组，让退居二线的市政府咨询员乔征担任组长。

2014 年 7 月，调查小组向市里反馈：违建别墅底数已彻底查清，共计 202 栋。随后，202 栋这个数字就从市里报省里、省里报中央，一路畅行。

事实上，秦岭违建别墅远远不止 202 栋，由于陕西省和西安市严重的形式主义和官僚主义，导致 1000 多栋的违建别墅在当时被漏报。

虽然陕西省委在 2014 年 8 月向党中央报告说，秦岭违建别墅的数量已经查清。但习近平总书记在当年 10 月 13 日又作出第二次重要批示，要求“务必高度重视，以坚决的态度予以整治，以实际行动遏止此类破坏生态文明的问题蔓延扩散”。

但陕西省和西安市还是没有引起真正重视。西安市委将调查小组升格为调查处置组，由市委常委、常务副市长岳华峰担任组长。

2014 年 11 月 14 日，西安市委向陕西省委报告称，202 栋违建已全部处置到位，其中拆除 145 栋，没收 57 栋。

中央专项整治工作组发现，整治实际上只进行了部分处置：号称全部拆除的别墅中有 17 栋拆除不彻底；号称没收的有 47 栋一直未履行任何实质性收归国有手续，只是在门上贴了封条。

整治不彻底，这并不影响当时的西安市主要领导在《陕西日报》联合发表署名文章，宣称“积极作为、勇于担当……违法建筑整治工作全部完成”。

2015 年 2 月至 2018 年 4 月，习近平总书记又作过三次重要批示指示，并且强调“对此类问题，就要扭住不放、一抓到底，不彻底解决，绝不放手”。

然而，陕西省委并没有全面理解习近平总书记此次重要批示指示精神。2015 年 2 月到 2018 年 7 月，近三年半时间里，陕西省委、省政府共召开近 300 次会议，没有一次专门研究怎样做到“不彻底解决，绝不放手”。

因省市对问题视而不见、搞整改避重就轻、摆功绩夸大其词，下面的鄠邑区、长安区将别墅建设当成年度重点项目大力推进，产生边整治、边违建、禁而不绝的破窗效应，一些领导干部和管理部门干部趁机掩盖与开发商官商勾结、权钱交易的行为。

2018 年 7 月，习近平总书记对秦岭违建事件作出第六次批示：“首先从政治纪律查起，彻底查处整而未治、阳奉阴违、禁而不绝的问题。”当月下旬，中央专门派出中央纪委领衔的专项整治工作组入驻陕西，展开针对秦岭违建别墅的整治行动。这次拆违整治由中央纪委副书记徐令义担任专项整治工作组组长。

中央工作组发现，2014 年对 202 栋违建别墅整治之后，秦岭北麓仍然不断出现违规新建别墅达 600 余栋之多。像群贤别业、达观天下、草堂山居、山水草堂等别墅项目，甚至成为西安房地产的高端代表。

最终查处的违建别墅有多少？ 1194 栋！这比最初陕西认定的 202 栋足足多了近 1000 套！

据公开报道显示，秦岭北麓违法建设始于 2003 年，别墅建设者对山体肆意破坏、生活污水随意排放，有的甚至把山坡人为削平，随意圈占林地，对生态环境的破坏十分严重。[①]

从官方对秦岭违建整治看，其意义远超具体事件本身，也对久治不愈的形式主义、官僚主义顽症敲响警钟。中央多次提出要求，但地方政府敷衍了事，形式主义走过场，官僚主义不作为。例如，有人认为违建只是建设违规，没有将其上升到生态环保的高度来认识。正是这些态度和做法，让当地一些官员趁机把官商勾结、利益输送的盖子捂得严严实实。习近平总书记六次批示更是点出问题要害——形式主义、官僚主义是突出的外在表现，政治意识淡薄才是内在的根本问题。秦岭违建事件造成非常恶劣的社会影响，一批涉事干部受到查处，其中最重要的一个教训是“绝不能置中央三令五申于不顾”，政治建设绝不能缺失缺位或软弱无力，政治规矩和政治意识绝不能模糊淡薄。因此，只有真正落实主体责任，才能确保

①《“秦岭违建”为何惊动中央？》，中央广播电视总台央视新闻，2019 年 1 月 8 日。

从中央到地方政令贯通，令行禁止。

这样的案例，又何止秦岭违建事件？

其实，2017 年处理完的祁连山生态破坏事件，也是在习近平总书记多次批示关注下才得以解决的典型案例。

甘肃祁连山是中国西部重要生态安全屏障，是黄河流域重要水源产流地，是中国生物多样性保护优先区域，国家早在 1988 年就批准设立了祁连山国家级自然保护区。近年来，祁连山局部生态却遭到人为破坏。

习近平总书记 2014 年至 2016 年多次作出重要批示，然而甘肃省并没有真正落实，不少层级的干部和企业之间有千丝万缕的利益关联，时任省委书记王三运也牵涉其中，导致对中央决策执行阳奉阴违。

2017 年 7 月 20 日，中共中央办公厅、国务院办公厅就甘肃祁连山国家级自然保护区生态环境问题的通报对外公布。通报措辞严厉，包括 3 名副省级官员在内，甘肃诸多官员被问责。[①]

高层连续批示、央视《新闻联播》曝光、政治局常委会讨论，中共中央办公厅、国务院办公厅通报中“不作为、乱作为，监管层层失守”等“狠话”频现……在中国环境法制史上，对一个地方的生态保护问题，进行如此高规格、大阵势的监督，祁连山生态破坏事件，可谓前所未见。

形式之二：以罚代管，“层层管、层层软”。安全生产检查是督促落实安全生产责任制的常规手段。近年来，各种安全生产大检查确实发现了许多隐患，杜绝了大量事故。但不难发现，近年来发生的历次生产安全事故或多或少都与安全检查“走过场”有关。

一声巨响，焦土火海……

2019 年 3 月 21 日下午，江苏盐城响水县陈家港化工园区的天嘉宜化工有限公司发生爆炸事故。事故瞬间，举国瞩目。出访途中的习近平总书记作出重要指示：“全力抢险救援”“尽快查明

---

①《中共中央办公厅、国务院办公厅就甘肃祁连山国家级自然保护区生态环境问题发出通报》，新华社，2017 年 7 月 20 日。

事故原因”！[1]

47人死亡，640人被送医，事发地500米内的房屋玻璃门窗全部粉碎，1.2千米外的村庄都一片狼藉……种种迹象告诉我们，这是一场人间惨剧。

逝者不可追。相比哀伤，教训更须吸取！

据媒体披露，在爆炸之前，事发地陈家港化工园早已“劣迹斑斑”——

自2007年起，该园区内至少发生过4起爆炸、泄漏和火灾事故；

2011年2月，当地有传言“化工厂要发生爆炸”，曾引发周围村镇的万余群众“连夜转移”；

2017年1月，涉事企业的时任主要负责人曾因非法处置危险废物，严重污染环境，被法院判刑并处以罚金；

2018年2月，国家安监总局还发函，指出该企业存在13项安全隐患问题，并要求江苏省安监局“整改落实”。

海恩法则说：“每一起严重事故的背后，必然有29次轻微事故和300起未遂先兆，以及1000起事故隐患。”

明明“出事”早有预兆，却一路“整改”，一路“绿灯”。“带病”生产，如击鼓传花。直到2019年3月21日戛然而止，举国皆知！

是什么在作祟？形式主义！

其实，当地部门对出事企业不是没有监管，但总结看来就两样：开会、罚款！

响水县政府网站发布，自2019年3月1日—14日的近半个月内，该县领导通过走访调研、召开会议等方式，先后4次提及有关工业安全生产等问题，要求“问题企业”一律停产整改。

据媒体报道，爆炸的当天上午，响水县安全生产委员会还召集全县重点企业主要负责人，开展了一场“安全生产培训专题讲座”。

上午开会培训，下午发生爆炸。

资料还显示，2017—2018年，出事的天嘉宜化工有限公司曾多次

---

①《习近平出访途中对响水爆炸事故作重要指示》，《人民日报》客户端，2019年3月22日。

被盐城市环保局和响水县环保局行政处罚，累计罚款至少101万元。

然而，所有的“高度重视”都定格在了化工厂腾起的火龙上。

回溯近年几起令人扼腕的重大安全事故，都有形式主义的阴霾。

2019年，内蒙古“2·23”矿难事件，同样是早有征候，同样是“黑点”频出，警示、整改按部就班，却仍然发生了22人死亡的重大安全责任事故。

2017年，同样在江苏，响水县的邻县灌南县还发生了“12·9”重大爆炸事故，原因同样是企业未落实安全生产主体责任，监管部门未能认真履职。

2015年，天津滨海新区爆炸事故中，有关职能部门行为失察，不严格履行职责，让安全法律法规形同虚设，最终造成165人遇难。[①]

…………

如此接二连三地发生煤矿安全生产事故，人们不禁要问，原因在哪里？难道是上级不重视、没提醒？绝不是！可以说，从中央到各地都是三令五申，中央经济工作会议及其他很多会议也都反复强调要安全生产，要“高质量”，要“稳中求进”。但在现实中，不少是安全生产督查组前脚走，后脚就发生了致人死伤的事故，安全生产隐患排查被认为是走形式。

每次重大安全事故过后，相关行业和监管部门都会进行安全生产大检查。然而，一些地方“水面九级风暴，水下隔靴搔痒”“发发文、罚罚款就过去了”，结果让安全隐患继续潜伏在生产作业流程中。如果说他们在监管上有共同点，那就是重“痕”不重“绩”、留“迹”不留“心”。

“形式主义害死人”原本不过是个比喻，可近几年发生的多起安全生产事故表明，“形式主义”真的能害死人。

面对已经发生的惨痛事故，最重要的是痛定思痛，认真总结和吸取教训，避免悲剧重演。因此，排查安全隐患绝不能变成“走秀”！

形式之三：以会议贯彻会议，以文件落实文件。落实中央重大决策部署，少不了各种文件。过去很多重要的政策和安排，都是通过文件向下传达的。这种“红头文件＋白纸黑字”的模式的好处在于它意味着权威声音的传递，能够最大限度地避免改革决策在传

①《是时候为形式主义送葬了！》，中央政法委“长安剑”，2019年3月22日。

递过程中变形走样，也能让一线部门开展工作时有据可查，提高行政效率，降低行政成本。

对各级各部门来说，制定和下发文件是日常工作之一，有的是为了制定实施方案，有的是为了出台贯彻意见，有的是为了提出工作要求等。作为安排部署工作的一种“工具”，文件本身并没有错，将工作安排写在文件里，安排相应的部门落实，按照文件层层贯彻实施。

但问题是，一些地方和部门把“工具”当成“工作”，有些本不需要发文件的决策部署，最终也都变成了红头文件。文件来了，改头换面直接下发；或收件者依样画葫芦，继续下发，击鼓传花。如此将“一级抓一级，层层抓落实”的要求，变成了“一级压一级，层层发文件”，难以落地生根。

2016 年 2 月，浙江省在全省范围内全面实施“困难残疾人生活补贴”和“重度残疾人护理补贴”政策，并作出具体部署。7 月，乐清市残联根据上级文件有关规定，发文要求乡镇（街道）实施“两补”的申报工作。由于对上级“两补”理解的偏差，导致享受到“两补”的人员仅占符合政策条件人员的三分之一。2017 年 1 月，温州市残联对乐清市“两补”工作进行考核后提出批评意见。随后，乐清市残联未经审核就发文确定第二批补贴对象。由于前期把关不严，未建立补贴发放资格定期复核和一月一报制度，存在先拨付资金再审核等违规行为，导致两批“两补”对象中有 7 人死亡后仍在享受补贴。

乐清市纪委调查后发现，市残联在开展“两补”工作时，以文件落实文件，行动少、落实差，未能按上级文件要求认真履行职责，没有开展有效的宣传和督促指导，致使应补尽补政策落实不到位。同时，市残联工作漂浮，对申请对象审核搞形式、走过场，没有实行应退则退的动态管理机制，直接造成部分已故人员仍在享受补贴。2017 年 4 月，市残联党组成员、副理事长陈成磊，市残联劳动就业服务所所长陈慧慧分别受到党内警告处分，市残联党组书记、理事长鲍平桂受到诫勉谈话处理。[①]

①《工作纪律：剑指形式主义官僚主义》，中央纪委国家监委网站，2018 年 8 月 29 日。

“上面千条线，下面一根针。”各个职能部门、各级政府每年发的文件都不少，地方对如何消化这些文件既没有相应的实施细则，也没有明确的标准指引，更没有相关的配套措施。反正精神传达了，能不能完成是下级的事情，万一出了问题与自己无关。

例如，乐清市以文件落实文件，用发文代替行动，极易导致贯彻中央精神和上级要求“上下一般粗”，不加消化、虚浮表面，产生“水土不服”甚至适得其反的效果。这反映出个别党员干部态度不端、履责不力，没有把自己摆进去、把职责摆进去，在抓落实上做表面文章、过度留痕，而不管是否符合实际，不管是否能解决问题。

这类干部习惯在工作中空喊口号，表态多调门高、行动少落实差。尤其是要求基层的“表态发言”，似乎成了会议的“惯例程序”。为了迎合上级领导和部门的“需要”和“欣赏”，有的表态发言夸夸其谈、情绪激昂、声情并茂，有的信誓旦旦、雄心勃勃、力压群芳；更多的表态是“坚决拥护”“狠抓落实”“如期完成”“领导放心”，等等。而会后则是另一种情形：“表态发言”变成了“纸上谈兵”，“狠抓落实”变成了“空洞口号”。

2018 年 8 月 31 日，中央纪委国家监委网站以《工作纪律：剑指形式主义官僚主义》为题，报道了《中国共产党纪律处分条例》修订背后的全面从严治党故事。其中提及这样一个典型案例——

三都县是贵州省 14 个深度贫困县之一，也是黔南布依族苗族自治州唯一的深度贫困县。在接受媒体采访时，三都县委原书记梁嘉庚信誓旦旦：“不求做大官，但求做大事”“带领全国 63% 的水族人民脱贫就是天大的事”。

在实际操作中，他却并没有这样做。2016 年以来，三都县在建的千万元以上项目有 127 个，但与脱贫攻坚有关的只有 41 个。他把精力和资金都集中到与脱贫攻坚工作无直接关系的“养生谷”“千神广场”等“高大上”的综合开发项目上了。都江镇曾是梁嘉庚对口帮扶的乡镇，但他很少进村，就算去了也只是带着商人看项目，在村委会开个会就走了。2017 年 8 月 30 日，针对三都县委、县政府存在的不聚焦精准脱贫工作、目标发散、力量分散等问题，黔南州委、州政府对三都提出批评并“约法三章”，梁嘉庚口头答应却不执行。2018 年 6 月 22 日，梁嘉庚因严重违纪违法被开除党籍、开除公职。[1]

这类逢场作戏的空表态、大而无当的喊口号、只说不做的唱高调是严重的作风问题，此风一长，任务落实就容易“打滑”“空转”。

形式之四：上有政策，下有对策。“上有政策，下有对策”并不鲜见。有时上面的要求与标准是“一头羊”，而经过层层递减“瘦身”，到了最基层就变成了“一只鹅”。有的一把手把责任传给“二传手”，“二传手”传给“三甩手”，责任被逐级弱化；有的在贯彻落实上级精神和决策部署时“缺斤少两”，不少政策“下不了镇、进不了村、入不了户、到不了人”，弄得面目全非；有的在作风上也搞“递减”，上紧下松，故意设阻力，阳奉阴违，利用信息不对称搞“中梗阻”。甚至，有一些基层干部法纪意识淡薄，觉得“石头投进湖面，自己在波纹的最外边”，自以为“天高皇帝远”，以致有恃无恐，对中央三令五申的要求置若罔闻。

这类干部一般以局部或个人利益来决定取舍，对于那些短期内在明面上显不出成绩的事，则往往不愿意做，或选择性地执行。有的借口结合地方实际随意搞变通，打着创新旗号，违背中央精神，另搞一套；有的口是心非、阳奉阴违，搞“上有政策，下有对策”“搞变通，做选择题”。

2023年7月11日，中央纪委国家监委对十起加重基层负担的形式主义、官僚主义典型问题进行公开通报。其中提到，四川省成都市双流区规划和自然资源局推进违法用地整改简单化，怡心街道在整改工作中搞形式主义问题。

2023年5月，成都市规划和自然资源局要求各区（市）县对一批违法用地问题进行整改。双流区规划和自然资源局要求相关镇、街道两天内完成对部分违法用地的拆除复耕等工作，但未明确整改具体标准，督促指导不力。双流区怡心街道在未准确掌握复耕复垦标准的前提下，工作简单化，决定采取移栽玉米苗的方式，对辖区内怡心广场8.69亩耕地“非农化”问题进行整改。该街道草坪社区具体组织实施，未对绿地进行复垦，简单采取开挖草皮、移

①《工作纪律：剑指形式主义官僚主义》，中央纪委国家监委网站，2018年8月29日。

栽挂穗玉米等方式，应付式解决耕地“非农化”问题。成都市双流区规划和自然资源局、怡心街道、草坪社区负责人和其他相关责任人分别受到党纪政务处分和组织处理。①

2017年4月19日，环保部（现生态环境部）发布对28个城市的督查通报，发现一些痼疾。其中，“花式造假”再次闯入视线，部分企业在监控设备和监测数据上动起了手脚，有的偷天换日，有的暗度陈仓，有的企图蒙混过关。②

镜头一：在设备上动起歪脑筋——

排气筒的实际截面积约有12.5平方米，山东省淄博市淄川区宝山水泥厂“阉割”了在线监测仪的监测面积，让它只能测到7平方米截面的排放量，导致监控数据与实际严重不符。无独有偶，河北省南玻玻璃有限公司将二氧化硫在线监测仪的量程上限设定为195毫克/立方米，上传的数据只能在上限徘徊。

个别企业的造假甚至到了匪夷所思的地步。督查组发现，河北省唐山福海鑫钢铁有限公司擅自关闭数据采集传输仪，数据无法传输到监控平台；河南省安阳市内黄县丰源新型材料有限公司二氧化硫在线监测数据甚至为负数。

环保部环境监察局有关负责人表示，当企业的这种行为被揭穿后，“他们往往会辩解这是设备厂家设置的，与自己无关”。为了封堵这个漏洞，环保部要求，监控设施验收后，排污单位须将仪器设备等参数报相关部门备案。

镜头二：在样品上放起烟幕弹——

环保执法部门对广西百色田东南华纸业有限公司进行抽查时，发现数据异常。原来，采样管路被割开并接入一个三通管接头，接入一个二氧化碳储存罐，排查时储存罐阀门处于开启状态。

“充入二氧化碳，就可以降低二氧化硫、氮氧化物的在线监测数据。”公司负责人坦承监测样本造假的事实。

---

① 曹溢、吕佳蓉：《动真碰硬减轻基层负担》，中央纪委国家监委网站，2023年7月13日。

②《干扰污染监测，花样知多少》，《人民日报》，2017年5月7日。

环保部环境监察局有关负责人介绍，有些企业甚至用浓度达标的污染物替换监测样品，给远程监控造成一个数据合理的假象。“必须进一步加大现场检查力度，人工排查可能存在的样品造假疑点。”该负责人坦言。

镜头三：在数据上玩起障眼法——

2017 年 4 月，在京津冀及周边大气污染防治强化督查中，督查组发现山东省菏泽市某建材公司在线监测仪的烟尘浓度曲线长期维持在某个数值。无论如何校准，检测数值依旧维持在特定范围。

此前，杭州市环境监察支队监察人员在某化工厂检查时发现，化工厂在线污染物测定仪器已经损坏，无法采集水样，但仍有数据上报。经过调查发现，在线运维企业杭州安控环保科技有限公司的运维人员在仪表损坏无法工作的情况下，擅自编造监测数据。

环保部环境监察局有关负责人强调，污染源自动监控的主体责任在企业，监控设施不正常运行，排污企业同样要负责。

一些地方的这种做法使得中央制定出台的一些打基础、利长远的政策难以落实落细。政令不畅的直接后果是导致中央重大决策部署难以落地生根，间接后果是公众利益受到损害，严重影响经济社会发展。

二、中央政令缘何被层层扭曲蚕食

从轰动全国的秦岭违建事件到祁连山生态破坏事件，从石家庄“削山造地”建别墅到安全生产大检查“走过场”和环保数据“花式造假”，搞形式主义到了肆无忌惮的地步，为舆论所诟病。

民间有一句顺口溜，对这类的形式主义作了生动形象的诠释——“中央政策大晴天，下到地区起点云，传到县里变成雨，落到镇里淹死人”。

不执行已取消的行政事业性收费相关政策，变相违规收费；未按时限要求开工棚户区改造，却虚报完成任务量和整改情况；在旧楼改造工程招投标审查环节不作为，把关不严，导致发生串标……

2015 年 8 月，国务院大督查第一批问题处置结果公布。辽宁、吉林、安徽、福建、四川、甘肃、青海7省对59名干部在审批、决策和监督等政策执行过程中懒政怠政、失察失职、渎职等不作为问题，给予相关责任人党纪政纪处分，个别违法者受到刑事处理。其中涉及地厅级5人、县处级20人。

自2013年下半年起，国务院围绕稳增长、促改革、调结构、惠民生出台了一系列政策措施。但必须看到，不少政策措施落实的力度不到位，效果不明显，没有充分发挥对经济稳定增长和转型升级应有的促进作用。

针对这一问题，2014年8月，国务院办公厅就发布了《关于进一步加强政府督促检查工作的意见》，针对加强政府督促检查工作明确了要求和任务，也建立了相应的工作机制。这是新一届政府成立以来，国务院对所作决策部署和出台政策措施落实情况开展的第一次全面督查。

根据通知要求，督查的目的是打通国务院决策部署和出台政策措施贯彻落实的“最先一公里”和“最后一公里”，力破“中梗阻”，消除影响政策落实的体制机制障碍，树立言必行、行必果的施政新风，有效提高政府的公信力和执行力。同时，对政策措施落实不力的，实施责任追究，严肃问责，依法依规进行诫勉约谈、通报批评甚至给予行政处分。督查在中国并不新鲜。上至国务院，下至县乡政府，每年都会针对某个问题或主题，抽调人员查政策落实和贯彻情况。而在多数时候，此类督查也会查出一些问题，但也存在走过场的形式。此次督查规模和力度很大，这既和国家领导人的重视有关，也与当时经济和反腐形势联系密切。

地方政府执行力不强已成顽疾，但必须强调，中央督查是特殊时期的特殊办法。最需要追问的是，为什么会存在中央政令不畅的情况？

从诸多案例分析，地方保护是政令不畅的首要因素。例如，有些地方行政执行主体过分追求个人私利或小团体利益，忽视上级政策；政府部门为了追求部门利益最大化，消极执行上级政策；地方政府为维护其固有利益，形式主义地执行上级政策；地方政府为了遮掩其局部不当利益，极端性地执行上级政策；地方政府为了扩张其自身利益，敷衍性或附加性地执行上级政策等。

三、莫让贯彻落实陷入形式主义怪圈

“道虽迩，不行不至；事虽小，不为不成。”党的十八大以来，随着中国改革步入深水区，许多重要领域的改革部署已全面展开，这些措施能否出成效就在于“落实”二字，破除政策落实“中梗阻”，打通“最后一公里”。

习近平总书记强调，必须加快转变作风，更加注重按照“三严三实”要求做好经济工作。靠几句浮夸的口号和一些空洞的政策，是根本无法应对当前复杂局面的，必须发扬“严”和“实”的作风。我们是“行动党”，不是“口号党”，要求真务实、讲真话、办实事，防止急功近利，做到“功成不必在我”。①

在近年来中央决策层力促下，政令不畅问题得到了缓解，但要真正解决各级地方政府在执行政令过程中出现的“中梗阻”“末梢梗阻”等现象，还需实现央地权责的法治化，莫让贯彻落实陷入形式主义怪圈。

——提高中央宏观调控能力和水平，使中央政策的制定尽可能符合各地实际，增强政策的适应性。在有些情况下，中央的改革措施落不了地，也因为中央政令与地方现实水土不服，或缺乏可操作性。简而言之，在批评政令不畅时，也要考虑到政令是不是“好政令”和“清楚的政令”。

由此，政策制定者在出台政策时，要尽可能考虑各地不同的实际情况，增强政策的适应性，使政策最大限度地符合现实，因为政策的僵硬死板也是导致地方和部门贯彻中央政令不力的一个因素，因此国家在进行宏观调控时，宜少用行政手段，多用市场方式，提高调控水平。

——部委要带头给文件做“减法”，在基层就会产生“乘法”效应。例如，党的群众路线教育实践活动开展一年半时间，全国压缩各种文件近200万个，就获得一片赞声。如果能从上到下积极创新重要信息沟通机制，多用一些更有效的传达方式，减少不必要的中转、折腾，势必能为深化改革营造良好的风气和氛围。

①《在中央政治局常委会会议、中央政治局会议上关于经济形势的讲话》（2015年7月23日、30日）；《习近平关于力戒形式主义官僚主义重要论述选编》，北京：中央文献出版社，2020年5月第1版，第54页。

破解“以文件落实文件”这个怪圈的关键是要根治“工作留痕”的形式主义，在看一项工作是否落实的时候，不能只看台账、看“痕迹”，而是要看行动、看过程、看效果。中央八项规定明确要求，要精简文件简报，切实改进文风，没有实质内容、可发可不发的文件、简报一律不发。

一是严禁越权发文。坚持法定职责必须为、法无授权不可为，严格按照法定权限履行职责，严禁以部门内设机构名义制发行政规范性文件。严格落实权责清单制度，行政规范性文件不得增加法律法规规定之外的行政权力事项或者减少法定职责；不得设定行政许可、行政处罚、行政强制等事项，不得增加办理行政许可事项的条件，不得规定出具循环证明、重复证明、无谓证明的内容等。

二是严控发文数量。严禁重复发文，对内容相近、能归并的尽量归并，可发可不发、没有实质性内容的文件一律不发，严禁照抄照搬照转上级文件，以文件“落实”文件。

——强化上下监督，尤其是发挥社会对政策落实情况的监督作用。政令不畅也显示地方性权力、部门性权力已经成为既无上面约束，又无下面监督，同时还缺少左右制衡的力量，这意味着国家权力的碎片化。在权力失控的状态下，政策就不可能得到落实，社会处于“不可治理状态”。

摆脱政令不畅的困境，督查政令落实可谓切中要害。不过，从以往来看，一些地方顶风“做选择”、违规“搞变通”，除了“官本位”严重、囿于地方利益之外，更在于监督机制缺位、责任追究落空。所以，督查政令落实绝非简单的“例行”公事，督察出问题，要进行严厉问责。

习近平总书记强调：“要强化政治监督，做实日常监督，靠前监督、主动监督，坚决破除空泛式表态、应景式过场、运动式造势等形式主义、官僚主义问题，维护党中央权威和集中统一领导，确保党中央重大决策部署落实到位。”①

党中央出台惠民政策后，各级纪委监委要在党委统一领导下，紧紧围绕抓好党中央决策部署落实强化监督，督促党员干部强化责任担当，以有力监督推动有效落实。要监督各方面责任的落实，督

① 习近平：《在新的起点上深化国家监察体制改革》（2018 年 12 月 13 日），求是，2019 年第 5 期；《习近平关于力戒形式主义官僚主义重要论述选编》，北京：中央文献出版社，2020 年 5 月第 1 版，第 81 页。

促各级党委和政府落实属地责任、主体责任，督促卫生健康、发展改革、工信商务、交通运输、农业农村、应急管理、财政金融、市场监管等有关部门落实监管责任、工作责任。

上级除了要加大督查力度，还要强化政策信息公开，通过各种渠道让每项政策都为民众所熟知，利用舆论和公众的监督，促进政策执行的效率与效果。民众就是最好的监督员。

——发挥巡视巡察的监督利剑作用，扭住主体责任，实施精准问责。坚持政治巡视定位，把巡视整改作为贯彻党中央部署要求、推动整体工作的有力抓手。无论是常规巡视、专项巡视、机动巡视，还是巡视“回头看”，都要把发现形式主义、官僚主义问题作为重要内容，并对问题进行专门分析，在反馈中提出整改建议、列为整改重点，督促、协调有关方面整改到位。

中央政令执行不畅的最主要原因在于各级地方“一把手”。凡是故意拖延，或不执行中央政令的地方，就要勇于拿“一把手”开刀。从以往来看，这方面做得并不够。例如，不允许与民争利，很多地方依然在强行拆迁；不允许收取择校费，有的地方变着法子也要收。

——健全完善考核评价、检查评比等制度。2019 年 2 月 22 日，中央政治局召开会议审议《党政领导干部考核工作条例》。这对推动解决当前干部考核工作和干部队伍存在的突出问题，激励引导广大干部以更好的状态、更实的作风带头贯彻落实党中央决策部署，确保全党统一意志、统一行动、步调一致前进，具有重要意义。

针对督查检查过多过滥、重留痕轻实绩等问题，各地坚持完善考核评价体系，突出党中央决策部署的贯彻执行情况，科学合理地设置指标，改进督查检查考核办法和方式，不断增强督查检查考核工作的科学性、针对性、实效性。

然而，当我们讨论中央政令执行不畅时，还是不应该习惯性地将中央与地方视为对立的两面，更不应该把地方政府妖魔化。中国 40 多年的改革经验显示，地方创新一直是改革的重要力量，要全面深化改革，中央权威与地方积极性，两者缺一不可。这两者结合才是改革成功的关键。

/ 形式主义表现四 /

服务群众推诿式

有的借口作风上、纪律上管得严了、抓得紧了、查得细了，工作上框框多了、条条细了、规则紧了、工作难办了，信奉“多一事不如少一事”。面对来办事、解决问题的普通百姓，嘴上只说“好好好”，多方搪塞，东拉西扯地“打太极”，互相推诿，以各种借口“玩推手”，把办事的人“踢来踢去”。有的服务承诺、工作程序、行为规范等整整齐齐、恭恭敬敬地“写在纸上，挂在墙上，显示在电子屏幕上”，但一到老百姓来办事了，一颗一颗的“软钉子”，没完没了地填表、交证件、出证明，手续繁杂，又不一次性告知，笑脸以材料不全、领导不在、没有惯例等理由故意拖延，让办事的群众和企业来回折腾、处处为难。

“事难办”　　新华社发　程硕作

经过一次次的变革，经过一次次的治理，昔日的“门难进”变成了今日的“门好进”，昔日的“脸难看”变成了今日的“脸好看”。

可是，在一些地方，“事难办”并没有完全变成“事好办”。虽然“门好进了”“脸好看了”，却依然存在“事不好办”。

“先到街道社保办，再到政务中心，再去县社保局，又跑回街道……为了社保退费，来来回回跑了 10 多趟，还没解决问题。”前不久，陕西某市市民张健（化名）遇到一件麻烦事。他 2021 年底退休后想办理社保退费，于是向所在街道提交了退费申请和所需材料。可几个部门之间来回扯皮，折腾了好久，申请一直没能通过。

“这主要是因为您账户存在社保业务系统计费与实际缴费不一致的情况，我们按照工作流程，将申请材料退回街道处理。”县社保局工作人员态度诚恳、语气和善。

张健听了，气不打一处来：“我的材料都是按要求准备齐全的，如果数据不对，直接告诉我就好。可县社保局把申请材料退回街道后，材料就压在街道，数据也没有改过来。我到街道问情况，街道说是社保系统出了问题，让耐心等待。老百姓办点事情，咋就这么难？”

同样，河南某地李先生最近因为小区周围噪声污染问题向市民服务热线投诉，很快就接到了工作人员的回访电话。工作人员说话礼貌客气，解释了好长时间，最后表示这个问题暂时无法解决。李先生说，工作人员请他对本次服务给出“非常满意”的评价，问题都没解决，怎么能是“非常满意”呢？[①]

为了兜底解决问题，一些地方创造性地设立了“办不成事”窗口，重点解决“疑难杂症”，收获不少好评。不过，也要看到，设立“办不成事”窗口，反映出普通窗口确实还存在“不好办”“办不成”的情况。

需要明白的是，“门好进”“脸好看”绝不能是改革的最终目的，最终目的必须是让“事好办”。失去了“事好办”这个基础，“门好进”“脸好看”也就失去了基本的意义。如果没能切切实实帮群众

①《用心用情用力解决群众急难愁盼问题》，《人民日报》，2023 年 8 月 7 日。

把问题解决，那么“门好进”“脸好看”又有何意义呢？

这提醒我们，解决老百姓的问题，形式主义作风要不得。改作风怎么改、从哪儿改、改成啥样，都应当到群众中去找答案。群众最期待的事情，就是我们应该尽力做好的事情。唯此，才能远离形式主义。

一、“门好进、脸好看”，群众跑腿“事难办”

人民群众的期盼，哪怕是再小的事，也是大事。解决得好不好，直接关系到人民群众的获得感和幸福感。

近几年，广大党员干部入基层、进车间、走群众、访企业，用脚步丈量民情、用真心听取民声、用实招破解难题，取得了一定的服务实效，但也出现了服务形式的“变种”，产生了新型形式主义，扭曲了服务初心。

情形一：对群众反映的问题无动于衷、消极应付。面向群众开设的便民服务单位和政务服务“小窗口”，直接代表的是党和政府全心全意为人民服务的形象。有的单位表面上推进服务型政府建设，“门好进、脸好看”，但还是“事难办”，将过去的“管、卡、压”变成了现在的“推、绕、拖”。

面对群众的合理诉求，采取“打太极”“踢皮球”的态度一推六二五。新疆维吾尔自治区博湖县住房和城乡建设局主任科员王聪征，因在安居富民房验收工作中存在形式主义、官僚主义，2020年3月，受到党内警告处分。

“这些都是小问题，不影响房屋整体质量，让农户自行简单处理，就可以入住。”按照博湖县委、县人民政府安排，作为时任县住房和城乡建设局局长、才坎诺尔乡拉罕诺尔村安居富民房验收小组组长的王聪征，负责对全县安居富民房工程质量进行验收。在验收过程中，面对群众反映房屋窗户薄、屋顶木板变形等安全问题，王聪征用敷衍的态度轻描淡写，应付了事，致使房屋建造质量问题成了困扰群众的堵心事。

不仅如此，遇到问题绕着走的王聪征，采取“踢皮球”的方式，把问题“转嫁”给施工方，让群众自行找施工方协商解决。

2019 年 2 月，再次接到建房户反映安居富民房屋质量问题后，博湖县住房和城乡建设局才委托鉴定机构对房屋进行抽样鉴定，发现确实存在窗户密封性较差、构造柱露筋、混凝土振捣不密实、玻璃较薄不达标等问题。[①]

王聪征作为时任县住房和城乡建设局局长，态度不端、履职不力，对行业部门应当履行的监管职责走过场，对待群众诉求消极懈怠，漠视群众利益，造成不良影响，受到党内警告处分，属于咎由自取。

纵观近年查处的违规领取安居富民补贴、住房安全性评定审核把关不严等问题，县、乡干部责任意识淡薄，工作不接地气，在其位不尽其职，形式主义、官僚主义严重，致使中央确定的脱贫攻坚政策落不到实处，贫困群众的利益没有得到根本保障。

这种对群众消极应付、推诿扯皮的行为，必然严重伤害群众感情，成为人民群众和党员干部之间的“一堵墙”。

社区廉租房是一项保障低收入群众安全住房的民生工程。四川省成都市成华区万年场街道槐树店社区的廉租房申请考核由时任社区党总支副书记万宁主要负责。

2017 年 9 月 30 日，万宁随意将群众王顺（化名）老人提交的房屋租赁补贴申请表等个人材料放置在社区服务大厅。

国庆假期结束后，王顺老人因家庭困难急需这笔钱，于是到社区服务中心询问，发现其半年前提交的房屋租赁补贴申请表及个人家庭情况说明等材料被随意放在服务大厅。老人误以为社区工作人员未将材料提交上去，遂要找到万宁讨个“说法”。万宁未能及时向老人解释清楚，而且态度强硬，称以上材料为会议资料，不予归还，在社区服务中心大厅与其发生口角，言辞激烈，进而引发肢体冲突。万宁甚至将老人所骑的共享单车丢至河中，扬言让老人“回不了家”，造成了不良社会影响。

2018 年 1 月，成华区纪委监委决定，因万宁在做群众工作时方法简单、作风粗暴，造成恶劣影响，给予万宁党内警告处分。[②]

① 张祎鑫：《安居富民房遭遇“踢皮球”》，中央纪委国家监委网站，2020 年 5 月 9 日。

② 周浪：《这个书记脾气咋这么大》，中央纪委国家监委网站，2018 年 11 月 8 日。

有些党员干部做群众工作不细致、不耐心，三言两语了事，甚至对群众怒目相对、吆五喝六，好像只有经过他的“震慑”，群众才“心服口服”。

归根结底是个别人受特权思想、等级观念和官本位思想影响，党性观念淡漠，公仆意识淡薄，才答错了“为了谁、依靠谁、我是谁”的考卷。

2020年4月，重庆市忠县纪委监委的一则通报指出，该县涂井乡农业服务中心职工陈某华，在发放退耕还林补助金中漠视群众利益，不担当、不作为，导致全乡共计319万元的补助资金未能及时发放到户，在群众中造成不良影响。

陈某华负责退耕还林工作始于2015年。当年8月，陈某华由忠县金声乡社会保障服务所调到涂井乡农业服务中心，退耕还林是他在新工作岗位上的主要工作之一。

根据退耕还林补助政策，涂井乡退耕还林面积经忠县林业局验收合格后，乡农业服务中心须及时组织村社干部，将面积核算至各退耕还林户，经签字、公示等程序后，及时足额发放补助资金。按时将退耕还林补助金发放到农户手中，是陈某华职责所在，但是陈某华在多次参加县退耕还林工作会议且明知补助资金已划拨至乡财政账上的情况下，一直未开展面积核算和补助金发放工作。涂井乡农业服务中心主任李某春、时任分管副乡长彭某平也疏于管理，未跟踪督促落实。

就这样，全乡退耕还林补助金在发放的“最后一公里”上“搁浅”了三年多。[①]

群众利益无小事，陈某华等人的问题折射出部分干部为民服务不实在、不上心、不尽力。最终，陈某华受到政务警告处分，李某春受到诫勉处理，彭某平被全县通报批评。

人民群众对美好生活的向往，就是党员干部的奋斗目标。这种奋斗，既放眼长远之处，又见于点滴之间。党员干部只有把群众冷暖时刻放在心头，及时解决群众关心的各类问题，才能赢得群众的

① 冯国刚、黄明旭:《稻草人式履职导致补助金躺账3年》，新华社客户端，2020年4月26日。

信任和拥护。

情形二：服务承诺写在纸上，挂在墙上，让办事群众碰“软钉子”。

当前，随着正风肃纪力度不断加大，吃拿卡要、刁难群众等侵害群众利益的不正之风得到有效遏制，但与此同时，“只微笑不办事”的“病毒”在一些地方开始滋生。

从公开通报的案例来看，一些党员干部对待工作和任务不是马上干、立即办，而是能拖就拖，能应付一天是一天。

2017 年春节，天津市河东区懿德园小区突发停暖问题，居民多次拨打热线电话反映。该区供热办主任季茂森在得知情况后，未向有关部门汇报，更未赶到现场采取有效措施处置，导致懿德园小区停暖问题解决不及时，引发群众集体上访。2017 年 2 月，季茂森受到行政警告处分。

“非常重要”“坚决落实”“马上就办”“决不过夜”…… 面对群众反映强烈的问题和上级的指示要求，有的党员干部会上“坚决保证”，口号喊得响亮，服务承诺、工作程序、行为规范等“写在纸上、挂在墙上，显示在电子屏幕上”，但在行动上是“毛毛雨”，就是不照着去做；有的纸上标榜勤政爱民，办事却手续繁杂，虽然笑脸相迎，但以材料不全、领导不在、没有惯例等理由，让群众和企业来回折腾、处处为难、一拖再拖。

2019 年 7 月，贵州省安顺市纪委市监委通报了查处的 3 起形式主义、官僚主义典型问题。其中，紫云自治县四大寨乡社会事务办负责人杨秀江漠视群众利益和疾苦，不担当、不作为、慢作为问题被查处。

贵州省安顺市紫云自治县民政局于 2016 年 12 月和 2017 年 12 月分别向四大寨乡下拨农村低保对象的参合资助资金 146125 元和 119175 元。

杨秀江未按规定及时将两个年度的低保对象参合资助资金发给相应的群众，且乡政府分管领导督促后，仍然未发放，致使该资金长期滞留在四大寨乡账户上，低保对象未及时得到相应补助。直到 2018 年 9 月，安顺市第五专项监察组发现该问题后，四大寨乡社会事务办才将低保对象参合资助资金进行发放。2019 年 6 月，杨秀江受到党内警告处分。

有些党员干部工作消极应付，服务群众效率低下，对前来办事的群众和颜悦色，当面答应得很干脆，过后照样不办理，让群众碰“软钉子”，看似态度和蔼可亲，办事效果却让人烦心，使群众有委屈也说不出，只能在反复奔波中消磨掉耐心，一点一滴地损耗群众对公职人员的满意度。

情形三：监督电话成摆设，政务服务重形式。个别地方的办事人员干脆就“撂挑子”，精神萎靡不振，工作不在状态，不想事、不谋事、不干事，政务服务热线电话长期无人接听，政府网站更新的内容主要是领导活动，政务公开、便民服务等栏目几乎成为“僵尸栏目”。

2018 年 4 月 18 日，黑龙江省齐齐哈尔市作风办监督问责组暗访时发现，泰来县江桥镇政务服务中心公示了“加强作风整顿，优化营商环境”监督电话，但现场拨打该电话无人接听。监督问责组人员随即到监督电话所在值班室继续拨打该电话，电话仍无反应。负责此项工作的镇政府办公室秘书白羽受到提醒谈话处理，监督电话才畅通。[①]

开通热线电话、政府网站、政务 App 等，本是为了方便群众办事和开展监督，提高政务服务水平。但在实际中，有的政务服务热线打不通，有的政府网站信息更新慢，有的网上办事窗口成摆设。“僵尸化”的背后是个别政府部门宗旨意识不强，重形不重质，服务群众“摆花架子”。

情形四：奇葩证明满天飞，让群众办事“跑断腿”。“活生生的人在你们面前，还要派出所开具健在的证明，有必要吗？”“老百姓买房也要无犯罪前科证明，难道有犯罪前科的就不可以买房吗？”“一个小证件增加不必要的麻烦，还是多为老百姓办点实事吧！”……近几年，不少地方派出所的集中“吐槽”，让“奇葩证明”一次又一次地成为舆论焦点。

更正土地使用者名字中的错字究竟有多难？河南省洛阳市洛龙区安乐镇村民李某往返有关部门近 20 次，奔波 20 余天，最终在网上发布帖子吐槽，相关部门才予以纠正，唏嘘之余引人深思。

①《从典型案例看形式主义官僚主义的表现》,《中国纪检监察》，2018 年第 20 期。

2018年7月，河南省洛阳市洛龙区安乐镇村民李某因《集体土地建设用地使用证》“土地使用者”一栏名字中的错字，向洛龙区国土资源局申请变更为身份证上的名字。区国土资源局地籍股股长张某告知，需要其所在村委会开具相关证明，到镇国土资源所初审盖章，再报区国土资源局审核更正。

李某到村委会开具证明后，来到安乐镇国土资源所初审，但该所所长赵某表示无法证明两个名字是同一人，要求出具证明。随后，李某奔波20余天，往返区国土资源局、镇国土资源所近20次，错字仍没有更正。

2018年8月，李某将《苍天啊，谁来帮我证明“我是我”》一文发到网上，引发热议后，洛龙区国土资源局和安乐镇国土资源所相关人员到李某家中现场办公，办理更正手续，赵某当面向李某赔礼道歉。①

2019年10月，河南省洛阳市洛龙区纪委监委查处并通报了区国土资源部门懒政怠政典型案例，区国土资源局地籍股股长张某受到党内严重警告处分、安乐镇国土资源所所长赵某受到党内严重警告处分并被调离工作岗位。

曾经在云南省盐津县发生的一起事件，同样也令人大跌眼镜——

2015年7月17日，云南省盐津县普洱镇一位28岁的女性在外地买房时，被要求到老家派出所开具“无犯罪前科证明”。这是从业两年多的普洱派出所户籍民警张钦第一次遇到“买房开无犯罪前科证明”，他觉得没必要，但仍按该女士所求出具了相关证明。一时兴起，张钦在证明最后还加上了几句点评：“老百姓买房也要无犯罪前科，难道有犯罪前科的就不可以买房吗？贵单位凭什么立此项规定？”该点评与证明落款处均盖上普洱派出所的红色公章。②

这类证明之所以“奇葩”，大抵在于有违常理，只能在国家行政、司法机关政审、调查或企事业单位重要岗位人员任用三类情况下开具。

①《为改一字之错奔波20余天　洛阳一老人终于证明“我是我”》，《人民日报》客户端，2019年10月16日。

②《再曝派出所批开证明：有犯罪前科就不可买房》，央广网，2015年8月6日。

与“抬头不见低头见”的传统“熟人社会”相比，现代社会里，流动性较强，人与人之间相对陌生。面对这样一个“风险社会”，一些证明的存在，合理也必须。然而，公民上学、买房、婚育等都是正常权利，与犯罪记录何干？搬家要“证明家中物品不是偷来的”，教师资格认定需要开具“无犯罪证明的证明”，开商铺要办“不扰民证明”，这样的证明，或是“不仅不必要还没法办”，或是“虽有一定必要性，却不好办”。对于前者，群众还能通过“公章长征”的方式解决，对于后者，老百姓就只能“干瞪眼”。

曾有媒体梳理“奇葩证明”，发现它们多与政务部门有关系，如房产、土地、民政、公安、社保、计生，等等。“奇葩证明”产生的原因，一方面，政府手上的审批事项依然较多。例如，按照规定，开商铺办理营业执照，的确需要“不扰民证明”；进行教师资格认定，也的确要有“无犯罪证明”。

另一方面，政府部门之间存在严重的信息壁垒。信息互不共享，各部门就成为一个个“信息孤岛”，彼此之间只有通过纸质的证明，才能验证事实的真实性。而在各地，这些部门又相对分散，于是，群众只能“来回跑”。

让“奇葩证明”绝迹，根本还是要做到人性化的服务，尤其是，政府在设定审批事项、设计办事流程时，要从人性的常识出发，不是囿于自己的“一亩三分地”，以管制思维行事。在权力做“减法”之外，在服务意识上做“加法”，变政府“端菜”为群众“点菜”，让老百姓少一些“证无可证”的无奈。

情形五：重招商轻服务，重承诺轻兑现。“‘玻璃门’挡投资于无形；‘弹簧门’强推客商出局；‘旋转门’让企业晕头转向……”在 2019 年全国“两会”上,“营商环境”成为代表委员热议的话题。2019 年政府工作报告也明确指出，要加快建立统一开放、竞争有序的现代市场体系，放宽市场准入，加强公正监管，打造法治化、国际化、便利化的营商环境，让各类市场主体更加活跃。

近年来，不少地方通过大力开展招商引资，在引进项目和资金方面取得了很大的成效。但是从总体来看，实际工作中仍然存在“重招商轻服务、重签约轻落实、重承诺轻兑现”的现象。

一是缺乏跟踪落实。整体上对引进工作十分重视，对引进后的管理则不够重视，没有跟踪落实机制。个别地方、一些部门热衷于表面热闹，有商家上门来洽谈时，却又非常冷淡，或者相互推诿，怕担责任，从而导致引资项目资金到位率不高、开业率偏低等问题。

二是服务不到位。对外来企业面临的土地问题、办证手续问题、优惠政策落实问题、承诺兑现问题不重视，手续繁杂，效率低下。

辽宁省大连市普兰店区丰荣街道办事处因不作为被公开曝光。丰荣街道办事处2009年引进一家企业，在企业全额缴纳了征地报件费保证金、征地补偿费等1000多万元后，却一直未按承诺为其办理相关土地手续，导致项目无法落地。街道党工委书记因此受到党内严重警告处分，办事处主任受到党内警告处分。①

三是粗放管理。对招商引资的对象不做全方位了解，满足于“大致了解”“表面印象”。对企业缺乏针对性的服务，导致许多外地企业对本地各项政策无从了解。

一个项目从2004年8月取得地块，直至2018年5月，14年未能开工建设。其中，天津市国土房管局党委委员、副局长张志升一连串的乱作为令人震惊。

乱作为之一：不认真履行政策审核把关职责，造成国家应收缴土地出让金处于漏缴风险。2011年3月，天津市国土房管局与和融公司签订补充合同补偿该公司损失，时任市国土房管局党委委员、副局长张志升未认真履行政策审核把关职责，签字确认违规条款，造成和融公司应缴纳的1.23亿元土地出让金处于漏缴风险，形成长时间追缴土地出让金纠纷，影响了项目开工。

乱作为之二：不顾客观实际和工程建设规律，强行以合同形式限定开工准备期为两个月。2014年10月，张志升不顾客观实际和工程建设规律，强行以合同形式限定该项目开工准备期为两个月，远低于同时期签订同类合同通常约定的准备期。和融公司尽全力也未能在两个月内完成全部审批手续，导致无法按时开工。

乱作为之三：不顾开发公司主动到市国土房管局沟通上百次，

① 陈梦阳、王炳坤：《严查招商引资中的“新官不理旧账”：辽宁偿还百亿元政府欠款》，新华社，2018年8月27日。

把问题都推到企业身上。因项目延期开工建设原因调查、未开工违约责任认定、追缴土地出让金、重新调整规划等事宜，2015 年 1 月至 2018 年 5 月，和融广场项目始终未开工建设。在此期间，和融公司就调整项目开工日期等问题，与市国土房管局沟通达上百次。该公司曾派专人负责项目建设审批手续的办理，与相关办事人员联系对接，但始终未能解决问题。市国土房管局工作人员还振振有词，把问题都推到企业身上。

张志升被给予党内警告处分，免去其市国土房管局党委委员、副局长职务，相关工作人员分别受到相应处理。①

积极为企业群众提供良好服务，对相关职能部门的党员干部来说，本是职责所在，但极个别人抱着“无利不起早”的心态，把自己服务的企业视为自己的一亩三分地，雁过拔毛。

与雁过拔毛设“门”敛财同样为害不浅的，是秉持“不干事就不出事”的畸形认知，当一天和尚撞一天钟，甚至当了和尚不撞钟，做“太平官”和“无为官”。更有甚者，担心政商关系复杂，为显示自己的清白，故意远离企业，把以前的“亲而不清”变成“清而不亲”、勾肩搭背变成背靠着背、“门难进、脸难看、话难听、事难办”变成“门好进、脸好看、话好听、事却照样难办”。

从“乱伸手”变成了“玩推手”，这种不作为之危害不亚于雁过拔毛，有个别党员干部执法不严或选择性执法，朝令夕改或新官不理旧账等，实质上是“官本位”思想作祟，法治观念淡薄，对营商环境的伤害同样不容小觑。

更有甚者，有些地方嘴上说亲商重商，工作中却层层设“门”。有干部反映一个怪象，有些原来已签约过的招商项目，有关部门会重新组织再签一次。有的是省里签了市里签，市里签了县里签，层层签约，人人“演戏”。

“半年前就完成签约了，之后又参加的两次集中签约没有实际价值，只是走个形式。”高某（化名）所在的大型公司在中部省份的一个开发区设立了子公司。据他介绍，在开发区的组织下，这个

①《中纪委连发九个形式主义官僚主义案例　党员干部需对照查找》，人民网，2018 年 11 月 13 日。

项目先是在大数据项目集中签约仪式上签了第二遍，一个星期后又在半导体项目集中签约仪式上签了第三遍。

集中签约里的形式主义套路，让接受采访的不少企业负责人颇感无奈：不去签约，等于不给政府面子，怕被干部“穿小鞋”；若去签约，实在是费时费力。[①]

有的企业不堪其扰，当然也有的乐此不疲。一位企业负责人说：“我觉得挺好！可以造势，还能多跟领导接触！”细品这句话，道出了“演戏”双方“周瑜打黄盖——一个愿打一个愿挨”的心态。

少数党员干部这样的行径，与中央所倡导的大力推行简政放权、努力为企业“松绑解套”等背道而驰，扰乱的是市场经济秩序，破坏的是营商环境。

情形六：墙上、门上只负责挂牌，却不为百姓提供服务。有些部门在工作推进中，为村（社区）悬挂了不少牌子，以此证明工作已落实到村，以应付上级检查考核。几年下来，墙上、门上，大大小小动辄几十块牌子。

牌子的功能本来是方便群众办事的，但有的牌子无相应功能为百姓提供服务，只是徒有虚名，具体工作村（社区）做不了；有的牌子与村（社区）职能重叠，即使不挂牌子，村（社区）干部也在履行相关职能；有的牌子属于阶段性工作所需，但工作结束后没人通知取牌，村（社区）也不敢取下。

江西萍乡市安源区五陂镇的册雷村，曾是“软弱涣散村”。2018年8月，册雷村委班子重组，周君毅由安源区社保局调任驻村第一书记。上任伊始，她本想好好熟悉下新环境，却先被各式各样的牌子难住了。

2019年以来，萍乡市向形式主义和官僚主义“开刀”，册雷村71块牌子被摘掉，职能实现了集中整合，考核压力得以减轻，村干部也有了更多精力为群众排忧解难。

册雷村党群服务中心，只有9名工作人员，曾经挂了大大小小84块牌子。十几块牌子把正门裹得严严实实，挂不下的被钉在了

① 王圣志、姜刚、董雪：《警惕形式主义劳“企”伤财、误导决策》，新华网，2020年5月3日。

两侧的防盗窗上。有的牌子上挤了十几个字，干部念着都别扭，更难以把职能和牌子对上号。[①]

每块牌子后面，都是一项工作要求，相应的就有一项检查考核，不挂牌就会被扣分。一些部门进而形成攀比风气，将挂牌多寡与工作重视程度片面画等号。个别部门甚至要求设置专门办公场所，可村部空间有限，房子就那么几间，"只好来了哪家的人，就换哪家的牌"。

据统计，在2019年专项清理中，萍乡市共摘除挂牌9700余块。

这种现象，并非萍乡市独有。

在贵阳市某社区服务中心，走廊墙壁上挂满了来自各单位、系统的牌子，粗略数了一下，林林总总达30多块；而湖北荆州市某村，2018年5月村委会的墙上一共拆下了86块各类标识牌……一个社区或一个村委会可能仅有数名工作人员，却挂了数十块牌子，其中的形式主义程度就可想而知。[②]

有基层干部坦言："如果没有那么多检查，下面也不会去挂那么多牌子。"换言之，不少牌子只不过是因为上级检查随口说到某项工作要加强，下面就立马挂上一块牌子以示重视。甚至"有的上级部门也需要下面挂牌，不管下面有没有人做事，反正牌子要先挂上"。当然，挂牌的一方也有自己的利益考量，那就是牌子越多越方便拿到项目。如"挂一个社区戒毒康复室的，到上面可能就能拿到几万元的项目资金"。在这样一种"上面有要求，下面有动力"的行政生态下，"牌子满墙"的现象也就有了某种必然性。

"只负责挂牌，不提供服务"，说到底是形式主义在基层的下沉和蔓延，而解决的药方还在"上面"，要纠正以加挂"牌子"体现工作落实的现象，须真正把"形式主义"从基层门上摘下来。例如建立科学合理的考核评价机制，破除以痕迹论实绩的考核导向，切实为基层干部减负。

---

① 郑少忠、戴林峰：《册雷村摘掉71块牌子》，新华社客户端，2020年5月11日。

②《只有5个工作人员却挂29块牌子　形式主义须破除》，央视网，2018年11月28日。

情形七：发文搞摊派、雇水军拍马屁……直播带货沦为个别领导走秀场。近年来，不少地方领导干部积极尝试直播带货，以平易近人的方式推销本地特色农副产品，收获了不少赞声。但有些领导干部在直播间大搞“魅力秀”，领导干部直播带货成了一种出风头、讲排场的新型形式主义。

为了直播时的流量和销量好看，一些地方费尽了心思——有的地方专门发文搞摊派，不仅让党员干部当观众，还规定了“最低消费额”；有的地方“亏本赚吆喝”，以低于成本的价格搞促销，只管流量、销量好看，不管这笔买卖划不划算；还有的地方搞“二次签约”“虚假下单”，把已完成的交易在直播时再演练一遍，或下单之后再退单……

更有甚者，一些地方还组织大量水军在领导直播带货时高唱个人赞歌，营造“刷屏”的氛围。不管领导在直播间的表现如何，一律高呼“领导好亲民”；不管领导相貌如何，一致高呼“领导好帅”；还有拍马屁的水军直呼“领导是人民的福星”，在网络平台上赤裸地秀“下限”。①

带货直播，本来是领导干部帮助群众脱贫致富的一种新方式，其最终目的是帮助本地产品尤其是农副产品找销路。倘若领导将直播间作为个人走秀场，个人风头远超农副产品的风头，倘若服务群众变成了劳民伤财，甚至通过各种造假、排场愚弄百姓，带货直播岂不是走了样、变了味？

直播带货为农产品等找一条可行性出路，把算盘打到“摊派”上，搞“保险”这一套，不惜牺牲务实作风、满足“领导面子”，严重与党员干部队伍形象不符。

更为重要的一点，直播带货因“摊派”过多，会给农民造成“幻象”，对市场前景估计错误。同时，注入数据和业绩水分，给相关农业决策政策制定和出台提供错误的“第一手材料”，势必会形成误导。

这场表演，只不过由线下搬到了线上，重复形式主义的老套

① 赵丽、秦华民：《谨防“作秀” 多地领导干部为农副产品“代言”引关注》，人民网客户端，2020年5月22日。

路，属于新的变种，折磨人、财、物，让群众心烦、让干部苦恼，加重了基层负担，也就是“自以为领导满意，却让群众失望的蠢事”。对于直播带货而言，直播只是一种载体和路径，带货才是目的和使命，要让产品卖得出去、卖得好，有道是“酒香不怕巷子深”，与其领导在直播空间的“巷子”花里胡哨地表演，不如实实在在地提高产业产品附加值和品质的“酒香”，想必这才是最好的为人民服务。

二、为人民服务的宗旨不能忘

在中南海新华门，“为人民服务”五个字熠熠生辉……

“为人民服务”是毛泽东最早提出的，它是适应时代要求而产生的一种新的道德思想，这句话原本是毛泽东在中央警备团追悼张思德会上的演讲。

张思德，四川仪陇人，1933 年参加红军。他随部队经过长征到达陕北，在战斗中受了重伤后调入中央军委警卫营。1937 年 10 月，加入了中国共产党。1941 年，张思德随警卫营到南泥湾开荒，克服困难，努力完成生产任务。1943 年初夏，到毛泽东身边当警卫战士。

烧木炭又苦又累，烧一窑炭当地群众要 10 天，张思德只要 7 天。1944 年 9 月 5 日，天下着小雨，张思德和战友正在炭窑内工作，炭窑突然崩塌，他奋力把战友推开，自己却再没能出来，牺牲时年仅 29 岁。[①]

1944 年 9 月 8 日下午，延安凤凰山枣园沟口操场，为战士张思德举行追悼会。在为张思德举行的追悼会上，毛泽东以《为人民服务》为主题作了重要讲话。在这次讲话中，他系统阐述了为人民服务的思想。他指出：“我们的共产党和共产党所领导的八路军、新四军，是革命的队伍。我们这个队伍完全是为着解放人民的，是彻底地为人民的利益工作的。”“因为我们是为人民服务的，所以，

---

① 曹俊明：《“礼赞 70 年”系列报道⑦从〈为人民服务〉到不忘初心、牢记使命》，中央纪委国家监委网站，2019 年 8 月 7 日。

我们如果有缺点就不怕别人批评指出。”“为人民利益而死，就比泰山还重；替法西斯卖力，替剥削人民和压迫人民的人去死，就比鸿毛还轻。”[①]

追悼会后，演讲整理成文，毛泽东写下5个字——为人民服务。1944年9月21日，在《解放日报》刊登。

中国共产党从最初起就是为了服务于人民而建立的，一切党员的牺牲、努力和斗争都是为了人民解放。党的一大通过的纲领，明确我们党的名称为“中国共产党”，纲领中写“革命军队必须与无产阶级一起推翻资本家阶级的政权，必须支援工人阶级，直到社会阶级区分消除为止”，[②]根本是要改变中国各族人民被剥削、被压迫的状况，实现民族独立、国家解放和人民富强。

1945年4月，毛泽东在中国共产党第七次全国代表大会上所致的开幕词中明确告诫全党：“我们应该谦虚，谨慎，戒骄，戒躁，全心全意地为中国人民服务。”[③]在七大政治报告中，毛泽东再次强调：“全心全意地为人民服务，一刻也不脱离群众；一切从人民的利益出发，而不是从个人或小集团的利益出发；向人民负责和向党的领导机关负责的一致性。这就是我们的出发点。”[④]党的七大正式把“为人民服务”的思想写进党章，第一次明确了“全心全意为人民服务”是中国共产党的根本宗旨。

1948年9月8日，在中共中央政治局会议的报告和结论中，毛泽东首次提出“人民政府”：“我们是人民民主专政，各级政府都要加上‘人民’二字，各种政权机关都要加上‘人民’二字。”

至此，“完全”“彻底”“全心全意”，就成为共产党人履行为人民服务的标准。“全心全意为人民服务”这面鲜艳的旗帜，召唤着一代又一代中国共产党人。

邓小平主张以“人民拥护不拥护”“人民赞成不赞成”“人民高兴不高兴”“人民答应不答应”来检验“全心全意为人民服务”的效果，并于1985年提出“领导就是服务”，从而把执政党的领导作用和全心全意为人民服务紧密地联系起来。江泽民明确提出：“贯

---

①《毛泽东选集》第三卷，北京：人民出版社，1991年版，第1004页。

② 中共中央文献研究室、中央档案馆编：《建党以来重要文献选编（1921—1949）》第一册，北京：中共中央文献出版社，2011年版，第1页。

③《毛泽东选集》第三卷，北京：人民出版社，1991年版，第1027页。

④《毛泽东选集》第三卷，北京：人民出版社，1991年版，第1094–1095页。

彻‘三个代表’重要思想，关键在坚持与时俱进，核心在坚持党的先进性，本质在坚持执政为民。”[①]胡锦涛强调，党员干部一定要做到“权为民所用、情为民所系、利为民所谋”。[②]

中国共产党区别于其他任何政党的一个显著标志，就是植根人民，一刻也不脱离群众，全心全意为人民服务。这是共产党人最大的光荣。生老病死，人生四关。血吸虫、天花、麻风等危害千年，严重威胁中国人民的身体健康。中华人民共和国成立前我国人均寿命不到35岁。

中华人民共和国成立后，共产党的一件大事就是消灭各种传染病、流行病。农村长年缺医少药。毛泽东指示：“应该把医疗卫生工作的重点放到农村去！”“培养一大批‘农村也养得起’的医生，由他们来为农民看病服务。”农村赤脚医生队伍成长起来，平时在田间荷锄扶犁，工作时背上医药箱走家串户。“借问瘟君欲何往，纸船明烛照天烧。”中国人送走了瘟神，人口寿命、数量和素质大幅提升。2018年，我国居民人均预期寿命提高到77岁。

全心全意为人民服务，始终坚持一切为了人民、一切依靠人民，把人民拥护不拥护、赞成不赞成、高兴不高兴作为衡量一切工作的标准，体现在每个优秀共产党员的实际行动中，在各自岗位上心系群众、扎实苦干。雷锋、王进喜、焦裕禄、孔繁森、廖俊波、黄大年、王继才、张富清……这些时代楷模，是全心全意为人民服务的典范，是党的宗旨的忠实践行者。

中国共产党的成立、发展、壮大的历史就是一部“为人民服务”的历史，靠人民而生存，靠人民而发展，靠人民而壮大。

2016年7月1日，庆祝中国共产党成立95周年大会召开，习近平总书记指出：“我们党已经走过了95年的历程，但我们要永远保持建党时中国共产党人的奋斗精神，永远保持对人民的赤子之心。”面向未来，面对挑战，习近平总书记要求全党同志一定不忘初心、继续前进。

2017年10月18日，党的十九大召开，大会确定的主题正是不忘初心、牢记使命，高举中国特色社会主义伟大旗帜，决胜全面

---

①《十六大以来重要文献选编》上卷，北京：中央文献出版社，2005年版，第9页。

②《十六大以来重要文献选编》中卷，北京：中央文献出版社，2006年版，第317页。

建成小康社会，夺取新时代中国特色社会主义伟大胜利，为实现中华民族伟大复兴的中国梦不懈奋斗。“不忘初心，方得始终。中国共产党人的初心和使命，就是为中国人民谋幸福，为中华民族谋复兴。这个初心和使命是激励中国共产党人不断前进的根本动力。”党的十九大报告指出，中国共产党人的初心和使命就是为中国人民谋幸福，为中华民族谋复兴，并多次谈到“永远把人民对美好生活的向往作为奋斗目标”。全心全意为人民服务是党的一切工作的根本出发点和落脚点。

一切向前走，都不能忘记走过的路；走得再远、走到再光辉的未来，也不能忘记走过的过去，不能忘记为什么出发。

为什么有些党员干部却忘记了为人民服务的宗旨意识呢？

一是党性原则培塑不强，好人主义作怪。党的事业需要有担当的党员，人民群众呼唤尽责的干部。然而现实中，有的干部不求有功，但求无过；有的甘愿做“老好人”“多一事不如少一事”……凡此种种都是好人主义在作怪，归根结底就是缺乏党性原则，小我前置、个人至上，心中无党无民。

二是是非观念模糊不清，熟人社会掣肘。基层熟人社会，抬头不见低头见，七拐八弯都能搭上关系，少不了说情打招呼，明辨是非、守住底线尤为重要。现实中有的干部眼里只有人情世故，没有是非对错……凡此种种，说明一些党员干部是非标准扭曲、公私界限模糊。

三是部门监管空转缺失，履职尽责不力。有的地方职能部门勤于督导检查、疏于发现问题，工作组一个接一个，听汇报一场接一场，就是不触及问题，流于形式、走走过场；有的上报材料，成绩大书特书，问题能掩就掩，文过饰非、以假乱真……凡此种种，执行政策走样、落实工作变形，缺乏制度意识和责任意识，致使层层监管形同虚设，环环把关沦为“稻草人”。

四是基层监督薄弱乏力，工作短板递减效应明显。有的地方干部利用信息不对称侵害群众利益，违纪方式更加隐蔽，监督工作难度增大；有的基层干部思想上抵触监督、工作中逃避监督，给监督设立重重关卡；有的基层纪检队伍力量薄弱，思想认识、能力素质跟不上，不愿、不敢、不会监督问题不同程度存在……凡此种种，凸显强化基层监督还有许多亟待补齐的短板。

三、把为民服务做得更细、更实、更贴心

2018 年 6 月 29 日，习近平总书记在十九届中央政治局第六次集体学习时的讲话中指出："'国以民为本，社稷亦为民而立'，加强党的政治建设，要紧扣民心这个最大的政治，把赢得民心民意、汇集民智民力作为重要着力点。"

"国以民为本，社稷亦为民而立"，这一名句道尽了民本思想这一个中国政治思想的主流精神，也深刻说明了中华政治文明对于执政合法性的终极判断。

"永远不能脱离群众、轻视群众、漠视群众疾苦""树立以人民为中心的发展理念，增进同人民群众的感情，自觉同人民想在一起、干在一起，着力解决群众的操心事、烦心事，以为民谋利、为民尽责的实际成效取信于民"。习近平总书记在"不忘初心、牢记使命"主题教育工作会议上的重要讲话，贯穿鲜明的人民立场，宣示了中国共产党人永恒不变的执政理念，指出了此次主题教育的具体目标，为广大党员干部坚守初心、保持恒心指明了努力方向。

"为人民服务"这个政党定位思想，是中国共产党人的执政坐标。为人民服务，意味着对执政党的合法性提出了最高的要求；为人民服务，意味着人民是主人；为人民服务，意味着接受监督，随时改正错误；为人民服务，意味着与人民打成一片；为人民服务，意味着为人民的最高利益服务；为人民服务，意味着对人民的长、中、短期利益服务；为人民服务，意味着不能谋私利。

初心决定使命，使命成就初心。人民立场是马克思主义政党区别于其他政党的显著标志，更是中国共产党的立党之本、执政之基、治国之要，但是这样的政治立场不仅需要依靠人来保障，还需要依靠制度来保障。

为人民服务，"总开关"要始终拧紧，切实练就"金刚不坏之身"。"总开关"没拧紧，不能正确处理公私关系，缺乏正确的是非观、义利观、权力观、事业观，各种出轨越界、跑冒滴漏就在所难免。

综观贪腐分子违法犯罪的轨迹，思想政治上的蜕变是堕落的起点。这些人的所作所为从反面证明，不拧紧世界观、人生观、价值观这个"总开关"，就一定会出问题。因此，要毫不放松地抓好理

想信念教育，补足精神之“钙”，培育思想之源，固牢信仰之根，坚守共产党人的精神家园。

一切为了人民，一切依靠人民，是中国共产党的“传家宝”，是“根本”和“命脉”。在任何时候、任何情况下，与人民同呼吸、共命运的立场不能变，全心全意为人民服务的宗旨不能忘。

为人民服务，要坚持干部管理从严，切实抓住“关键少数”。全面从严治党，关键在从严治吏、从严选好管好干部。要把从严管理干部贯彻落实到干部队伍建设全过程，坚持从严教育、从严管理、从严监督，让每一个干部都深刻懂得，当干部就必须付出更多辛劳、接受更严格的约束。必须切实确立起“严”的标准，真正使干部管理严肃起来、严格起来。

管住管好干部，既是对干部本人负责，也是对党的事业负责。要坚持从严管理不放松，注意抓早抓小、抓苗头抓预防，对一些蛛丝马迹刚刚露头的问题及时提醒，早打预防针；敢于动真碰硬、坚持原则，严肃查处巡视、审计、信访举报、监督检查中发现的问题；充分发挥群众监督作用，畅通群众监督渠道，开启干部监督全天候探照灯，确保党员干部始终处在广大群众的监督之下，永不脱离人民群众。

为人民服务，要坚持作风要求从严，切实搬掉“无形的墙”。抓作风、改作风是全面从严治党的重要切入点和着力点。如果不坚决纠正不良风气，任其发展下去，就会像一堵无形的墙把中国共产党和人民群众隔开，中国共产党就会失去根基、失去血脉、失去力量。

要打好攻坚战，铁腕肃纪、除恶务尽，对上级点明、自己查到、群众反映的问题，逐人逐项过账清账，推动整改见底；打好持久战，对“四风”问题保持警觉，发现一起查处一起，坚决防止反弹；打好歼灭战，发动群众参与，彻底铲除滋生“四风”的土壤，让各种歪风无所遁形。

基础牢则政权稳，基层治则天下安。要着力选优配强基层党组织带头人，不断创新方式方法，使党的基层组织真正成为服务群众的主阵地、联通党群干群关系的主干线、凝聚党心民心的主渠道。要严格党员队伍管理，把紧“入口”、全程掌控，使党的肌体每一个细胞都纯洁健康。

为人民服务，要坚持组织建设从严，切实保持“肌体健康”。

从严治党，最根本的就是要使全党各级组织和全体党员、干部都按照党内政治生活准则和党的各项规定办事；扎实做好抓基层、打基础的工作，使每个基层党组织都成为坚强战斗堡垒。

一方面，要毫不动摇地坚持民主集中制这一根本组织制度和领导制度，落实好党内政治生活和组织生活，使各种方式的党内生活都有实质性内容、能有针对性地解决问题，确保各级党委班子成员都在组织的管理监督和关心爱护之中。

另一方面，把批评和自我批评用好。“一把手”要放下架子，树立标杆，起好带头作用；班子成员要放下包袱，自觉参与其中。既要善于扯扯袖子、咬咬耳朵，也要敢于大喊一声、猛击一掌，真正使之成为习惯、蔚成风气。

为人民服务，要坚持制度执行从严，切实做到“没有例外”。要明确责任清单，把管党治党细化到人、量化到岗，推动形成一级抓一级、层层抓落实的工作格局；强化制度刚性，严格执纪执法，使纪律真正成为不可逾越的禁区、不可触摸的“高压线”；健全问责机制，加大对落实责任的经常性检查督办力度，做到有责必问、有错必究；尊重党外群众意见，遵守党内纪律，充分发扬民主，紧密依靠群众，推进全面从严治党形成常态、见到实效。

/ 形式主义表现五 /

项目建设形象式

个别地方搞工程、上项目，以领导的喜好和判断为标准，热衷于打造领导“可视范围”内的形象项目、形象工程，贪大求洋，建设豪华场馆。城市搞工程，个别乡村也不闲着，掀起“景观热”，争先恐后建大亭子、大牌坊、大公园、大广场等，一个入村牌坊花费以百万元计。个别城市的每个文体场馆请不同的“国际大师”来设计，中央八项规定相当程度上遏制了“形象工程”，于是一些地方改头换面，以“民生工程”“文化建设”“脱贫攻坚”“留住乡愁”等名义，冠冕堂皇地推进这些界定难、争议多、隐患大的形象工程，场馆“贪大”，乡村“造景”，“不建楼堂建场馆，不顾实际造景观”，而且追求“时尚范、艺术味、国际化”，项目占地多，建筑体量大，运行维护成本高昂，成为“形象工程”新表现。

好大喜功　　新华社发　徐骏作

2024 年 1 月 31 日晚，由湖南省纪委监委与湖南广播电视台联合摄制的电视专题片《忠诚与背叛——2023 湖南正风反腐警示录》在湖南卫视播出。

在电视专题片第一集中，湘潭市委原书记曹炯芳亮相忏悔。这也是他在 2023 年的《忠诚与背叛——2022 湖南反腐警示录》出镜后，再次亮相反腐专题片。

2016 年，曹炯芳调任湘潭市委书记，为了“急于出显绩”“争取尽快搞副省级”，明知湘潭政府债务已风险预警，仍拍板决定违法融资举债，推行“精美湘潭两年行动”。“在湘潭以后急于求成，就想尽快地见到政绩。”曹炯芳承认。

在错误政绩观的主导下，曹炯芳无视政治纪律、政治规矩，对中央防范化解地方债务风险的要求置若罔闻，安排市政府违规出台两个红头文件，要求相关部门和平台公司，借 PPP 项目大肆违规举债，并强令市人大常委会出具决议，为违规融资举债“背书”。

曹炯芳承认：“作出一些决策，有主观盲动性，是一种官僚主义的决策……这个与中央的要求、与省委的要求是相违背的。”曹炯芳的滥权妄为，致使湘潭违规新增举债 435 亿元，财政不堪重负，形成 33 个烂尾工程，造成恶劣社会影响和重大经济损失。“这是权力的滥用和私用，造成了今天的结局，我确实是难辞其咎的。”曹炯芳忏悔。

党的十八大以来，全国各地对“形象工程”的治理力度持续加大，“无脑”规划、“奇葩”建筑日渐减少。但少数官员为个人私利，类似这样不顾实际盲目上项目、铺摊子、“打肿脸充胖子”的现象依然屡见不鲜，不仅造成了财政虚耗、资源浪费、环境破坏，还破坏了党和政府的形象，伤了老百姓的心。

一、“形象工程”新表现，实则都是老问题

2014 年，中央首次大规模叫停“形象工程”“政绩工程”。据当时新华网给出的一组数据显示，全国叫停 663 个“形象工程”“政绩工程”，存在弄虚作假的 436 起问题中，共有 418 名个人被查处。

什么是形象工程？有权威部门解释，是某些领导干部为了个人或小团体的目的和利益，不顾群众需要和当地实际，不惜利用手中权力而搞出的劳民伤财、浮华无效却有可能为自己和小团体标榜政绩的工程。

如今，在全面从严治党和反“四风”高压态势下，原先以豪华楼堂、庞大建筑为主角的“形象工程”大大减少，但少数地区出现了反弹和变样。这些工程在一定程度上让城乡环境文化气息、传统味道十足，但有些并非急百姓之所急，也没有量力而行，违反了科学的发展规律。“形象工程”出现新表现，再次印证了作风问题的反复性和顽固性，以及作风建设的长期性和艰巨性。

归纳起来，当前“形象工程”有以下几种新表现：

其一，贪大求洋建设豪华场馆。早在2013年7月23日，中共中央办公厅、国务院办公厅就印发的《关于党政机关停止新建楼堂馆所和清理办公用房的通知》规定：“各级党政机关一律不得以任何形式和理由新建楼堂馆所。”

严令之下，明目张胆建造豪华楼堂馆所的现象有所敛迹，但一些地方或部门转而以“商务中心”“综合业务大楼”“市民服务中心”等各种名义暗度陈仓。一些地方的科技馆、展览馆、图书馆、博物馆、体育馆、文化馆等公共场馆已取代党政机关办公楼，由于过分追求所谓“时尚范、艺术味、国际化”，却忽略了基础功能、便民设施，成为新的“形象工程”。

2024年11月12日，中央层面整治形式主义为基层减负专项工作机制办公室会同中央纪委办公厅通报了这样的两个“形象工程”。[①]

山西省太原市清徐县违规使用资金维修政府办公楼楼顶、建设广场景观小品。清徐县投资5.9亿元建设县城水系生态治理及城市停车场惠民工程。项目实施过程中，清徐县违规将县政府综合办公楼仿古屋顶及外立面涂装、政府综合办公楼亮化工程等打包到县城水系生态治理及城市停车场惠民工程中，实际形成支出1193万元。同时，项目还在城市广场建设了多处景观小品，包括一座银色莲花雕塑、一座景观石、一处地雕、多棵仿真椰子树，实际形成支出

①《公开通报3起整治形式主义为基层减负典型问题》，新华社“新华视点”微信公众号，2024年11月12日。

1305 万元。

四川省成都市金牛区对外交流中心存在过度装修问题。2021 年 7 月至 2023 年 12 月，金牛区投资 12.16 亿元建设建筑面积 8.22 万平方米的对外交流中心项目。建设过程中，使用进口石材拼花、手工羊毛地毯、玻璃幕墙等高档材料进行豪华装修，园林绿化工程总花费 697.4 万元，智能化信息系统造价超过 1.2 亿元，其会议中心装修成本更是高达 5489 元/平方米，是建设成本的近两倍。

以上问题反映出有的地方纪律规矩意识不强，在党中央三令五申要习惯过紧日子和厉行节约、反对浪费的情况下，对上马非必要、非急需的建设装修项目仍把关不严，甚至主动为之；有的制度规定不健全，监督管理不到位，对超标准建设装修之风向基层蔓延没有及时发现并制止。

在此前，媒体报道的形象工程也是层出不穷——

2018 年 9 月 8 日，黑龙江省国有资产监督管理委员会原党委副书记、主任韩冬炎被开除党籍和公职。黑龙江省纪委监委在通报中用了近 400 字描述韩冬炎种种违纪问题，“违反群众纪律，政绩观扭曲，盲目铺摊子、上项目，搞劳民伤财的‘形象工程’‘政绩工程’，使国家利益遭受巨大损失，留下沉重财政包袱和信访问题”是其中重要一条。[①]

韩冬炎在主政齐齐哈尔等地期间，常以“敢说、能说、会说”形象示人，热衷标榜自己的能力和政绩。他曾在接受记者采访时说“有个别个性突出的人拿财政的钱去干了他们最想干的事，也就是社会上说的‘形象工程’‘政绩工程’”，这句话到头来却成为对其自身行为的讽刺。

地处长城沿线的华北某市，总人口不足 400 万，地方财政年预算收入不足 100 亿元，却斥资逾 40 亿元建设博物馆、美术馆、图书馆、大剧院、体育中心和会展中心，还请来多个国际建筑公司或

① 钟鸣:《莫让“形象工程”坏形象伤民心》,《中国纪检监察报》, 2018 年 9 月 11 日。

设计师参与设计建设。[①]

一个不足400万人口的城市，充其量不过是一个中等城市，却用40亿元来建造文化设施，其投资的费用占该市地方财政年预算收入的40%以上。40亿元是一个什么概念？据悉，山西省的贫困县中，财政年收入最少的才3300万元。全省9个贫困县的财政年收入加起来才6.07亿元。40亿元相当于山西省9个贫困县财政年收入的6倍多。用40亿元这么大的一笔钱来建设一个中等城市的博物馆、美术馆等，显然是把钱花错了地方。

更值得警惕的是，这些新“形象工程”多以“民生项目”“文化项目”“脱贫攻坚”“留住乡愁”等名义冠冕堂皇推进，虽然在一定程度上提高了城市品位，但是，只覆盖了数量不多的城市居民，财政资金使用效率很低，有时勉力为之还会让政府背上债务。

其二，引发争议的城雕。矗立于城市公共空间的雕塑，是一座城市文明内核和精神风貌的形象体现，有助于唤醒公众的审美需求和情感共鸣，感受城市艺术氛围和历史脉动，具有多重文化意义。而且，城市雕塑一般由财政资金投入，其本身就是对城市建设者的“补偿”，以及对纳税人贡献的“回馈”。

随着我国城市化快速发展，城市雕塑备受青睐，越来越多地出现在各地公共空间。但是，近年众多的失败案例警示，建造城市雕塑务必集思广益、科学论证，应当防止“少数人”天马行空、闭门造车“拍脑袋”。

2023年8月31日，“平顶山发布”微信公号发布消息称，就广大群众关注的鲁山县“牛郎织女爱情主题雕塑”一事，河南平顶山市委、市政府成立联合调查组开展深入、全面的调查审查工作，调查结果将及时向社会公布。

值得注意的是，2023年8月30日，微信公号“鲁山融媒”发布通报称，鲁山县就此成立联合调查组，在初步调查的基础上，决定依规依纪对负有直接责任的县住建局党组书记、局长党某某予以免职，对县住建局工作人员李某某言辞不当的行为给予政务记大过处分。上述“平顶山发布”有关消息表明，“牛郎织女”雕塑事件

① 张军、詹奕嘉：《新形象工程调查》，《瞭望》，2017年第51期。

被提级调查。

事件缘起于网友吐槽日前揭幕的鲁山“牛郎织女”雕塑“又丑又贵”，造价达715.2万元。有网友质疑，2020年才退出贫困县序列的鲁山县，是否有必要耗费巨资建造雕塑？还有网友指出，这座雕塑与2021年1月竣工的长沙大王山旅游度假区内“湘江女神”雕塑极度相似，涉嫌抄袭。

城市公共空间的雕塑引发热议，近年时有发生，主要原因有：一是雕塑造型与周边环境不协调，破坏建筑风貌，如湖北荆州“关公义园”关公像；二是造型标新立异，不伦不类，如河南偃师龙华欢乐园内一尊梳着“大背头”的弥勒佛雕像；三是崇洋媚外，照搬国外，如广西贵港仿造的玛丽莲·梦露雕像；四是设计观念落后，偏离城市气质，如陕西鄠邑区高速出口转盘“农民和耕牛”雕塑。

城市雕塑“面子工程”一而再，再而三地出现，折射出形式主义的顽固性和反复性，警醒广大党员干部，严防形式主义反弹回潮的弦一刻也不能松懈。同时，也督促我们更深刻地反思和总结系列“翻车”事件带来的教训，让广大政府部门能真正引以为戒，避免“自毁形象”的“形象工程”再次出现。

其三，奢侈的“城市亮化”。近年来，有些城市单纯追求多色彩、高亮度，建设和配置不切实际的、大规模的、超豪华的照明工程，不但大量消耗能源，加剧供用电紧张，也造成了光污染，严重影响了城市和谐的居住环境。

城市亮化主要满足三个层次：一是基本生活需求，以路灯照明、标志性照明为主；二是商业性需求，如城市步行街、霓虹灯、彩灯、商业橱窗、广告灯饰以及街区灯饰的亮化等；三是公用的标志性需求，如历史性建筑照明，节假日启用的标志性、大街的轮廓照明等。

然而，城市亮化被不少地方视为时髦，不仅一、二线城市“打造世界一流亮化工程”，建设“不夜城”，而且三、四线城市也争相效仿。

这股潮流正席卷着全国。除了建筑、街道、公园、广场、桥梁、河岸、大树、草坪、居民楼，连古建筑也装上了泛光灯。为此，2019年11月，国家文物局、应急管理部发布《关于进一步加强文物消防安全工作的指导意见》，其中明确提到文物建筑上不得直接安装灯具搞“亮化工程”，在文物建筑外安装灯具的要保持安全距离。

据统计，近10年来，国家文物局接到文物火灾事故报警150余起。仅2018年，全国范围内的文物建筑单位发生火灾事故12起，其中全国重点文物保护单位3起。在2010年至2017年间的文物建筑单位火灾中，1/3以上都是电气原因所致。

当前，随着城镇化进程的加快，不少城市的夜晚，不但标志性建筑上彩灯通体透亮，甚至有些尚未形成居住规模的新城区，不管位置有多偏僻，街道上有没有行人，其亮化标准也不逊于老城区的繁华街道。

有些城市管理者认为，亮化工程不是形象工程，它能够催生夜间经济。“一条特色街如果没有很好的亮化氛围，那商业人气、消费吸引力就会受影响，商家的生意就不好做。同时亮化工程更是一个旅游产品。”

由此，近年来各地城市亮化逐渐出现两种不良倾向：一是有些城市无论群众是否需要、是否有商业价值，都强制性规定沿街建筑要有轮廓照明；二是在照明灯具、灯型的设计上盲目追求高亮度、多色彩、大规模，灯杆越来越高，功率越来越大，缺乏对光效和节能的认识。

不容否认，城市亮化可以美化市容，提升城市品位。可由于上述种种原因，这项工程在百姓心目中也很容易与“面子工程”扯上千丝万缕的联系。

更何况，不少光鲜十足的城市亮化耗资惊人。有些城市不惜花费十几万元、几十万元甚至数百万元购买装饰灯，而这些构造烦琐的景观灯，每年的运行和维护费用就是一个巨额数字。

据云南省曲靖市中心城区亮化工程建设领导小组透露，从2009年9月份全面实施城市亮化工程以来，截至次年11月，仅一年时间，曲靖市就投资超亿元对曲靖城区的标志性建筑、楼梯、节点进行亮化。

据报道，江苏省常州为迎接第十七届省运会，实施“一路两区”景观照明工程。整个工程2010年1月开工建设，当年9月全面完成亮灯，总投资达2.9亿元。消息一出，引起社会一片质疑声，有人直指此为“面子工程”。一项民意调查显示，超过70%参与调查的网友对此项工程投了反对票。[①]

除了前期高额投入外，电量消耗不可小觑。全国政协委员、辽宁省糖尿病治疗中心院长冯世良曾长期关注城市亮化问题。2011年7月6日，冯世良还在媒体撰文，指陈城市过度亮化造成能源浪费："北京城市景观照明一年的用电量相当于秦山核电站一年的发电总量。"更有媒体统计，上海的景观灯，一天耗电量达到20万千瓦，相当于整个城市总耗电量的2%。

一些城市热衷于灯光造景，反而对生态造成了巨大破坏。

例如，前些年，南方某市曾用上万盏灯将山体照亮，可是灯亮了，鸟飞走了。市民行走休闲时，虫子噼里啪啦从树上掉下来，原本的局部生态平衡被打乱。这并非孤例，每到夜晚，很多城市建筑物被LED光源铺满，光影绚丽刺目，不但大量耗能，光污染问题也不容忽视。

这些工程往往耗资巨大，一时光鲜，看起来很是壮观，也满足了一些官员的政绩冲动，但这样造景以损害生态环境为代价，不可不慎。

其四，乡村"造景热"。一些地区以"造福民生""留住乡愁""弘扬传统"等名目出现，在农村不切实际地热衷于"垒假山""造盆景"，争先恐后地建村史馆、大公园、大广场、大牌坊或者大型旅游观光项目。

这种目光短浅、急功近利的做法，为了"面子"光鲜，不惜破坏生态环境"里子"，"看得见山、看得见水、记得住乡愁"的家园变成了冰冷的"水泥森林"……

一些地区以"传承乡村文化""留住乡愁"为名，推进村史馆建设。例如，西部某市2015年开始推动建设村史馆，截至2017年5月全市已建成156个村史馆，市级财政累计补助315万元。在该市，村史馆有的单独选址，有的建在村两委办公地点内，但大部分布展内容雷同，主要陈列着村里的老照片、旧农具等。而且平时冷冷清清，并没有什么村民前来参观。

---

① 李松：《专家称"城市亮化"过度　成隐性能源浪费》，《瞭望》，2013年4月27日。

一些地区还开始兴建入村牌坊。西北某县一位承建仿古石牌坊的工程负责人说，他们公司每年要建 20 多个牌坊，一个牌坊造价不低于 20 万元，最高的要 100 多万元。东部沿海某镇 2017 年 5 月启动建设的 5 个入村牌坊，最高投资 360 余万元，最低投资 45 万余元。①

2017 年 5 月，福建省住房和城乡建设厅印发该省 2016 年美丽乡村建设负面案例的通知。这一资料显示，福建部分村庄依然在建大公园、大广场、大牌坊或者大型旅游观光项目，而忽视生活污水和垃圾处理、裸房整治等农村治理重点工作，少数村庄甚至存在推山、削坡、填塘等破坏自然生态和乡村风貌等严重问题。

乡村“造大景观”常以“造福民生”“留住乡愁”“弘扬传统”等名目出现，较以往的“形象工程”更难以定性，查办起来也容易遭受阻力。这些新“形象工程”看似不违背中央八项规定，有的也在一定程度上美化了城乡环境，但背后埋藏着诸多隐患。例如，财政巨额透支背上沉重债务，项目因资金困难容易变成“烂尾工程”，城乡生态大环境遭受人为破坏，等等。

其五，生态绿化“大跃进”。顾名思义，就是“整起景来不管不顾”，本质上都是“生态形式主义”。

“生态形式主义”不止“大跃进式”造景，违背自然规律搞保护、修复，也是教训多多。

位于毛乌素沙地南缘的西部某县，从 20 世纪 80 年代开始大规模防沙治沙。该县一名资深生态保护工作者说，因治沙时种的草容易被流沙掩埋，当地在沙丘上种植柳树等易成活的树种，而这些树种就像“抽水机”，对地下水储量影响较大。“以前县内的 3 条流沙带中分布着大大小小几十个海子（小型湖泊），现在基本干涸了。”

据了解，当地水资源匮乏，林木要成活需引入黄河水灌溉，每年浇水成本高达数千万元，财政负担沉重。当地基层干部群众认为，在沙漠边缘大面积种树相当于给当地“种下穷根”。而且，即便种树成活后，树下也难见芳草，这对当地植物多样性造成负面影响。②

① 张军、詹奕嘉：《新形象工程调查》，《瞭望》，2017 年第 51 期。

②《这是护生态，还是毁生态？》，澎湃新闻客户端，2020 年 11 月 5 日。

有些地方生态保护工程立了项，却没有一抓到底，生态工程沦为形式主义甚至腐败工程。

西部某县2014年实施生态修复项目，在水边生态脆弱敏感地带种植了600多亩水桦、竹柳、柳树，计划打造数百亩生态林。但6年多过去，绿柳浓荫之景并未出现，承载绿化希望的树纷纷倒下，地上杂草丛生。

原来，造林施工方为节约成本，把树坑由大变小，每个树坑造价从3元降至1元，树苗由易栽活的带土树苗变成不带土树苗。为求项目验收“过关”，造林施工方还突击补种。①

对此，当地农服中心主任说了大实话：“即使栽两三遍，成本也比扎扎实实种一遍低不少。”钱没少花，事没办好，典型的形式主义搞环保。

也有地方“挂羊头卖狗肉”，借生态环保之名，吸引资金搞经济开发，使生态保护变了味。

例如，某市曾宣称投资数十亿元治理河流，但具体招投标文件“露了馅儿”：价值十几亿元的其中一个标段，除了日处理5000吨的污水处理厂和两个河段的水环境治理外，再无环保范畴项目，取而代之的是城区景观道路工程与旅游休闲街建设。②

为啥这么干？因为当地是贫困地区，财政主要依靠转移支付，债务负担重，大规模开发建设借贷及筹措资金困难。于是，环境治理公司还顺道扮演了城投平台的角色，挂生态治理的“羊头”，卖城市建设的“狗肉”。既然只是装装样子，生态环境的治理实效当然不在考虑范围内。

其六，特色小镇重“形”轻“魂”。特色小镇作为新生事物，最早兴起于浙江，并在当地经济基础和政策支持下快速发展、日臻成熟，成为产业升级的重要创新平台。2016年7月，住建部、国家发展改革委、财政部联合发布通知，提出到2020年在全国培育

---

① 赵珮然、周文冲、许晋豫：《生态形式主义调查》,《半月谈》，2020年第20期。

② 云间子：《环境部批“大跃进式”造景，戳了谁的脸？》，侠客岛，2021年1月25日。

1000 个左右各具特色、富有活力的特色小镇。

目前，特色小镇建设，上至省级下至县级，各地政府都在通过投资、补贴、奖励等方式开展特色小镇建设，涌现出了众多的优秀案例。但是，一些特色小镇在建设中，易受政绩驱动，演变为“形象工程”。

一是建设出现运动化趋势。很多地方政府都出台了一些鼓励、激励或者推动的一些政策措施，甚至还有考核要求，规定特色小镇建设的特定时间、数量以及规模，特别容易形成一哄而上的局面，使得特色小镇建设成了政府的任务工程、政绩工程，容易产生拔苗助长的效果。

西北某市提出重点建成 6—10 个特色小镇。在当地老街周边可看到：一边是以高档住宅社区、城市综合体为主的大量房地产开发楼盘建设如火如荼；另外一边 8 处古老的清代园林式建筑正在面临被拆迁的命运。①

小镇仍以房地产思维规划和建设，没有“让路”给这样少有的文化遗产，反而摒弃重建。就算建好的小镇，也无任何特点和文化积淀。

同样情况，也发生在东部某省会城市——

一家大型企业与当地政府签订协议，准备在人口密集的城乡结合部打造“足球小镇”，计划建设的商业和住宅项目需要进行大面积拆迁，而作为“准拆迁户”的当地居民却觉得，无论是“足球”还是“小镇”都离自己的生活很远。②

二是形成了假镇真园区的一些做法。特色小镇不是一个筐，什么都往里装，更不能盲目把产业园区、体育基地、田园综合体以及行政建制镇戴上特色小镇帽子。但有些地方把产业园区作为特色小镇来建设，甚至有些地方连一个居民都没有，也叫特色小镇，完全

① 唐虹、熊湘怡、付光宇、屈凌燕、白丽萍、董建国：《部分特色小镇现“房地产化”倾向》，《经济参考报》，2017 年 3 月 14 日。

② 杨绍功：《特色小镇不能搞“圈地造城”老套路》，《新华每日电讯》，2016 年 12 月 2 日。

颠覆了人们对“镇”的理解。

三是一些地方把特色小镇作为投资平台来打造。希望利用特色小镇平台扩大当地的固定资产投资的规模，来推动当地 GDP 的增长，带有一定的功利性。

四是“短平快”不具备可持续性。一些地方打着“特色小镇”旗号，却热衷于走土地财政的老路，通过投机搞“假小镇、真地产”。尽管投资可以上去，也可以满足地方政府的考核要求，但是这样的房地产小镇，没有产业、没有内容，极容易演变为“空心镇”和“鬼镇”。

西北某省拟建设旅游文化类特色小镇，然而在配套设施建造上，小镇连一家能像样接待游客住宿的宾馆都没有，更谈不上旅游服务标准、旅游品质。有的小镇离市中心太远，面临着基础设施不完善、带动当地就业能力弱、人才储备不足等诸多问题。[①]

五是简单模仿、东施效颦。有些特色小镇，简单地模仿其他地方的成功案例，完全不顾本地的实际情况、资源禀赋和发展条件。这样的结果就是照搬照抄，甚至用一张规划图可以打遍天下，形成千篇一律、千镇一面。

特色小镇发展要不拘一格，最重要的是要有自己的“特色”，通过产业集聚来带动人口集聚，并支撑城镇化的发展，这才是特色小镇发展的核心。以浙江为例，当地特色小镇大多是实体经济、网络经济和现代经济相结合而成的，如互联网小镇、基金小镇等。

其七，“厕所革命”只重“颜值”，不重“内涵”。小厕所，大民生。厕所问题关系到人民群众工作生活环境的改善，关系到国民素质的提升和社会文明的进步。

党的十八大以来，习近平总书记对“厕所革命”这项基础性民生工作高度重视，并强调：“厕所问题不是小事情，是城乡文明建设的重要方面，不但景区、城市要抓，农村也要抓，要把这项工作作为乡村振兴战略的一项具体工作来推进，努力补齐这块影响群众生活品质的短板。”从景区扩展到全域、从城市扩展到农村、从数

① 唐虹、熊湘怡、付光宇、屈凌燕、白丽萍、董建国：《部分特色小镇现“房地产化”倾向》，《经济参考报》，2017 年 3 月 14 日。

量增加到质量提升，“厕所革命”不断向纵深推进。

但在“厕所革命”中也有十分扎眼之处。在农村，这方面存在不同程度的形式主义问题，有不少改厕后农民“不愿用、没法用、用不上”等现象。农民不愿用，不是农民对干净卫生的生活没需求，而是新建的厕所不实用、没法用、用不上，不是农民太挑剔，而是不少厕所要么建成了华而不实的“花架子”，或建成了上无来水冲、下无排污口的“空中楼阁”，中看不中用。

“‘改’自己的厕，让村民无厕可上”，2019 年 12 月，央视财经报道的安徽阜阳农村厕改“怪现状”，成了“民生工程”变“民怨工程”的新典型。

在阜阳市，不少村子的新厕所号称装配式三瓮化粪池，实则下面埋着三个大桶，由过粪管连通前、中、后三个瓮体，上面装上一根排气管，没有装便池和厕所小房子，三个桶里的粪便满了后根本没法排到化粪池，结果让村民无处如厕，但这就算厕所改造完成。村干部要知道上级来检查，会提前给村民讲，教村民怎么说，然后给村民 200 块钱。记者在当地的店集村实地拍照时，还被两名村干部抢夺手机。

埋下 3 只塑料桶就算是厕所，至于粪便会排到何处去，公家说会自然风化，这大概可以列入“气死化学老师系列”段子集。不得不说，当地重新定义了“厕所”：它不是用来方便的，而是用来应付检查的。由此，在有些村子里，新厕所完全闲置了，成了样子货；很多村民家里的老厕所被拆被扒，新厕所又没法用，如厕都成了问题，有的人背着卧病母亲在地里方便……

新厕所变半吊子或不中用的“尬厕”，这不是首例。2019 年 1 月，央视《焦点访谈》就曝光了甘肃凉州厕所改后不能用和山东临沭县表格改厕的乱象。其中，凉州厕所改造问题遭到曝光后，甘肃省委书记还连发四问怒批形式主义。

就全国多地厕改乱象看，农村厕改，最应该先改的就是形式主义。也只有杜绝了形式主义，无害化公厕才能在无猫腻中增进民众的获得感，而不是没有受益、反被折腾。

与用来凑数迎检、沦为“空中楼阁”的一些农村改厕相比，另一种形式主义也是要不得的——

个别地方在搞“厕所革命”时，不是追求经济实惠、干净卫生和方便适用，而是一味地追求高大上。在建造公厕时，盲目攀比，贪大求全，造成了很大的资源浪费。更为突出的是，有的地区还花巨资修建所谓的“五星级”公厕，出现了超豪华公厕，不仅使用面积巨大，而且内部装修还相当奢华。吊顶灯、大理石墙壁和地板、金色把手实木门、液晶电视屏幕一应俱全，设计建造耗费几百万元，甚至一个小便池都价值过万，奢华程度令人惊愕。

在外观追求“高大上”，有些公厕“内涵”却令人糟心。例如，有的地方算偏了民心账，舍得花大价钱买高档设备，却在擦手纸等实际问题上视而不见。有的地方重建设、轻维护，水龙头经常放不出水，烘干器常年不工作。有的更是刚刚建起来不久，就有因内部质量问题而发生撂荒停用的情况。

2019 年 5 月 29 日，江苏省《新华日报》报道的这件尴尬事，着实令人大跌眼镜——

南京市建邺区友谊街附近建了 3 座“豪华”公厕，每座造价高达 80 万元，内部装修配置大理石、新风系统、感应龙头等高档设施，然而这些公厕在交付使用后仅一个星期就被关停，原因竟是储粪池满了，而公厕下面没有连接排污管网。

这类华而不实的豪华公厕，对“厕所革命”的推进会产生负面作用。推进“厕所革命”，并不是因为厕所不够豪华，而是由于厕所不卫生，方便起来不方便。建造豪华公厕，容易让“厕所革命”流于形式。如果各地把豪华公厕当成“厕所革命”的方向，就会把路走偏，容易误入歧途。

就单个公厕而言，既然建造公厕的费用是固定的，那么附属设施越豪华，就越会挤占用在便器、洁具上的资金。从某个地区来说，建设的豪华公厕越多，建造厕所的数量就会相应减少，进而无法充分地满足民生需要。“厕所革命”要减少浪费，把钱用在刀刃上，杜绝攀比，杜绝只讲“高大上”的豪华公厕。

“厕所革命”是一项系统工程，很难一蹴而就、一步到位。将“厕所革命”推向深入的过程中，必须摈弃形式主义。各地政府为百姓办事，要切实摈弃政绩思维，先做实“里子”，再考虑“面子”，宁要实在“里子”，不要浮华“面子”。那些花里胡哨的把戏，还是不要要的好。

其八，党建设施跑偏“变味”。党建设施，是对广大党员和群众进行党性教育、服务党员群众的重要载体和场所。一些地方根据实际需要，更换更新、升级改造党建设施，很有必要。与此同时，部分基层地方喜欢以“党建”之名，上马一些基建类设施，投资不菲，影响了党建工作的严肃性。

2023年9月12日，新华社《半月谈》微信公号的一则报道披露出一些基层地方在党建设施建设中出现的不良倾向。

归纳起来，这些问题主要表现如下：

一是贪大求高，党建设施大型化。在中部某村旁的高速下道口竖有一块巨幅党建标牌，目测长逾10丈、高逾3丈，总花费逾44万元；北方某地一处休闲文化广场“有困难找党员、要服务找支部”12个红色大字，“每个字6米长、6米高，制作安装费共31.18万元”。

二是乱贴标签，党建设施景观化。有的地区以“党建”之名上马一些占地多、投资大的基建设施，其中以党建公园最为常见，且数量增长速度快。中部某市建设城乡一体示范区党建公园，占地约1.9万平方米，概算投资1500万元；西南某地一处党建公园，投资逾7000万元。

三是互相攀比，党建设施奢侈化。记者调查发现，近年来党建设施改造升级、新建项目增多，与各地相互攀比仿效有关系。“别人建了，自己也要建；人家建一个5米的，自己就要建10米的；别人用水泥石头，自己就用高科技新材料。亮化装饰是标配，还要配套做电路改造，以便向上级申请更多资金。”于是，党建设施越建越“高大上”，投资越来越大。

这些党建设施遍布各地、各单位门面位置，看似形式多样、氛围浓厚，实际上内容千篇一律、重重复复，装饰性远大于实用性，将严肃的党建宣传简单化、戏谑化，充斥形式主义“异味”，有违实事求是作风，与形象工程无异。特别是一些所谓“高大上”党建设施，耗费大量人力、物力，运维成本较高，使用效率很低，脱离实际，劳民伤财，还有利益输送之疑，损害组织形象，徒有“党建”虚名，背离“党建”初心，群众反映不少。

二、“形象工程”何以经久不衰

近年来，脱离实际、盲目搞劳民伤财的“政绩工程”“面子工程”在一些地方屡有发生，甚至在贫困地区、欠发达地区城镇建设中也有所发现。

城镇的现代化治理水平并不是体现在高楼大厦、观光电梯、旋转餐厅、巨大的广场等地标建筑上，这些也不是所有城市必需的标配。过度的豪华，烧的是纳税人的血汗钱，而且一些官员在一个地方干几年就拍屁股走人，“政绩工程”“面子工程”导致的财政窟窿却给继任者留下一个烂摊子。这种顾前不顾后、顾头不顾腚的做法，对地方建设有百害而无一利。

2024 年 11 月 4 日，广西柳州市轨道交通投资发展集团有限公司发布施工通告称：近期将依法依规对未批先建、违规建设的城市轨道交通项目开展综合整治。经评估论证，其中，位于桂柳路北侧的墩柱及搭建的附属设施严重影响交通通行和居民生活，决定采取拆除的方式进行整改。

上述建筑正是已经烂尾的柳州轻轨的一部分。该工程曾试图“先上车再补票”，后被叫停。

此前，被指大搞劳民伤财的“政绩工程”的时任柳州市委书记郑俊康、市长吴炜，已经相继落马。据媒体报道，两人除了曾在柳州“搭班子”，还是前后任关系，即先后任柳州市委书记。

据媒体此前报道，在柳州各条主干线上，都能看到轻轨烂尾后遗留下的密密麻麻的桥墩。光秃秃的桥墩上，没有铺盖路面，柳州人给这些桥墩取名为“幻想柱”。一根根“幻想柱”已成为城市伤疤，在交通高峰时期还会造成拥堵。

2023 年 11 月，财政部通报地方政府隐性债务问责典型案例。其中提到，2016 年 2 月起，柳州多家公司依据市委常委会会议、市政府常务会议决议，垫资承担应由财政预算安排的土地一级整理开发、代行土地收储等业务。自 2018 年至 2021 年 6 月末，形成新增隐性债务 176.95 亿元。

时任柳州市委书记郑俊康，被给予党内警告处分；时任柳州市市长吴炜，被给予政务记过处分，另有多人被处分、追责。

上述消息发布几天后，接替郑俊康担任柳州市委书记的吴炜被查。2024 年 1 月，郑俊康也被通报落马。2024 年 6 月，郑俊康被开除党籍，吴炜被开除党籍和公职。

郑俊康出生于 1959 年 10 月，浙江宁波人，2008 年任柳州市市长，2013 年 1 月任柳州市市委书记。吴炜出生于 1968 年 9 月，广东普宁人，2016 年 1 月任柳州市市长，2021 年 2 月任柳州市市委书记。

通报显示，郑、吴二人均被指权力观扭曲，政绩观错位，背离高质量发展要求，不落实党中央决策部署，大搞劳民伤财的“政绩工程”，涉嫌受贿罪、滥用职权罪。

2024 年 10 月，中央纪委国家监委网站曾对郑、吴二人搞“政绩工程”刊文称，他们不仅没留下政绩，反而留罪名、背骂名，教训不可谓不深刻。

从郑俊康到吴炜，柳州两任书记接连落马。“政绩工程”的背后往往都少不了擅权妄为的一把手。

2018 年，湖南省委巡视组在尚未脱贫摘帽的国家级贫困县——汝城县巡视时发现，该县长期没有考虑可用财力的实际，盲目举债，致使 2015—2017 年综合债务率分别为 274%、285.74%、336%，负债率在湖南省排名第一，几乎一半的钱都用在大搞城市开发和城市建设上，而培植财源、促进产业发展方面还不到 6%。该县举债修建的爱莲广场，6 株银杏树就花了 285 万元，8 根图腾石柱花了 120 万元，一个广场共花了 4800 万元。仅 2008 年以来，该县修建广场公园 11 个、市政道路项目 26 个，违规修建办公楼 10 栋……

与此形成鲜明对比的是，该县民生几近荒废。2016 年以来，一些地方自来水管网年久失修，爆管停水、喝“黄泥巴水”是常态。该县还有两个自然村一些村民家中没有通电，当地群众 25 户 67 人仅靠山泉水发电和点煤油灯照明！随后，汝城县委原书记被免职，一名副县长被立案调查，3 名党政主要负责人、17 名科级干部被严肃查处。①

①《这名女书记成中纪委负面案例：国家贫困县举债为面子》，央视网，2018 年 9 月 1 日。

真是“形象工程一棵树，困难群众十年粮”。一个年地方财政收入才4亿多元（据汝城县2017年国民经济和社会发展统计公报）、负债累累、需要国家政策扶持的国家级贫困县，一棵树花了近50万元，一个广场就花了4800万元！这样的“大气魄”“大手笔”，着实超越了普通群众的想象力，令人咂舌！“形象很丰满，民生很骨感”，该县几近荒废的民生却又让人叹惜和痛心。

一些地方领导干部冒着违纪风险，掏空财政接连上马，除了前面提到的发展思维的短视外，把形象工程当作政绩跳板的私心，也不容忽视。

2020年1月16日，福建省纪委监委在当日发布的三明市委原副书记黄建平的双开通报中提到，黄建平在党内搞团团伙伙、拉帮结派，防灾工作期间大吃大喝造成不良影响，另外，其在担任永安市委书记期间盲目举债、铺摊子、上项目，搞劳民伤财的“形象工程”“政绩工程”。①

广东省广州市委原书记万庆良，作为搞形象工程的代表人物。众所周知，万庆良除了有“六百帝”的绰号，还有一个绰号——“规划之神”。万庆良为何被嘲讽为“规划之神”？他被诟病的项目包括在山顶开挖大湖、在山地建百米大道。主政揭阳时，他曾主持投资30亿元开展两河四岸景观等建设，河道两侧绿化带宽500米。主政广州后，先后计划建设9个新城，仅新城规划面积相加就接近800平方千米，超过了新加坡国土面积、中国上海市中心城区面积。②

万庆良被调查后，中山大学地理与规划学院教授袁奇峰在自己的微博上发文称：“因为中国广州中新知识城规划的挫折，新加坡‘规划之父’刘太格说：不要再叫我‘规划之父’了，我在中国广州遇到了‘规划之神’。出事官员大多不尊重科学，不知道常识，在山顶开挖大湖，在山地建百米大道，疯狂又狂妄。”

“内无妄思，外无妄动。”剖析近年来出现的“政绩工程”“面

---

①《福建省三明市委原副书记黄建平严重违纪违法被开除党籍和公职》，中央纪委国家监委网站，2020年1月16日。

②《广东落马常委万庆良为何被嘲讽为“规划之神”》，央视网，2018年10月18日。

子工程”问题，一个共性成因就是这些领导干部政绩观、发展观发生了扭曲错位。他们或是在某些急功近利的考核“指挥棒”的误导下，或是在短期效益、个人私利等驱使下，不惜以“大手笔”打造上级“可视范围”内的项目工程，期望得到赞许。

苏荣在担任江西省委书记期间，为追求“全国第一”的“绿色政绩”，强推“一大四小”工程。不仅逢会必谈，还要求各市县主要领导挂帅“种树领导小组”，从市到县到乡镇，层层签订责任书，要求省林业厅抽调干部组成督导组，深入各地督查指导，制定考核办法，全省排名末三位“差等生”要书面检查。一些地方为应付省里的突击检查，大搞一夜成林、一夜成景，使植树变成了不分季节和白天黑夜的“造景”。[①]

不顾实际情况、不经科学论证，乱决策、乱拍板，既有悖于客观规律，又违反民主集中制原则。正是因为这些“拍脑袋”决策与实际情况脱节，才出现了那些“糊涂规划”“短命工程”，留下烂摊子和坏死账，到头来还是要以牺牲国家和人民利益为代价，为个别领导干部“致命的自负”埋单。

说到底，根本问题还是出在党性上，党性立场站不稳，行动上就会走偏，权力就面临着被滥用的危险。中央纪委国家监委网站刊文称，“政绩工程”表面上属于经济建设领域的问题，本质上是形式主义、官僚主义等政治问题，背后是权力观扭曲、政绩观错位。“政绩工程”危害可以说是“以一损百”，往往是“关键少数”为捞取个人政治资本而污染一方政治生态，因个人贪功牟利而造成一地发展贻误，脱离实际、劳民伤财，损害群众的切身利益，败坏党和政府形象，政治危害极大。[②]

这种私心往往还指向决策程序的巨大疏漏。一方面，项目决策容易一言堂，缺少必要的行政审批流程。另一方面，没有科学的评估体系对这类景观工程进行效果评估，砸进的不菲资金最终能换来招商引资或者旅游层面的多少经济贡献，根本无法量化。如榆中的

①《中纪委机关报批应景造势：不搞“政绩工程”》，《人民日报》客户端，2019年2月25日。

② 陈军：《“政绩工程”留不下政绩》，中央纪委国家监委网站，2024年10月24日。

古城门，明明是浪费公帑的形象工程，却被当地领导描述成“使榆中焕发独特魅力”。

类似问题，究其病根：一是施政总得给上级领导看得见的效果，除了数字的支撑，更重要的是有的可看，这些政绩工程可以给上级领导留下足够的视觉印象。二是主观的思维方式和权力的结合，没有制度的约束，想干什么就干什么，可以把自己的个人偏好直接转化为工程效果。三是政府的工程从来不考虑收益，也不考虑未来的维护成本和费用，更不用考虑是否会形成债务负担。四是官员的流动性，导致了在执政期间不必在乎当地的长远利益。

更主要的是，即使出现了所谓的投资错误，出现了严重的浪费，哪怕是上亿、几十亿甚至上百亿，只要个人没有把钱进入私人腰包，一样不会受到任何惩处。常常是干部拍拍屁股走人，留下烂摊子由当地民众买单。

三、为“形象工程”划下红线

一个地方的形象，不是靠一两个华丽景观撑起来的；领导干部的政绩，不能建立在“形象工程”之上。习近平总书记反复强调：“要求真务实、真抓实干，做工作自觉从人民利益出发，决不能为了树立个人形象，搞华而不实、劳民伤财的‘形象工程’‘政绩工程’。”

要想杜绝“形象工程”，先要治一治少数干部的“形象工程冲动症”。这是一个“疗心”工作，也是一个治本工作。

当前，相关职能部门对不惜财力“大拆大建”搞“形象工程”的新动向已采取行动进行整治。《关于新形势下党内政治生活的若干准则》规定：“对一切搞劳民伤财的‘形象工程’和‘政绩工程’的行为，要严肃问责追责，依纪依法处理。”新修订的《中国共产党纪律处分条例》第一百一十七条在原有条文基础上，增加了“搞劳民伤财的‘形象工程’‘政绩工程’”等内容，并针对“情节严重的”，处分由“撤销党内职务或者留党察看”改为“撤销党内职务、留党察看或者开除党籍”，释放了强烈信号。

再如，针对一些地方“特色小镇”概念不清、定位不准、急于求成、盲目发展及市场化不足等问题，国家发展改革委等 4 部委近期发布《关于规范推进特色小镇和特色小城镇建设的若干意见》，提出遵循城镇化发展规律、注重打造鲜明特色、严防政府债务风险、严格节约集约用地等多项要求。

就“形象工程”而言，严格处罚并不能消除它们产生的根源。前提是要让官员在此类工程的修建过程以及结果中无利可图。按照以前的政绩考核体系，漫无目的地修建“形象工程”不仅能为地方官员带来可观的GDP政绩，还为他们带来职务升迁的机会。完善和修改对政府官员的考核体系，建立更加科学合理的指标考核体系必不可少。

习近平总书记强调，要建立科学规范的干部考核评价体系，形成激励干部求真务实的有效机制，使那些重实际、说实话、务实事、求实效的干部，不仅不吃亏，反而受到鼓励、褒奖、重用；使那些做表面文章、搞劳民伤财的“形象工程”和“政绩工程”、跑官要官的干部，不仅捞不到好处，反而受到批评和惩处。要以实际行动让干部感受到组织上的公道、公平、公正。①

2013年12月10日，中央印发了《关于改进地方党政领导班子和领导干部政绩考核工作的通知》。该通知曾指出中央有关部门不能单纯以地区生产总值及增长率来衡量各省发展成效，摒弃了原有“建了拆、拆了建”就是双倍GDP的思维，对原有的干部考核机制进行了改革。但这显然是不够的，建立科学的考核机制，还要把居民人均收入、居民幸福指数、就业率、环境保护等民生指标皆加入考核项目中。只有这样，才能切实地把官员今后工作的重点从“形象工程”拉回到民生工程中，踏踏实实为民服务。

大量“形象工程”能够轻松上马，很大原因就在于地方“一把手”对于本地的公共财政大权在握，不受约束，想怎么花就怎么花。因此，一个地方的财政如何花、怎样花，不能仅凭地方领导一句话，而是要严格执行预算，并充分发挥人大权力机关的监督制约作用，还要拓宽民众参与政治的渠道，提高民众参与政府政策和决策的积极性，加强社会和舆论对政府权力的监督。

可喜的是，在2015年1月1日实施的新预算法，对近年来财政预算管理改革实践进行了回应，从立法层面建立了系统的、完善

---

①《在参加河北省委常委班子专题民主生活会时的讲话》（2013年9月23-25日）；《习近平关于力戒形式主义官僚主义重要论述选编》，北京：中央文献出版社，2020年5月第1版，第99页。

的全口径预决算体系，并进一步扩大了人大审查监督的范围，可以说是对约束“钱袋子”打下了基础。

“形象工程”的存在，归根到底在于约束公共财政预算支出以及政府官员权力方面存在漏洞，从而致使它们常常脱离民意而任意妄为。

换言之，把好财政支出监管这道关，杜绝地方领导“一言堂”的现象，同时辅之以严厉的事后问责，有助于从根本上遏制“形象工程”重蹈“整改——反弹——再整改——再反弹”的覆辙。

形式主义表现六

召开会议重复式

开会是为了解决问题，但有的领导干部不从实际出发，把会议作为开展工作的唯一手段，热衷于以会议贯彻会议，以会议安排、布置和检查工作，只要上情下达，总离不开会议，导致形式主义的会议周周、月月、年年连绵不断、花样迭出，层层重复开，一个接一个。会上也是慷慨激昂念稿子，空对空、虚对虚地谈方案，讲成绩浓墨重彩，连篇累牍，讲问题轻描淡写，点到即止，充斥着不着边际的大话空话，老生常谈的套话和没错的废话，听会的人晕晕乎、昏昏然，打不起精神，十分厌倦和慵懒。还有个别领导喜欢参加剪彩、应景等会议活动，追求轰动效应，不顾实际效果，只求电视有影、广播有声、报上有名，把开会当成自我炫耀的主要形式。机械刻板的形式主义开会，导致干部疲于应付，忙忙碌碌、辛辛苦苦成了无效劳动，没有时间抓工作落实。

难以招架　　新华社发　徐骏作

2023年9月20日，新华社《半月谈》微信公众号发文称，文山会海让广大基层干部深恶痛绝。多地基层干部反映，当前一些地方文山会海出现反弹回潮现象，且表现形式屡屡变异，令基层干部叫苦不迭。

文中列举了一系列文山会海“变异”现象。例如，要求控制会议数量，那就在会议时长上做文章——在大会之中“套”小会，哪怕不相关的会也都“绑着开”，原本1个小时可以结束的会，可以开半天甚至更长时间；例如，“一竿子插到底”演化为“一竿子重复到底”，同样内容的会议一些基层干部得参加四五次；再如，“红头”文件少了，“白头”文件却多了，纸质文件少了，但电子平台、App推送、群发微信等成为发文新渠道，各种政务App注册、登录、打卡、问题反馈……让人眼花缭乱、疲于应付。

一些领导干部一谈到形式主义的危害，说得比谁都明白，喊得比谁都高调，但不开会、不发文（或少开会、少发文），如何体现重视、怎么去解决，是摆在各级领导干部面前的“必答题”。答好这道考题，关键不是开会不开会，而是行动不行动；不是解决不解决，而是解决成什么样。

一、文山会海让干部疲于应付

“文山会海”一词很早就已出现，描述的是作风建设最难根治的顽疾之一。据报道，一位干部到基层调研后向领导报告，基层干部和群众反映会议太多，领导脱口而出：“明天开个会研究一下！”

像这样以会议解决问题的方式，在一些地方已是“习惯成自然”，无论有无必要，先开个会再说，致使许多干部在会议中“消耗着、辛苦着”。开会、发文是作决策、抓落实的重要方法，但一旦形成文山会海，就会严重削弱领导干部为人民服务的能力，滋长形式主义和官僚主义。

本可不开的会议，为凸显对工作的“重视程度”，要召开会议；本就一般性的会议，为加大“推动力度”，要召开“紧急”会议；本该部分单位参加的会议，为了“协调各方”，要召开“扩大”会议……这让以会议落实会议、以文件贯彻文件的现象在一些地方和部门“春风吹又生”。

“去会场多了，到现场就少了；‘稿来稿去’式的材料多了，深入群众调研就少了”“上级布置工作，我们不开会显得不重视，不发文，年底万一来检查说我们没落实，那就要问责”“单位只有3个领导，有时参加各类会议都忙不过来，工作只能晚上和周末开展”“工作要留痕，最近打印装订文件，生生把自己整成了一个车间女工”……文山会海如过街老鼠——人人喊打。然而，大家都只是“喊”，没有“打”，导致文山会海顽疾难除。

“本来人手就不够，每天还要拿出大量时间弄文件、开会！”2017年，湖北省纠正“四风”工作满意度调查结果令人吃惊：全省17个市州干部群众对形式主义、官僚主义问题治理效果评价不满意的比例超过50%，其中对“文山会海”反弹反映最为强烈，一些基层干部对此苦不堪言。[①]

“看规格、比规模”在一些地区部门甚至成了一种潜规则。会议范围和对象被承办单位有意扩大，本来与单位不相干的会议，也要求一把手出席陪会。此外，重复开会、会议落实会议也仍然存在，以此表示对上级要求高度重视。

2024年1月27日，湖北省纪委监委通报了一起典型案例：某乡党委书记田某，明知上级三番五次要求精减会议，仍随意扩大会议规模，多次安排召开全乡党员干部会议，动辄要求各村（社区）和镇直单位主要负责人参会、陪会。田某每次开会时间长，讲话长篇累牍，空话、大话、套话连篇，却不解决实际问题。据统计，田某一年内召开会议多达208次，基层干部群众反映强烈，造成严重不良影响，田某受到党内严重警告处分。

会议太多不仅消耗基层干部的精力，也助长了形式主义。一些地方不管什么会议，从常规性的行业会如农业、旅游等会议，到各种专题会，都要求党政主要领导参加，派副职参加就被点名批评。

---

① 李许坚：《整治“文山会海”反弹，把时间和精力还给基层干部》，中央纪委国家监委网站，2018年12月24日。

参加一个会议，县乡负责人赶到主会场，单程要两三个小时，加上往返，一个会议两天时间就没了。

很多基层干部反映，目前跑会、守会、陪会的现象仍然比较突出，有的会议要求传达不过夜，省里开完，市里接着开，市里结束，县里接着开。一个会，开到晚上七八点，很正常。

诸如此类的会风，有的是形式主义所致，还有一种就是“为官不为”的心态所致。在这些人看来，上级讲落实，我也讲落实，但做得太多反而可能出错、可能被纠，怎么办呢？组织个会议、讲个话、表个态，那是最“立竿见影”了。会开过，工作也就算落实完毕。

会议多了，往往伴随着文件堆积如山。一些地方政府和上级机关热衷于“文来文往，以布置代替落实”，大事小情总爱下个通知，大小工作都想列个图表，大小问题都得发个指导意见，还要求层层书面上报。

有基层干部反映：“上级开会布置一件事，我们就得抓紧开会、发文；上面要求做好 3 项工作，到我们这里可能就得部署 8 项才说明重视，不开会不发文，一旦出问题，那就吃不了兜着走。”

于是，上级文件发个不停，下级就开会不止，以会议落实会议、以文件落实文件就成了少数单位和领导干部的常态。

“2018 年到 2019 年 4 月，办公室的打印机用坏了 5 台，A4 纸用了上万张，各种台账、文件、材料都需要乡镇来准备……”西部某县一位乡镇党委书记说，“很多事情还没有多少进展，就先被各种汇报绊住了。”“县里各个部门的文件，发过来都堆到我一个人身上，扶贫、民政、水利、妇联、残联的文件，都对接到我这里。”中部某村第一书记庞某说，“每天光处理这些文件，就费好大力气。”

在不少地方，有些基层干部上午刚接到通知，下午下班前就要反馈情况不少见。有基层干部向媒体反映：“每天类似通知一个接一个，时间紧、任务急、人手少，让人身心俱疲。”他们的桌上往往是各种文件夹里密密麻麻套着很多小文件夹，都是需要尽快上报的各种材料。

尤其，关于各地精准扶贫过程中表格资料名目繁多、任务繁重的问题引起了不少基层扶贫干部的共鸣。一些地方出台的扶贫表格名目越来越多，程序越来越烦琐，不但耗费了大量的人力、财力、物力，而且导致很多基层驻村干部忙于应付填表和检查，而没有精力去做实际工作。

这种文山会海还造成巨大浪费——

“一年下来，我们镇光购买填表的纸张和油墨，就花了 30 多万元。”湖南一位基层乡镇负责人在接受媒体采访时说，他所在地区是扶贫攻坚的“主战场”，上级要求严，群众期待高，本来应该把主要精力用在帮助贫困户发展生产上，但要填的各种表格材料实在太多，一级一级，一直到县里都有自己的一套，“每次不花几个小时，根本填不完”。

更有媒体报道，文山会海的回潮甚至带动相关行业的生意红火。安徽一个镇上有一个打印店老板原来一年做十几万元，现在一年生意翻倍还不止。

合肥一家文化印刷公司长期为附近的政府部门服务。中央八项规定精神刚推出时，一些能不开的会都不开了，即使开也都不挂条幅、不摆席卡，非常简朴，文件材料也印得少。因为生意不好做，公司一度转为主营广告了。2016 年生意好转了，政府部门的会多了，复印的材料文件也多了。往年一个月最多开一两次会，但 2016 年 11 月，公司光承接一个政府系统的会就有十多场，平均两天多一场。一场会议一般要复印几十套会议材料，加上横幅和会场布置等，花费在两三万元甚至更多。

二、开会发文过多过滥导致行政效率下降

诚然，召开会议、印发文件是部署、落实和推动政府工作的惯常手段，也有必要，但是开会发文过多过滥，会导致行政效率下降、形式主义抬头、工作作风漂浮。

现在文山会海乱象有回潮迹象，一个重要原因还是官僚主义思想作祟，即所谓“留痕”。在一些地方，开会、发文等工作“留痕”举措，甚至已成为“安排落实”“传导压力”“主动积极”的代名词。这样的形式主义，助长了一些地方的“虚落实”“假落实”。

据一些基层干部透露，发文中有很大一部分纯粹是迎检需要。有些上级检查各项工作时，往往将有无发文落实作为重要评价指标。若未发文或未成立专班，就会认为下级对工作不重视。为了扩大影响力，少数单位还有意扩大发文范围，还有的将本该由本单位

发放的文件提请上级部门发放。影响力大了，留给检查人员的印象分也就上去了。

一些领导干部怕脚踩“红线”、触犯规则；怕外界曲解、惹上麻烦；怕受到连带责任。避险不担当，考核要政绩，谁也不想犯上“走岔道”的错误，谁也不愿背上“不作为”的评价。于是，投入文山会海便成了一些官员稳妥的工作选择。看起来，他们是“白 + 黑”“五 + 二”“善作为”“有作为”“忙作为”，说穿了，他们是在“秀作为”“装作为”“乱作为”，把心思都花在了知行不一、不求实效、花拳绣腿的文件和会议上了。

2011 年 3 月，习近平总书记在中央党校开学典礼上引用了一副对联来讽刺文山会海：上联是“你开会我开会大家都开会”，下联是“你发文我发文大家都发文”，横批是“谁来落实”。

20 世纪 80 年代，在正定主政时，经常下基层调研的习近平就发现了对联中的这种情况：乡镇干部每天最繁重的工作就是出席会议、看各种文件、接待上级部门的各种视察检查。而且，下来的领导不管事情大小，都是要找乡镇的“一把手”，这种情况下，基层干部还有多少时间做正事、务实事呢？

当时习近平与县里各部门约法三章：

一是除了县委、县政府、公安局外，其他部门一律不许发定期简报；

二是各行政单位每周必须保证 2—3 天的“无会日”；

三是必要的工作考核和检查，必须轻装简从、对口接待。

但是形式主义的巨大惯性让很多人无所适从，少数部门仍旧按期发简报，习近平警告说：“你们要再这么搞，处分相关负责人，没收打字机，就是要让你们难受难受，养成新的习惯！”

提倡开短会、发短文、讲短话是一个老话题。早在延安时期，毛泽东就在《反对党八股》一文，列举了党八股的八大罪状。他辛辣地讽刺那些长篇大论、空洞无物的讲话如同“懒婆娘的裹脚布——又长又臭”。他在《改造我们的学习》一文中，对喜欢“夸夸其谈”“哗众取宠”的同志予以严厉批评，称他们是“墙上芦苇，头重脚轻根底浅；山间竹笋，嘴尖皮厚腹中空”。

在 20 世纪 60 年代初，毛泽东给官僚主义画像，列举《官僚主义的二十种表现》，其中一些内容，如“语言无味，领导无方，尸位素餐，滥竽充数”；“文件要人代读，边听边睡，不看就批，错了怪人”；“机构庞杂，人浮于事，重床叠屋，团团转转”；“指示多，报告多，报表多，会议多，来往多”，就是批评文山会海。有分析认为，目前基层干部“一半时间在开会、一半时间在写材料和填表”的说法虽有些夸张，但整治文山会海，确实击中了基层痛点。

三、少些“纸上谈”，多些“现场干”

当前，舆论都尖锐地批评文山会海的形式主义现象。许多领导机关也一再下决心要填“会海”。

2019 年 3 月 11 日，中共中央办公厅印发了《关于解决形式主义突出问题为基层减负的通知》，在“着力解决文山会海反弹回潮的问题”方面，通知提出，从中央层面做起，层层大幅度精减文件和会议，确保发给县级以下的文件、召开的会议减少 30%—50%；中央印发的政策性文件原则上不超过 10 页，地方和部门也要按此从严掌握等。

具体要求包括：少开会、开短会，开管用的会；严禁随意拔高会议规格、扩大会议规模；提倡合并开会、套开会议，多采用电视电话、网络视频会议等形式；进一步改革会议公文制度，选择一些地方和单位开展治理文山会海工作试点，等等。

随后，各地结合地方实际提出了许多细化措施和量化目标，目的就是把干部从一些无谓的事务中解脱出来。

措施一：会议的数量、规格、规模、时长有了限制。所谓“上面千条线，下面一根针”，基层事务本就纷繁复杂，干部们的时间与精力有限，一旦陷入不必要的会议中，又如何多办实事？以如此方式，为精减文山会海画出“硬杠杠”，也是一种直接且可操作的手段。

例如，黑龙江省明确，各类专题会议不超过半天，各部门召开的全省性会议，原则上每年不超过 1 次，时间不超过 1 天。①

①《黑龙江发文：非紧急会议　下级部门不得连夜开会传达》，《人民日报》客户端，2019 年 4 月 6 日。

河北省提出，尽量采用电视电话、网络视频会议等形式，单项工作会议一般不超过半天，电视电话、网络视频会议一般不超过90分钟。①

江西省规定，全省性重要会议的讲话、报告等一般控制在90分钟以内，主持讲话一般控制在20分钟以内。一般工作性会议不安排交流发言，确需发言的可采取书面形式。除有审议事项外，部门工作性会议一律不安排分组讨论。②

对症施策，需要回归到削减文山会海的本意。中央要求“层层大幅度精减文件和会议”，根本目的是让各级部门从无效忙碌中解脱出来，减轻无谓负担、提高工作效率。由此观之，“减”当然是其中应有之义，但“减”的对象应当是那些无用、重复、低效的会议文件。

毕竟，开会发文本身不是形式主义，文山会海才是。因此，该开的会还是要开，关键是应该尽量开短会，开有效率的、解决问题的会。

措施二：“无会月”“无会周”“无会日”被重提。有的省份规定了“无会周”“无会月”，其间原则上不安排全省性会议。

2019年4月，河北省提出要坚持“无会月”制度，省级每年8月一般不召开全省性会议。青海省确定每月第一周为“无会周”，确定每年4月份、10月份为“无会月”。“无会周”“无会月”期间，原则上不安排全省性会议。在浙江省，每周三为浙江省委、省政府无会日（省委全会和省政府全体会议除外）。③

推行“无会周”“无会月”，是让机关部门和领导干部把更多时间和精力放在察民情、解民忧、办实事上，让“无会周”成为群众欢迎的“工作周”、务实高效的“实干周”。以推行“无会周”“无

---

① 孟亚旭：《为基层减负　河北青海明确“无会月”“无会周”》，新华网，2019年4月8日。

②《中央减负文件下发满月　各地都有哪些新政策？》，环球网，2019年4月11日。

③《多地出招为基层减负：文件限制字数　调研杜绝群演》，新华网，2019年4月12日。

会月”为契机，大力加强作风建设，促进领导干部、机关部门多一些“眼光向下”、沉入一线，挤掉作风“水分”，不断提升务实戒虚的内功，增强守土有责、守土负责、守土尽责的责任担当。

措施三：“短实新”的文风得到提倡。文风关系到党风政风，更能体现党员干部的工作作风。但反观现实，有的单位在工作汇报中不紧扣重点、简明扼要地陈述工作成效，反而东拉西扯、抓不到重点；有的领导干部一讲话就高谈阔论、夸夸其谈，每一句都是“放之四海而皆准”，看似没有错，实则没用心，看似道理满满，实则无关痛痒；还有的在总结工作成绩时，言过其实、夸大其词。其实，这些冗长、空洞、夸大的文风都是不正常的，不应该出现在中国共产党内。有些地方在改进文风方面，也力求把“长”“空”“假”的东西删去、丢掉，转而在“短”“实”“新”这三个字上下功夫。

河北省、江西省、甘肃省等都提出，各级各类文件要开门见山，防止穿靴戴帽。一些省份更是明确限制文件的字数，如湖南省规定，除中长期规划等文件外，其他党内法规和规范性文件、综合报告不超过5000字，专项工作报告不超过2000字。陕西省还提出，省内会议、活动对领导同志称呼时不加“尊敬的”、讲话不称“重要讲话”，一般工作会议发言时不鞠躬致意。

2019年2月27日，辽宁丹东凤城市召开全市大会，合并了组织、宣传、统战、政法、项目建设、招商引资等八个议题，“八会合一”的举措引来众多点赞。最近，多地落实精减会议和文件颇有实效，基层干部感慨：发文少了，会议短了，费用省了，干部时间空出来了、下基层时间多了。①

“删繁就简三秋树”，党内文风要力求一个“短”字。所谓“短”，不是说越短越好，而是要力求言简意赅、一针见血、观点鲜明、重点突出。

“伪欺不可长，空虚不可久”，党内文风要力求一个“实”字。“实”就要求，既要实事求是，又要切实可行，符合实际，不讲虚话、假话、套话、空话。

① 叶子、任麟稚：《中国多省份出实招整治文山会海》，《人民日报·海外版》，2019年4月17日第5版。

“预支五百年新意，到了千年又觉陈”，党内文风要力求一个“新”字。不能老调重弹，不能因循守旧，而是要不断推陈出新、破旧立新。

措施四：严格把控发文质量，也要着力削减发文数量。一直以来，“文山”现象广受诟病，公文多、内容长。一些部门缺乏自律，发文泛滥，令公文数量居高不下，有的公文长篇大论、穿靴戴帽，而干货却很少，自上而下增加工作负担，成为干事创业“绊脚石”。各地要求减少公文数量，限制公文字数，便是响应中央要求的具体实招。

在湖南省常德市，每年底，市委办集中收集下一年度拟以市委名义发文的计划，对各单位上报的发文计划进行集中审核，对无明确依据和理由的一律不列入发文计划。此外，常德市加强发文必要性审查，严禁重复发文。对主题相似、性质相同的公文进行合并发文，如对市委经济工作会议下发的综治、计划生育、安全生产等单项工作考核通报进行合并发文，将原来的 4 个文件精减为 1 个文件下发。

陕西省延安市严格实行文件限额管理，切实精减会议文件，严禁照搬照抄、层层发文现象。限定年度发文总量不超过上年度总数，并保证有所减少，今后除特殊情况外应保持在近 5 年平均值左右。延安市加强和推广政务 OA（办公自动化）系统，扩大使用覆盖范围，减少纸质公文印发数量。建立会议文件考核评价机制，对不按相关规定召开会议和印发文件的，实行倒逼、追责问责机制，并根据实际情况随时通报分析会议文件管理成效。①

要真正把“文山”削平，仅靠一纸文件是远远不够的。况且，有的地方也出现了“变种”。例如，为了减少发文的年度总量，有的单位采取不印文号方式，将正规文件变成日常通知下发，“换汤不换药”，总量上减少并不明显。

实践中，削减“文山”主要面临两大难题：一是思想问题，有的干部依靠发文安排工作、分摊责任，使发文成为一种内需，不

---

① 何勇、王云娜、乔栋、徐靖、潘俊强、龚仕建：《同样的会多次开、工作微信群成新负担，基层负担怎么减？》，《人民日报》客户端，2019 年 3 月 25 日。

易在短时间纠正；二是示范问题，如果领导干部不亲自带头改文风，恐怕普通干部很难落到实处，尤其是一些“工作不够，文字来凑”“工作无亮点，文字出特色”思想，若不铲除，就必然会影响减少发文数量，发扬“短实新”文风行动。

四、根除文山会海关键在政府职能转变

近年来，各地区各部门持续整治文山会海等形式主义突出问题，出台了一些改进文风会风的具体措施，画出了一系列“硬杠杠”。但也要看到，一些隐形变异的文山会海怪象、乱象悄然显现。

例如，有的地方为了减少会议数量，把几个本不相干的会议硬绑到一起开，工作人员和参会人员一点也没能“减负”。有的视频会议自上而下层层召开，参会人员范围还有扩大，导致基层干部重复参加，甚至赶场陪会。有的单位为了减少发文数量，就通过不标注文号、加个便笺等形式变相下文，给基层的负担并未减少。有的部门将“要材料”改称所谓“提供工作素材”，但要求报送的内容一点不见少，基层干部的材料压力仍然很大。

2020年4月14日，中共中央办公厅印发了《关于持续解决困扰基层的形式主义问题　为决胜全面建成小康社会提供坚强作风保证的通知》，其中明确指出，着力提高文件、会议质量，进一步明确精文减会的标准和尺度，完善负面清单，不发不切实际、内容空洞的文件，不开应景造势、不解决问题的会议，做到真减负、减真负。防止用形式主义做法解决形式主义问题，对在发文开会方面改头换面、明减实不减的，及时督促纠正。

习近平总书记强调：“要狠抓落实，现在是文件一件接一件发，会议一个接一个开，不是说这些会议和文件不好，但很多没有落实到位。此风不转，经济工作就做不好。”①“要坚决整治形式主义、官僚主义，让基层干部从繁文缛节、文山会海、迎来送往

①《在中央政治局常委会会议、中央政治局会议上关于经济形势的讲话》（2015年7月23日、30日）；《习近平关于力戒形式主义官僚主义重要论述选编》，北京：中央文献出版社，2020年5月第1版，第70页。

中解脱出来。”[①]

文山会海是长期形成的“毒瘤”和“顽症”，形成原因复杂多变，但不排除这一个：上级部门对下级部门的权威。上级对下级通过检查评比，既体现了对下级的负责，又提示了下级的服从意识，这样检查评比和文件就又逐渐多了起来。同样，长会也是这种心态作用之下形成的。也就是说，文山会海现象产生的根本原因在于基层政府是一个向上负责的体制，这个体制导致“文件政治”和“会议行政”成为基层政府治理的实现方式。

要从根本上解决文山会海问题，光靠发几份文件是不够的，需要加强顶层设计、全面部署、综合施策、统筹治理和整体推进。

其一，改革行政压力型体制。根除文山会海关键在于政府职能转变。职能转变是改变政府治理的全能主义模式——过去政府管了许多管不了也管不好的事情，这也是人员膨胀、机构庞大、文山会海的根源之一。

我们经常能看到，每当一个地方出问题后，有关负责人或主管领导就会翻箱倒柜找出一些会议通知、会议记录来，试图证明自己对这些问题是高度重视的，是专门开会认真研究并布置层层传达了的，行使了职权、尽到了责任，现在出了问题，主要原因在于下面没有狠抓落实，把自己推脱得一干二净。

这种工作状态和工作作风，显然远远落后于当前转变政府职能的客观要求。政府要抓的大事，一个是经济增长、居民就业、物价水平、国际收支平衡等经济社会发展的四项指标，另一个是经济调节、市场监管、公共管理、社会服务等政府职能的四个方面，特别是公共管理和社会服务，因为管理就是服务，我们要把政府办成一个服务型的政府，为市场主体服务，为社会服务，最终是为人民服务。与这些新型的职能要求相比，传统的召开会议、下发文件的工作方式，只是政府工作的一小部分，在文山会海之外，无论是负责宏观决策的领导干部，还是负责办理落实具体事务的公务员，都有大量的、艰苦的、深入细致的工作要做。

因此，必须切实转变政府职能，把应该交给企业、中介机构、市场的事情交出去，政府集中精力抓大事，提高领导干部和公务员

---

①《在重庆考察时的讲话》（2019 年 4 月 15–17 日），《人民日报》，2019 年 4 月 18 日；《习近平关于力戒形式主义官僚主义重要论述选编》，北京：中央文献出版社，2020 年 5 月第 1 版，第 72–73 页。

队伍的素质，提高政府公共管理和社会服务的水平，这是解决文山会海问题的关键所在。

其二，干部问责体制的制度化。“不发文不研究，不开会不落实”，要防止这种官僚主义和形式主义成为基层行政不能绕开的程序性环节。

要推进和强化干部问责体制的制度化、规范化和程序化，形成用制度规范从政行为、按制度办事、靠制度管人的有效机制。

要把为人民服务的宗旨作为问责制的根本前提。因为说到底，问责的根本标准同样也是中国一切改革的标准——要通过科学理性制度化的“问责”使公共权力部门真正担负起责任政府的责任，让我们的党和政府的一切政策与一切行政作为，都能牢牢立足于这样的基准线和社会发展目标——人民满意不满意，人民高兴不高兴，人民答应不答应。

其三，以社会权力制约政府权力。基层干部不能只为上级和领导负责，要使基层干部向基层民众负责，必须加强公民参与的制度化建设，公民参与包括政治事务和社会事务，这个参与所造成的“社会制衡”，来自制度性力量之外的社会权力，社会权力即社会主体以其拥有的社会资源对社会的支配力，以此来防止基层公共权力的滥用和过度，影响和制约政府权力。具体而言，一方面要保证权力能够行使，特别是公共权力。中国处在改革发展的过程中，需要主动地积极地去行使。另一方面，在制度设计上随时都有一些渠道，就是给公民、组织、法人，让他们能够有机会、有手段、有条件保护自己的权利。从这点来说，这就是所谓的“笼子”，这个“笼子”就是法律制度。

形式主义表现七

公文机械拼凑式

个别地方，写文件机械照搬照抄，给领导写的文章、讲稿空对空、八股式，出台的制度规定也是“依葫芦画瓢”，内容不是来自调查研究，而是源自抄袭、拼凑。个别领导干部的讲话、文章只注重谋篇布局、遣词造句，缺乏实际调查和对生活实践的深刻了解，缺乏对实际问题的深入研究，文章言之无物、无病呻吟。个别领导干部爱讲空话，不办实事。一篇讲话在这个场合能行，换个场合也行，似乎“放之四海而皆准”，其实讲的都是“正确的废话”。个别地方，说空话似乎成了一些人的主要工作，说起来豪言壮语，气吞山河，海阔天空，不着边际。其实只有唱功，没有做功。文风话风上的形式主义仍然时有表现：文件过多，整天沉溺于繁文缛节，只讲形式，不重内容，只看过程，不管结果，空话连篇，言之无物。

如山重负　　新华社发　朱慧卿作

2023 年 7 月 11 日，中央纪委国家监委公开通报 10 起加重基层负担的形式主义、官僚主义典型问题。此次通报的问题涉及制定文件照抄照搬、脱离实际，搞“指尖上的形式主义”等方面。例如，2020 年 8 月，吉林省白城市政府办公室将省民政厅已印发市、县两级的文件，再次转发至各县（市、区）。制发的城市农田防护林体系建设工作方案、土地例行督察反馈问题整改工作实施方案等文件，与省政府办公厅文件内容重复率达 80% 以上。[①]

文风折射作风，文风虚浮的背后是作风漂浮。发言、发文、开会，最终目的都是推动落实。如果为了图省事，靠复制加粘贴，而不是从实际出发分析问题、提出对策，抓落实的效果可想而知。

党的历史经验证明，文风不正，危害极大。习近平总书记对此有过深刻论述，他说：“它严重影响真抓实干、影响执政成效，耗费大量时间和精力，耽误实际矛盾和问题的研究解决。不良文风蔓延开来，不仅损害讲话者、为文者自身形象，也降低党的威信，导致干部脱离群众，群众疏远干部，使党的理论和路线方针政策在群众中失去吸引力、感召力、亲和力。可以说，一切不良文风都是不符合党的性质、宗旨的，都是同党肩负的历史使命相背离的。”[②]

时下，假、大、空等不正之风犹存，表决心、唱高调、走形式之风仍在，不仅违背了实事求是的原则，而且有碍党政机关干部正视问题，延误工作落实整改，去除虚浮文风迫在眉睫。

一、细数文风九种形式主义表现

2017 年 2 月，原环境保护部通报第一季度空气质量专项督查情况时指出，河北省唐山市芦台经济开发区管委会规划建设管理局编制的重污染天气专项应急预案无落实清单，存在照搬照抄问题，在正式文件中出现其他县的地名。

编制文件奉行“拿来主义”，连地名都懒得替换，如此“借鉴”

① 曹溢、吕佳蓉：《动真碰硬减轻基层负担》，中央纪委国家监委网站，2023 年 7 月 13 日。

② 习近平：《努力克服不良文风　积极倡导优良文风》，《求是》，2010 年 5 月 16 日第 10 期。

之法，在成为众人笑柄的同时，更值得警惕和深思。

当前，在一些党政机关文件、一些领导干部讲话，一些理论文章中文风上存在的问题仍然很突出，具体有九种表现形式：

一是长话务虚，繁文缛节。有些干部有意无意地将文章、讲话添枝加叶，短话长说，看似面面俱到，实则离题万里。群众形容说，这样的讲话有数量而无质量，有长度而无力度；这样的讲话汇集的书，有价格而无价值，有厚度而无深度。

实践中，由于基层"一根针挑千条线"的工作特点，同样的数据常常存在"多头报""重复报"的问题，很多本可"就简"的报送偏要"就繁"，很多本可"一次"的报送偏要"多次"，长此以往，基层干部不堪重负，对于繁重的填报要求，难免左支右绌、敷衍了之，使得基层工作的质效大打折扣。

2023年7月，中央纪委国家监委公开通报了10起加重基层负担的形式主义、官僚主义典型问题。其中提到中国工商银行广东韶关分行结算与电子银行部要求重复报送数据问题。2019年1月至2022年6月，该部门以督促各支行重视对公拓户工作为由，要求下属支行每日手工统计上报本可以从系统提取生成的数据，无谓耗费基层的时间和精力，增加基层工作负担，造成不良影响。本可以通过系统提取生成的数据，非要基层每日手工统计上报，造成了很多无谓的重复劳动，是"表格里的形式主义"。[①]

二是空话连篇，索然无味。有些干部空话、套话多在报刊上发表的文章或讲话，太长，动辄几万字，一讲数小时。一些人习惯说大话、套话、废话、正确的空话，下笔千言，离题万里，空话连篇，云天雾地，不着边际，如同懒婆娘的裹脚布——又臭又长，索然无味。除去空话、废话，没有多少"干货"，让人看不下去、听不进去。"理论一大套，行动不对号"，坐而论道，光说不练。

2017年6月，河南省某市一公司发生火灾，该市官方微信对此第一时间发布新闻通报。有细心的网友发现，在这篇263个字的

①《中央纪委国家监委公开通报十起加重基层负担的形式主义、官僚主义典型问题》，新华网，2023年7月11日。

通报中，有165字都在介绍“各级领导重视”，一一罗列了各级领导的官阶、姓名，“非常细致”。而对公众更关心的事故原因和伤亡等情况，仅有“暂无人员伤亡，事件原因正在调查”寥寥14字。

类似情形并非个案。2015年，北方某地发生一起库房火灾，在585字的官方通报中，仅介绍各级官员姓名、头衔就用了285字，对事故原因、伤亡情况等通报着墨甚少，最后介绍伤亡的消防员时，只有一组简单的数字。①

三是小题大做，哗众取宠。有些干部言不由衷，虚与委蛇，文过饰非。不顾客观情况，刻意掩盖存在的问题，对成绩、政绩、业绩任意拔高、渲染，有一说十，有十说百，有百说千，有千说万，夸大其词，哗众取宠，急功近利，沽名钓誉。有的贪天之功为己功，把别人做的说成自己做的，把别人说的说成自己说的，把别人写的说成自己写的，把功劳归于自己，把错误归于别人，文过饰非，争功诿过，报喜隐忧。

“超前谋划方面投入的精力不够多，推进工作的方式方法有待进一步创新”“密切联系群众还不够，参加会议多、处理文件多”……此前有媒体报道，安徽省“一府两院”工作人员向省人大常委会述职，在口述报告的20分钟时间里，报告人亮成绩的比重占了大头，自我剖析不过一两分钟，相比报告成绩各具特色，谈到问题则多为概括性，而且问题提出后，也没有阐述下一步该如何解决的具体打算。②

四是无中生有，捕风捉影。有的地方干部欺上瞒下，弄虚作假，捕风捉影，无中生有，甚至闭门造车，任意杜撰，编造虚假政绩，在汇报上做文章，在造假上下功夫。把准备做的说成已经做了，把个别的说成普遍的，把布置的说成落实的。“村骗乡，乡骗县，一直骗到国务院”“官出数字，数字出官”。

① 倪弋：《事故通报不妨少些“领导重视”》，《人民日报》，2017年6月21日第18版。

② 杨心怡、林青、陈文静：《文风不正，根于在作风不实》，《中国纪检监察报》，2018年8月31日。

2018年6月，中央环保督察组对江西省进行“回头看”，交办了关于抚州市崇仁县三山乡长仁砖厂废气直排问题件，然而崇仁县上报的整改情况材料两度作假。6月12日，砖厂仍在生产，崇仁县政府却上报材料称“目前长仁砖厂已关闭停产”。被抚州市环保局核查发现，并退回材料后，6月13日，崇仁县政府再次反馈：“已停止生产，并断水断电”；“县环保局将这一情况反馈至信访人，信访人对处理意见表示满意”。但实际上，该县环保局于6月14—15日才对砖厂实施了断水断电措施，且转办件中并没有提供信访举报人的相关信息，其“反馈至信访人”更是无中生有。①

五是堆砌辞藻，华而不实。综观现在一些地方的文件和领导讲话，排比句特别多，振振有词，天花乱坠，脱离实际。还有些文章和讲话不在琢磨事儿上下功夫，专在琢磨词儿上下功夫，充满四六句、顺口溜，但都是一些表面文章，“好听”不管用。咬文嚼字，死抠字眼儿，刻意排比，强求工整，堆砌辞藻，华而不实。

这样的文风，其典型特点是，讲究遣词造句、言之无物，不触及现实问题，不回应现实关切，总之是一堆“正确的废话”，放在哪里都适用而又在哪里都不管用，以至于有人这样形容：“成就没有不巨大的，工作没有不扎实的，效率没有不显著的”，如此等等。

六是移花接木，照搬照抄。有些文章和讲话以引证代替论证，充满有关文件的复述，去掉“明引”和“暗引”后没有几句自己的话，典型的“天下文章一大抄”，看和不看一个样，听和不听一个样。用会议贯彻会议，以文件落实文件，以活动敷衍活动，对文件移花接木，照搬照抄，公文旅行。

2018年4月12日，江西省九江市德安县纪委通报了一起精准扶贫工作中形式主义、官僚主义典型问题。

2017年5月，德安县人力资源和社会保障局人秘股干部陈少峰在起草《德安县人力资源和社会保障系统精准扶贫行动实施方案》时，除了对收集到的意见进行简单修改外，照搬照抄《九江市人力资源和社会保障系统精准扶贫行动实施方案》，未结合当地具

① 杨心怡、林青、陈文静：《文风不正，根子在作风不实》，《中国纪检监察报》，2018年8月31日。

体情况进行细化，且多处出现错误，造成较坏的社会影响。

陈少峰以文件落实文件，照搬照抄，工作作风不实，形式主义严重，受到行政警告处分；该局分管副局长陈丽华审核把关不严，受到诫勉谈话处理；该局原局长陈敏（现任县林业局局长）履行主体责任不力，受到通报批评处理。①

“我是在市里文件的基础上修改的，因为业务不是很熟悉，所以只在征求的意见建议方面进行了修改，没有结合县里实际。”陈少峰对媒体说出了该文件起草的始末。

2018 年 1 月，江西省抚州市广昌县委第一巡察组碰上一件让人啼笑皆非的事情：在进驻县党史办和县房管局巡察动员会上，县党史办党支部书记钟某和县房管局党组书记刘某的表态发言听上去几乎一模一样。

经比对钟某与刘某提交的纸质发言材料，巡察人员发现，两者除了单位名称有所区别之外，其他地方“完美相似”。经查，两人的表态发言都从网络上照抄而来，没有按照巡察要求结合本单位实际撰写。没想到，这两份几乎一模一样的发言材料竟然在同一个会场“撞车”。②

文件照搬照抄、材料敷衍塞责……2019 年 4 月，浙江省纪委公开曝光 4 起形式主义典型问题，其中有领导干部在抄袭文件时连地名都没改，令人瞠目。

2018 年上半年，时任杭州市江干区安监局办公室主任贺小罗，在起草制定一项管理制度过程中，从网上下载资料作为主要参考。

然而，该项制度发出后，在第二十二条第一款中，竟然出现了“差旅费按照……《丽水市财政局关于市级行政事业单位工作人员差旅费管理的补充通知》等规定执行”的内容，明显是抄袭而来。

---

①《江西公开曝光 4 起形式主义官僚主义典型问题》，中央纪委国家监委网站，2018 年 12 月 26 日。

② 郑桂灵：《发言材料“撞车”“撞”出作风病》，人民网，2018 年 10 月 12 日。

2018年底，贺小罗受到通报批评处理。[①]

在这些典型案件中，经办人员作风不实、敷衍应付、照搬照抄上级文件，分管领导审核不严、当“二传手”，主要领导履责不力、随意签发，层层把关却层层失守，最终阻滞了相关政策落地。

如果说照搬照抄上级文件是作风不实，那么环境评估照搬照抄其他地方的报告，那简直就是明目张胆的造假。

2020年4月，深圳湾航道疏浚环境影响评价报告，被发现出现另一个城市的名字，“湛江”字眼儿的次数有35次，包括“湛江湾”“湛江港”等，以及“深圳湾航道疏浚工程是落实湛江市国民经济和社会发展‘十三五’规划的体现”等内容。

事件发生后，中国科学院南海海洋研究所连续发布通告，成立调查组对相关情况展开调查，并在最新的调查处理情况的说明通告中明确，认定涉事报告书部分内容，与研究所编写的《湛江港30万吨级航道改扩建工程环境影响报告书》定性分析部分相同或高度相似，确实存在抄袭。研究所已中止参与这一项目合同，对相关责任人启动问责程序。各级主管部门已介入调查，项目的建设工作也已暂停。[②]

针对这一事件，在生态环境部2020年4月15日召开的3月例行新闻发布会上，相关负责人表示，这一事件暴露出抄袭、造假问题，性质十分恶劣，生态环境部已责成广东省、深圳市生态环境部门依法严肃查处。

这几年，文风不实也体现于一些宣传标语中。

宣传标语是扩大宣传影响的一种手段。有实在内容、针对性强的标语，简便、醒目，可以起到很好的宣传作用。

然而，在现实中存在着许多乱贴标语、滥挂条幅的现象，如有的标语内容很不规范，不知标语上的口号从何而来，一些令人费解的缩略语甚至会引起误会；有的标语下面没有落款，也不知是何人

---

① 吕玥、颜新文、陆小璇：《抄袭文件连地名都不改！省纪委曝光4起形式主义问题》，浙江新闻客户端，2019年4月25日。

②《连名字都抄　深圳某项目环评报告竟出现35次“湛江”》，环球网，2020年4月19日。

所贴，贴给谁看；有的标语，时过境迁，仍在风雨中飘摇，显得极不严肃。还有的更是连简单到近乎“顺口溜”的套话标语，都要复制、粘贴，且连审核校对程序都给省略了，以致闹出不少笑话。

2017 年 6 月，有网友披露，陕西神木县（今陕西省神木市）一处户外宣传标语出现错误，落款为神木县委宣传部、神木县文明办的文明标语上，第一句话竟然是“爱国爱家，爱我长沙”。[①]

“神木爱长沙”堪称继“开封指导漯河”“邯郸学步青岛”这种官抄系列的又一“经典神作”。

一个户外宣传标语牌子，充其量也就几十个字，而这种近乎“顺口溜”的宣传词句，其实并不难琢磨。这么点小活，把当地部门的“懒”体现得淋漓尽致：懒得思考，全靠抄袭；懒得检查，拿来就用；甚至出了问题也懒得背锅，把锅甩给了制作方，“和我们没有任何关系”，真是懒出了“新境界”。

当地有关部门打出的文明宣传标语，自己都不知道上面写着什么、宣传什么，直到此等笑话被人上传到网上，才匆忙撤下，这也是对形式主义的又一生动注解。

七是语言干枯，味同嚼蜡。有些文章和讲话既不摆事实，又不讲道理，充满“必须”“一定”，居高临下，套话连篇，无的放矢，不看对象，语言无味，像个瘪三，既没有什么说服力，又没有感染力，是十足的“官样文章”。

八是故弄玄虚，故作高深。有些机关文章把精力放在了提法新奇、词句排比对仗、文章构架板正等方面去，坐而论道，故弄玄虚，故作高深，常常把简单问题复杂化，使人如入云里雾里，看不懂、说不透，难传达，不落地，贻误工作。它所体现出来的实际上是一种以艰深文浅陋、以华丽饰虚假、以奇僻之字盖思想平庸的不良文风。

九是公文外包，文学修饰。有些地方和部门明目张胆地将公文“外包”或大肆对公文进行文学“包装”。

2020 年 4 月 27 日，北京通报了 4 起形式主义、官僚主义问题，

① 张枭、张一辰：《陕西神木县宣传标语现“爱我长沙”官方称已拆除》，中国新闻网，2017 年 6 月 28 日。

其中有一起：平谷区平谷镇委托文化传媒公司起草文件材料问题。

2017年6月，平谷镇与某文化传媒公司签订文案策划顾问合同，该公司派遣员工（非中共党员）先后参与了平谷镇党委及政府工作总结、镇党代会及人代会工作报告、镇主要领导发言和向市、区媒体宣传报道等材料的修改润色。2019年2月，平谷镇与该文化传媒有限公司解除合同。平谷镇党委书记崔跃不正确履行基层党建工作责任，受到党内警告处分。①

公文“外包”，搞成“文学创作”，让人感到荒唐之余，也不由得心生警惕。揆诸现实，类似“外包”“包装”之举，并不罕见。

湖北省松滋市纪委监委2019年11月30日通报，2017年12月，王家桥镇中心卫生院经党支部会议研究决定，与松滋市东方书院合作，加强外宣工作。2018年1月1日，该院党支部宣传委员陈民代表镇中心卫生院与东方书院签订《宣传业务合同书》，违规将“东方书院安排知名作家为王家桥镇卫生院撰写党建工作总结、党风廉政建设年终总结、精准扶贫工作年终总结”写入合同条款。时任该院党支部委员、副院长万波兰（分管纪检、宣传工作）工作失察，未及时发现并进行纠正。2018年1月10日，王家桥镇中心卫生院支付东方书院合同款6000元。2018年6月6日，荆州市纪委重点工作督查组在检查中发现上述违纪违规问题。陈民、万波兰在党的宣传工作中，不正确履行职责，造成不良影响，违反了《中国共产党纪律处分条例》第一百二十五条之规定。

王家桥镇中心卫生院大做表面文章、大搞形式主义，违反工作纪律问题，是发生在全市形式主义、官僚主义突出问题集中整治年活动期间的典型问题。2018年9月，王家桥镇纪委给予陈民党内严重警告处分，给予万波兰党内警告处分。同时，市卫计局对负领导责任的王家桥镇中心卫生院院长鲁平进行工作约谈，市纪委分别对落实“一岗双责”不力的市卫计局副局长雷元新、落实监督责任不力的市卫计局副局长邓恢平进行工作约谈。

---

①《北京通报4起形式主义官僚主义问题》，中央纪委国家监委网站，2020年4月27日。

2019年11月30日，湖北省松滋市纪委监委通报，2018年12月，因违规将公文“外包”，湖北省松滋市王家桥镇纪委给予该镇中心卫生院党支部宣传委员陈民党内严重警告处分，给予时任该院党支部委员、副院长万波兰党内警告处分。

经查，2017年12月，王家桥镇中心卫生院党支部会议一致通过了一项“集体”决议——“请知名作家来撰写工作总结，让卫生院外宣工作上新台阶”。之后，将“东方书院安排知名作家为王家桥镇卫生院撰写党建工作总结、党风廉政建设年终总结、精准扶贫工作年终总结……”等约定条款写进王家桥镇中心卫生院与东方书院共同签署的《宣传业务合同书》中。[①]

对一个地方、部门而言，工作总结是对一个时期以来工作的回顾，是总结经验、推动落实的一种非常必要且重要的方式方法。

总结材料写得“精”，能生动反映一个地方、部门的工作成果，但这显然和文学创作不是一回事。请没有实践经验、不参与实际工作的人员代笔，这样闭门造车造出来的总结，必然流于形式、浮在面上。

主要领导讲话、对外宣传报道也是一样。对这些重要材料，领导干部理应亲力亲为，在充分调查研究的基础上实事求是起草，每一个字都认真对待。可平谷镇竟然委托外部公司帮忙起草、修改润色，为了写报告而写报告，为了作发言而作发言，这完全是敷衍塞责、弄虚作假的官僚主义和形式主义做派。

况且，前述案例中，这些单位或部门批量“外包”的还是党建工作总结、党风廉政建设年终总结、精准扶贫工作年终总结等政治属性很强的公文，甚至堂而皇之地写进合同，这是何等荒唐！

二、文风不正，根子在作风不实

文风不正，危害极大。“文字游戏”不仅脱离发展实际，开空谈误国之源，而且疏远人民群众，损害公信之基。

---

① 郝思斯：《荒唐的公文“外包”和“文学包装”》，中央纪委国家监委网站，2018年12月26日。

早在1942年，毛泽东就在《反对党八股》中，一一列举“空话连篇，言之无物”“装腔作势，借以吓人”“流毒全党，妨害革命”等八条罪状，痛斥党内不正之文风，并代表中央作出“一定要把党八股和教条主义等类，彻底抛弃”的决定。

毛泽东还指出：“学风和文风也都是党的作风，都是党风。”[①]党风决定着文风，文风体现出党风。人们从文风状况中可以判断党的作风，评价党的形象，进而观察党的宗旨的贯彻落实情况。

因此，中共党史上治理文风从来是和治理党风、政风连在一起的。影响最大的是1942年的延安“整风”“清算”和反对“党八股”。

远的不必说，中华人民共和国成立以来就有三次大的文风问题：

一是1958年及之后两三年的浮夸之风，上面讲大话，“赶英超美”“跑步进入共产主义”，报上登亩产几万斤，机关炼钢铁，公社办大学，文艺作品口号化。

二是“文化大革命”的极“左”之风，全民处于个人迷信、政治癫狂的状态，报纸成了政治传单，文学作品“高、大、全”，舞台上只剩下样板戏。

三就是我们现在面临的文风了，习近平概括为“长、空、假”，他说：“当前，在一些党政机关文件、一些领导干部讲话、一些理论文章中，文风上存在的问题仍然很突出，主要表现为长、空、假。”

重视文风，是中国共产党的一个优良传统。毛泽东、邓小平等老一辈革命家是中国共产党改进文风的典范。毛泽东不仅高度重视文风问题，在党内首先提出，学风、文风是党的作风，因而也是党风，同时身体力行，他的很多作品本身就是改进文风的典范。

党的十八大以来，中央多次强调“切实改进会风”“切实改进文风”。对文风问题的重要性，习近平历来高度重视，并有过许多重要论述，他说：“党风决定着文风，文风体现出党风。人们从文风状况中可以判断党的作风，评价党的形象，进而观察党的宗旨的贯彻落实情况。”

有什么样的文风，就会有什么样的作风。干部作风务实则文风自然务实，干部作风漂浮则文风必假、大、空。文风不正，根子在

①《毛泽东选集》第三卷，北京：人民出版社，1991年版，第812页。

作风不实。

一是政绩观出现偏差。一方面，这是上级机关好大喜功的反映。有的主管部门三天两头发文件，动辄督促检查。每个来检查的要求又不一样，完不成迎检任务动辄通报批评、追究责任，从而使基层工作变成了典型的闭门造车和迎来送往。另一方面，也反映了干部存在作风问题，即不能从实处着眼、靠实绩说话，而是用假成绩糊弄上级、用假把式糊弄群众，报喜不报忧。

二是调查研究不够。一些文件之所以缺乏实用性、指导性，就在于干部缺乏深入的调查研究，因脱离基层而导致内容失真。特别是形式主义、官僚主义的存在使得一些领导干部对自己的工作心中没数，又不肯下基层调查研究、问计于民，即使下去了，也是“坐着汽车转，隔着玻璃看”，或深陷“包围圈”，仅满足于收获下级“充气注水”的汇报材料。如此一来，讲起话、写起文章自然就是空洞无物、不知所云，基层干部群众不愿听、听不懂也就在情理之中。

三是缺少实践经验。有些从事文稿工作的干部是“三门”干部，即从家门到学校门再到机关门的缺乏实践经验的干部。他们对基层实际了解的渠道只有新闻媒体、课堂所学和机关的各类文件，没有真正直接到基层去，不太了解基层真实的实际情况和困难、基层群众的所需所想，导致其起草的文件与实际相脱节，影响政策执行和行政效果。

党的十七届四中全会明确提出：“从领导机关做起，大力整治文风会风，提倡开短会、讲短话、讲管用的话，力戒空话套话。”

我们应该提倡什么样的文风？提倡什么，反对什么，是改进文风的首要问题。找到了“病灶”和“病根”，我们就能对文风问题进行有针对性的治理，促进改革文风，突出三个字，就是短、实、新。

一是短。就是要力求简短精炼、直截了当，要言不烦、意尽言止，观点鲜明、重点突出。能够三言两语说清楚的事绝不拖泥带水，能够用短小篇幅阐明的道理绝不绕弯子。古人说的“删繁就简三秋树”就是这个意思。

文风贵短，即古人所谓的“删繁就简三秋树”，力求简短精炼、重点突出，用最短的时间、最短的语言，把要阐明的道理说清楚。毛泽东为人民英雄纪念碑起草的碑文，仅仅 114 个字，却反映了一部中国近代史。《道德经》作为中国哲学的基石之作，言简意赅，博大精深，通篇只有五千言。

当然，也不是说长文章一概不好。有内容、有见解的长文章，人们也是喜欢读的。文章长短要视具体情况而定，宜短则短，宜长则长。要坚持内容决定形式，有些非长不可、篇幅短说不明白的事情则可以长些。

二是实。就是要讲符合实际的话不讲脱离实际的话；讲管用的话，不讲虚话；讲有感而发的话，不讲无病呻吟的话；讲反映自己判断的话，不讲照本宣科的话；讲明白通俗的话，不讲故作高深的话。这就要求我们的文件、讲话和文章，力求反映事物的本来面目，分析问题要客观、全面，既要指出现象，又要弄清本质；阐述对策要具体、实在，要有针对性和可操作性。要实事求是，有一说一、有二说二，是则是、非则非，不夸大成绩，不掩饰问题。要深入浅出，用朴实的语言阐述深刻的理论。要有感而发，情真意切。

需要说明的是，一些关于党和国家工作的总体性要求，事关全局，事关党和国家前进方向及政策连续性，事关党的团结和社会稳定，需要在重要文件和重要讲话中反复强调。这与形式主义的套话、穿靴戴帽是两回事。

三是新。就是力求思想深刻、富有新意，正所谓“领异标新二月花”。可以说，能不能讲出新意，反映一个领导干部的思想水平、理论水平、经验水平以及语言表达能力的高低。

这里所说的新意，既包括在探索规律、认识真理上有新发现、前人没有讲过的话，又包括把中央精神和上级要求与本地区本部门本单位实际结合起来，在解决问题上有新理念、新思路、新举措的话；既包括角度新、材料新、语言表达新的话，又包括富有个性、特色鲜明、生动活泼的话。当然，讲出新意，并不是要去刻意求新，更不是要搞文字游戏。

三、以调查研究转作风、正学风、改文风

从根本上治理文风、彻底解决文风问题，是中国社会存在的一个长期而复杂的问题，也是中国共产党面临的一个复杂而艰巨的历史课题。

要真正摒弃“文字游戏”，必须形成“不让虚浮者神气、不让老实人受气”的奖惩机制，鼓励讲真话、不怕说错话，转作风、正学风、改文风，这样才能鞭策各级领导干部别玩“文字游戏”，要回归求真务实。

第一，各级领导机关和领导干部要起带头作用。文风问题上下都有，但文风改不改，领导是关键。从领导干部自身说，文风不正主要由这样几个因素所导致：一是有的干部由于知识、经验都不够，功底、能力达不到，故而难以讲出新话、管用的话来。二是有的干部思想懒惰，不愿去下深入调查研究和独立思考的苦功夫，只会在现成的文件、书本上讨生活、照抄照讲。三是有的干部认为只有照讲文件上的话、报刊上的话，才是同上级和中央在思想上、政治上“保持一致”。这完全是一种误解。四是有的干部认为讲长话就是对工作重视和认真的表现，给哪个部门讲的话长就是重视哪个部门，这也是一种误解。五是有的干部不负责任，别人写什么念什么，写多长念多长。明明知道用处不大，但照念不误。六是还有的干部认为讲大话、空话、套话、歌功颂德的话最保险，不会犯错误，其实这是个人患得患失的思想在作怪，本身就是错误的。

这些因素和情况都与领导干部的素质能力有关。文如其人。作文和做人，与人的素质是紧密联系的。领导干部改进文风，需要在两个方面努力。一方面要学习。理论功底扎实了，知识积累厚实了，肚子里装的东西多了，才能厚积薄发，言之有物、深入浅出地讲话、写文章。另一方面要增强党性修养。坚持以德修身，努力成为高尚人格的模范。只有自己的境界高了，没有私心杂念，才能做到言行一致、表里如一，讲出的话、写出的文章，人们才愿意听、愿意看。如果言行不一、表里不一，台上与台下两个形象，圈内与圈外两种表现，即使讲得天花乱坠，也不会有人相信。

各级领导干部要把改进文风作为一项工作要求，带头讲短话、讲实话、讲新话，通过自己以身作则带出好文风来。

现在各级领导干部的理论素养和知识素养在不断提高，如果时间和条件允许，还是要尽可能自己动手。一些重要讲话和文章应当全程参与，出思想、谈看法、拿主意，在大的方面把好关。

第二，把改进文风同改进干部工作作风结合起来，尤其要加强调查研究、深入了解群众呼声。文风不实，反映出思想作风不纯、工作作风不实。没有调查，就没有发言权。只能从调查研究中来，从群众的实践和创造中来。

高质量的调查研究是促进优良文风建设的关键所在。领导干部如果不了解实际情况，不了解群众的所思所想，不掌握第一手材料，靠坐在办公室里苦思冥想，是写不出好文章、形成不了好文风的。

作风连着学风、文风，学风、文风体现作风。一个人学风不正，作风肯定不纯；一个人作风过硬，学风必然扎实；一个人的文风严谨，作风必然严谨。作风、学风和文风，三者相互联系、相互依存。搞好作风建设、弘扬优良学风、改变落后文风，都需要大兴调查研究之风。

毛泽东曾一针见血地指出："注重调查！反对瞎说！"其一，真正的调查研究不是走走过场就可以完成的，领导干部要真正俯下身子深入群众、深入农村和城市、深入先进和落后地区，全方位、多角度地调查了解情况。其二，领导干部进行调查研究要有自主性，不能完全按照"规定路线"进行，要多去一些事先不打招呼、没有准备的地方调研，更加真实全面地了解情况。其三，领导干部要把调查与研究两个环节衔接好，把研究作为重要环节，重在看最后的研究成果是否务实管用。经过高质量调查研究后所写的文章、讲话就不会是干瘪无味、面目可憎了，就会讲出管用的短话，讲出来自基层的实话，讲出富有活力的新话。

群众是真正的英雄，是创造历史的动力。以往一些地方开展作风整顿活动，不少干部驻村蹲点后感慨地说："在老乡家拉家常与在办公室接待群众来访不一样，睡在农家硬板床上考虑问题与坐在办公室沙发上考虑问题不一样，能够发现平时在办公室看不到、听不到的问题，学到在办公室学不到的新思想、新话语，拿出在办公室想不到的新思路、新举措。"

这些体会给我们许多启示。改进文风，必须从思想和感情深处把人民群众当主人、当先生。群众的思想最鲜活、语言最生动。深入群众，就是来到了智慧的大课堂、语言的大课堂，我们的文件、讲话、文章就可以有的放矢，体现群众意愿，让群众愿意看、看得懂，愿意听、听得进。

第三，把改进文风同改进党风统一起来，特别要大力改进会风。不良文风的总根源主要在于形式主义和官僚主义。形式主义和官僚主义的一个重要表现就是会议太多、会风不正。现在以会议落实会议、以文件落实文件、以讲话落实讲话的现象依然存在，这对文风不正起了推波助澜的作用。要改进会风，能不开的会尽可能不开，没准备好的会坚决不开，能合并的会最好合并开，必须开的会也要能短则短，对会议的时限、数量、质量、规格等加以规范，提出明确要求。

条件具备，会议可以直接开到基层，多利用现代通信和技术手段召开电视电话会议或者网络会议。改进文风会风，要努力活跃党内生活，扩大党内民主，大力倡导独立思考的风气，创造鼓励讲真话、提倡讲新话的宽松环境。

一直以来，各地各部门通过出台制度改进不良文风的努力也从未停止。改进文风最关键的是要做到以人为本，要在讲什么、写什么的问题上走出第一步。

/ 形式主义表现八 /

责任担当退缩式

有的领导干部“宁愿不做事，只求不出事”，看到事情躲着走，遇到事情绕着走，凡事都要上级拍板，避免自己担责，甚至层层往上报、层层不表态。干事不作为、消极应付、不敢担当，习惯层层发文件、填表格，以会议贯彻会议、以文件落实文件，抓工作只重表面。个别人遇事不辨是非、不讲原则、唯求一团和气、曲意逢迎，赢得好人缘，甘当“老好人”，奉行好人主义。例如，怕坚持原则得罪上级；怕说真话得罪同级，伤了和气，工作难开展；怕严格要求得罪下级，影响人缘、丢选票，总想着谁都不得罪最好。工作讲关系讲情面、只栽花不栽刺，往往得过且过，在处理问题的时候不能秉公而行。

“冬眠”　　新华社发　程硕作

“孙玉臣担任聊城市发展和改革委员会主任期间，在落实省能源局关于落后燃煤小热电机组淘汰关停的要求过程中，消极对待上级决策部署，既不如实上报，也未采取有效措施淘汰高耗能落后产能……”

2023年4月11日，山东省纪委监委通报4起不担当、不作为、乱作为、假作为典型案例，这是专项整治以来，公开发布的第一批典型案例。此次通报的典型案例中，有的是落实上级决策部署打折扣、搞变通，有的是迎接上级检查弄虚作假，有的是漠视群众合理诉求、敷衍推诿，有的是乱作为违规收取费用，造成不良影响，相关违纪违法人员均受到严肃处理。[①]

中共中央办公厅2019年印发的《关于解决形式主义突出问题为基层减负的通知》指出，坚决防止和纠正落实党中央决策部署不用心、不务实、不尽力，口号喊得震天响、行动起来轻飘飘的问题。

但现实中，一些干部心浮气躁、作风不实的现象依然存在，一些干部不担当、不作为“混日子”、在岗却不在状态的情况还是有所曝光……

习近平总书记强调：“对领导干部来说，不干事、不作为就是最大的失职。各级党委及其组织部门要列出不担当、不作为的问题清单，树立领导干部要守土有责、守土负责、守土尽责的正确导向。”[②]

凌空蹈虚，难成千秋之业；求真务实，方能善作善成。当前，宜把抓落实作为开展工作的主要方式。实战就要有“战”的境界、激情、作风、成效，就要把自己职责范围内的事情抓紧、抓实、抓细，吹糠见米、落地见效。

---

① 刘德凤、苗敏：《山东专项治理不担当不作为乱作为假作为问题》，中央纪委国家监委网站，2023年5月3日。

②《在中央政治局常委会会议、中央政治局会议上关于一季度经济形势的讲话》（2015年4月29日、30日）；《习近平关于力戒形式主义官僚主义重要论述选编》，北京：中央文献出版社，2020年5月第1版，第103页。

一、为“不担当、不作为”的干部画像

干部不担当、不作为，是指干部不能积极主动投入工作，不能全面履行岗位职责，不能有效达成工作目标，导致工作延误、效率低下的行为或现象。

在此，不妨为十类不担当不作为的干部画个像——

类型一：“比画型”干部。主要表现为工作上下一般粗，机械式执行上级安排部署。以会议贯彻会议，以文件落实文件，缺乏具体工作措施。

2019 年 5 月，经长沙市纪委监委交办，岳麓区纪委监委快速查处了梅溪湖街道党工委以文件落实文件、搞形式主义的典型案例。

通报显示，2019 年 4 月 29 日，梅溪湖街道党工委书记罗勇刚主持召开党政班子会议，传达学习了中央和省委、市委集中整治形式主义官僚主义精神。会后，街道党政办主任张海双和党政办干部周浪简单参照上级文件精神，草率拟定《梅溪湖街道集中整治形式主义官僚主义 15 条整治措施》，5 月 8 日经罗勇刚签发，以梅溪湖街道党工委名义下发了该文件。该街道停留在干工作必须开会发文的虚浮层面，罔顾乡镇（街道）已是最基层政府的客观事实，本应抓好落实即可，却赶风发个文件、做个宣传，号称“为基层减负”，表面上看抓得早、抓得实，本质上是追求形式、虚张声势，搞轰轰烈烈的政治表态，最终也难于真正落地落实。这是典型的以新的形式主义整治形式主义。5 月 10 日，市纪委监委党风政风监督室发现相关问题线索后，责令该街道及时收回下发的文件，减轻不良影响。岳麓区委对罗勇刚进行约谈，张海双、周浪受到批评教育处理。①

下级制定出台的文件必须严格贯彻落实上级精神要求，这是最基本的要求，但各地情况不同，面临的问题不一样，出台文件必须得充分考虑这些因素，然后有针对性地制定措施，把上级精神要求

---

①《关于岳麓区梅溪湖街道以文件落实文件形式主义典型案例的通报》，长沙市委网信办官方百家号“长沙发布”，2019 年 5 月 16 日。

和本地的实际情况有机结合、融会贯通，只有这样，才能更好落实，才能取得实效；反之，如果只是一味地套用，不考虑实际情况，那么出台的文件有可能因“水土不服”而无法得到有效落实。

揆诸现实，类似情况很常见。例如，有些部门接到文件，不管三七二十一，随便附个通知就转给基层，把责任推给基层；有些把上级文件顺序颠倒下、掐头去尾或换个说法就发给基层；有些干部撰写讲话稿习惯向别人“借鉴学习”，不动脑筋，东拼西凑；有些干部开展调研，不深入一线实地了解，却在“网上调研”，不求能解决问题，只求能应付了事；有些地方工作创新，盲目照搬照抄其他地方的做法，不考虑本地实际和群众意愿，每试每败，浪费资金、资源不说，而且让群众感觉政府在搞形式主义。

类型二：“说唱型”干部。主要表现为喊口号、装样子，喜欢做表面文章。表态多、调门高，行动少、落实差。

2018年9月，安徽省纪委监委通报了5起形式主义、官僚主义典型案例，其中1起是亳州市涡阳县西阳镇办理“省长热线”“市长热线”交办问题表态多、落实差问题。

2017年3月至2018年4月，西阳镇政府陆续接到反映该镇太平村大陆庄葛伟木材加工场违法占用耕地问题的“省长热线”交办件1次、“市长热线”交办件16次。该镇镇长多次签批、层层转办后，得到的回复是“木材已清理”“清理工作已进入扫尾阶段”“一周内进行清理完毕”“将坚决拆除复耕复绿”等，但结果均未进行彻底拆除和清理。最终，从镇长到分管领导再到具体的工作人员，都因落实责任不力挨了“板子”。[①]

17次交办，听到的是“没问题”的表态承诺，得到的是“没办好”的实际结果。二者间的巨大差异，恰恰缺少了说到做到的真抓实干。表态时拍胸脯骗人，表态完拍屁股走人，对应的正是中央纪委办公厅日前印发的《关于贯彻落实习近平总书记重要指示精神集中整治形式主义、官僚主义的工作意见》中12类突出问题之一——“在工作中空喊口号，表态多调门高、行动少落实差，

① 钟鸣：《表态多调门高、行动少落实差，小心了！》，中央纪委国家监委网站，2018年9月28日。

热衷于作秀造势”。表态多调门高、行动少、落实差的“说说而已”，在现实中总能找到典型。

一些地方不重实效重包装，把总结当成了工作、把讲话当成了落实，讲成绩天花乱坠、讲经验头头是道、讲前景一片大好，结果却往往令人大失所望；有的领导干部表面上“积极”下乡调研，“深入”企业“体察民情”，而且对基层反映的问题，表态时听上去都很好，有的还当面承诺一定要办好，最终企业负责人和群众等来的大多是“空头支票”，到头来在镜头前“说几句”，到处合影“摆拍”留念之后，“竹篮打水—— 一场空”；有的干部开展工作全靠开会、发文、讲话这“三板斧”，吆喝半天、动静很大，任务就是落不了地……

更有干部唱高调，为自己的腐败行为打掩护。例如，河北省委原书记周本顺曾有颇多“反腐金句”，如“‘全家腐’必然是‘全家哭’”之类；山东省济南市委原书记王敏曾千方百计维系自己“反腐斗士”的形象……他们表面唱高调，背后唱反调，行为也必然会走调。①

表态表明的是决心和态度，但此类“表态”之后无“表现”，就容易落入“表演”的套路，最终沦为“空表态”“喊口号”“唱高调”。逢场作戏的“空表态”、大而无当的“喊口号”、只说不做的“唱高调”，实际上是严重的作风问题。此风一长，任务落实就容易“打滑”“空转”。

李卜克内西在《纪念卡尔·马克思》中写道：“他痛恨吹牛拍马的人，谁在他面前夸夸其谈，谁就会倒霉……‘空谈家’一词是他嘴里最严厉的谴责语——他只要认为某人是个‘空谈家’，就不会再理睬这个人了。”当今中国的改革发展，更需要唾弃“空谈家”，争当“行动派”“实干家”。

类型三：“太极型”干部。主要表现为遇到问题左躲右闪、上推下卸，推诿扯皮、回避矛盾，不担当、不作为、不负责。

2020年1月15日，《国家监察》第四集《护航民生》介绍，2018

①《为何“调门高”却“落实少”》，《人民日报》，2017年12月26日第5版。

年，下塞湖矮围被媒体曝光后引起党中央高度关注，湖南省委责令案发地党委政府严格整治。仅用了十几天，这座存在了十几年的矮围就被完全拆除。

自2014年3月下塞湖非法矮围被发现后，湖南省委、省政府多次作出部署，开展专项整治，但下塞湖矮围问题长期得不到有效整治。一起严重破坏生态环境问题的背后，实际是长期监管层层失守、责任虚化空转，以及充斥其中的形式主义、官僚主义问题。下塞湖矮围看似是自然生态问题，其根源是当地政治生态出了问题，必须两个生态一起修复。①

下塞湖矮围整治，是一次综合性政治监督。湖南省纪委监委对此事开展调查并严肃问责。25个单位的62名国家公职人员被问责。

此类干部尸位素餐，为官不为，辜负了党和人民的信任，为党纪国法所不容。

2023年10月25日，媒体记者从最高人民检察院获悉，山东省政协原党组成员、副主席孙述涛涉嫌受贿一案，由国家监察委员会调查终结，移送检察机关审查起诉。

在孙述涛被查之后，有关他的细节被陆续披露。

在济南违建别墅事件中，孙述涛的懒政展露无遗。据媒体报道，济南市南部山区的别墅几乎“漫山遍野”，不仅“进村掠地”，而且突破山东省划定的生态保护红线，大举抢占南部山区生态资源。

在中央环保督察组持续督办下，济南南部山区从2017年起就掀起“拆违风暴”，但几年来不仅依然有数千栋违建别墅岿然不动，甚至在已拆除的别墅旁边，新的别墅又在大张旗鼓地建设。

孙述涛时任济南市市长，是拆违的主要负责人之一。他虽主持召开了多次拆违工作会议，口号喊了许多，但本人没去过南部山区拆迁现场。

有相关人士回忆称，“孙述涛如果太忙，哪怕派身边工作人员去一趟，拍几张照片，就什么都清楚了。也许，他根本不想碰这些

① 张祎鑫、杨雅玲：《下塞湖矮围整治是一次综合性的政治监督》，中央纪委国家监委网站，2020年1月16日。

矛盾”。

外界对孙述涛的评价是“一个四平八稳的‘太平官’，学历高却并不务实”。①

抓落实，不是口号，而是行动。因此，广大党员干部必须做克勤克俭、谋实事的好干部，不做“尸位素餐”式干部；只有将中央的各项政策抓到实处、干到实处，才能真正让百姓受益、让百姓满意，才能真正地诠释出“一心为民”的真谛。

类型四：“木偶型”干部。主要表现为对待工作庸懒散拖、敷衍塞责，工作不推不动，推一下动一下，甚至推而不动。

2021 年 2 月，云南省文山市城乡综合执法局新平执法队在处置文山市三七家园某号房屋违法扩建问题过程中函请文山市自然资源局对该房屋改扩建的合法性、具体位置和面积等内容进行核实认定。文山市自然资源局收到该函件后转给分管该项工作的副局长石光燕，石光燕收到该函件后交由工作人员肖继东进行办理，后石光燕未对该问题进行过问。直至 2021 年 8 月，肖继东仍未对该户违建进行认定复函，新平街道执法队也未询问未复函原因，张曙光身为新平街道执法队负责人，对未答复的问题放任不管，未采取有效措施处置违建房屋，导致违建行为长期未得到处置，造成不良影响。

2021 年 11 月石光燕受到通报问责。2021 年 12 月，肖继东受到政务记过处分，张曙光受到党内警告处分。②

这类干部被群众形象地称为“木偶型”干部。

在一些地方和单位里，“木偶型”并非个例。细加分析，一些干部之所以“推一下动一下”，根子出在思想上。他们不愿主动作为，习惯于“听命令”“被安排”，缺乏工作主动性和创造性；另一些干部本领不强、能力欠缺，不能适应新环境、新挑战，乃至于出现“推而不动”的情况；还有一些干部则是不敢担当，不愿负责，

---

①《孙述涛，逮捕！曾被称为懒政的“太平官”》，《北京日报》客户端，2023 年 10 月 25 日。

②《推进作风革命效能革命典型案例通报》，云南省纪委监委网站，2022 年 4 月 11 日。

畏首畏尾，什么都等上面部署，总担心多干多出错。

“木偶型”干部是改革、发展、稳定的“拦路虎”。一旦凡事“慢几拍”，甚至推一下才动一下，就会贻误经济社会发展良机，也给要办事的群众造成诸多不便。此外，如果一个地方或部门风气不正，“木偶型”干部不能主动担当作为，也会传递给基层，致使干部工作动力层层衰减。

当前，不少地方对不作为、“慢半拍”的干部和单位进行批评教育、通报曝光等处理，推动解决了“重大项目建设进展缓慢”“民生资金长期在账上趴窝”等难题。此外，还有的单位探索建立工作定期汇报制度，严格执行干部奖惩机制，让“木偶型”干部及时“下”，让敢担当、能作为的“干将”“闯将”顶上去，形成干事创业的良好氛围。

类型五：“打盹儿型”干部。主要表现为精神萎靡不振，遇事装聋作哑，对群众反映问题无动于衷、消极应付。

湖北省黄石市不动产登记中心2016年7月成立后，当地群众反映“办证难、办证慢”问题一直较为突出，中央和省有关部门明确要求进行核查处理，市政府多次召开协调会、现场办公会研究整改措施，市纪委派驻市房产局纪检组约谈了湖北省黄石市不动产登记中心原负责人谌宏等人。但黄石市国土资源局、市房产局、市不动产登记中心重视不够，行动迟缓，一直未拿出切实可行的措施进行整改。

谌宏等人漠视群众呼声，对这一长期诉求和意见消极应付，一味强调客观条件限制，拒不落实上级部门多次整改要求，反而擅自作出每天限号50个的受理业务决定，导致“办证难、办证慢”问题始终未得到有效解决，甚至出现“哪怕闲着，没有号，也不受理登记”的情况。

最终，谌宏受到党内严重警告、政务撤职处分并降级；市国土资源局、市房产局相关责任人分别受到相应处理。①

群众在工作生活中经常遭遇类似“软钉子”，或是政务窗口拿

①《中纪委曝光6起问题！这个中心每天限号50个 闲着也不干事》，《人民日报》客户端，2018年11月28日。

公式化回复来敷衍，或是办事部门装聋作哑、无动于衷，投诉屡屡变成“哑炮”。事实上，就算有些事情的解决需要一定时间，至少也可告诉投诉人，事儿归谁管，发函转给谁，可以继续向谁反映……哪能让群众空等？

2017 年 10 月至 2018 年 1 月，山东省威海经济技术开发区综合行政执法大队皇冠街道办事处执法中队，先后 13 次接到“12345”政务服务热线转办群众反映其辖区内房地产项目夜间施工严重扰民的问题，仅采取口头警告、约谈责令整改等方式简单处理，未及时采取有效措施制止夜间施工扰民问题，致使群众投诉不断，造成不良影响。该中队的中队长孙晓波受到行政警告处分。①

群众投诉，是对行政流程健康程度的反向考核。把群众反映的问题真正放在心上，接到投诉不敷衍，问起责来不和稀泥，进而倒逼办事流程优化。如此，才能防止怠惰推诿成风，让群众的呼声变成解决问题的第一信号。

类型六：“走秀型”干部。主要表现为华而不实、弄虚作假、虚报瞒报、遮掩问题，搞形式、走过场。

2018 年 3—5 月，湖南省永州市委第十巡察组对江华瑶族自治县进行了巡察。7 月 23 日，巡察组向江华县委反馈了巡察意见，指出该县搞形式主义，走过场，像打造旅游路线一样打造经典调研路线，无论什么调研活动，去的路线一样，访的对象是同一个人，听的说辞相同。如上级来江华县对高寒山区异地移民搬迁的调研，该县推荐的绝大多数就是大圩镇高寒山区异地移民搬迁点。

2018 年 12 月，江华县将巡察意见中提到的形式主义、官僚主义等问题的整改进展情况予以公布。②

如此走秀式调研，在现实中并不少见。这样一来，领导看到的往往都是一片莺歌燕舞，既了解不到基层真实情况，也不能提出有针对性的落实措施，又折腾基层干部群众。

---

①《从典型案例看形式主义官僚主义的表现》，人民网，2018 年 10 月 16 日。

②《变了味儿的“经典调研线路”》，中央纪委国家监委网站，2021 年 4 月 20 日。

调查研究是谋事之基、成事之道，在“身至”的同时更要“心至”。领导干部必须放下架子、扑下身子、多动脑子，经常下基层、走一线，直接联系群众、接触群众，做到对基层的情况亲知、真知、深知，让调查研究真正有用有效。

类型七：“梗阻型”干部。主要表现为吃拿卡要、冷硬横推、新官不理旧账、新人不理旧事。

“我承诺，不吃拿卡要，不收受当事人礼品礼金，不巧立名目，不对企业频繁检查……”2023 年 2 月 11 日，一段山西运城市城管执法队公开宣誓的视频被广泛传播。

据了解，2023 年 2 月 10 日，运城市城市管理综合行政执法队召开整治“吃拿卡要”优化营商环境专项行动动员部署会暨党风廉政建设工作会议。会上，该市城管执法队公开宣誓要整治队伍内的“吃拿卡要”等行为，宣誓内容在网上传开后，引起很多网友的关注和讨论。

据山西省纪委监委官网通报，2022 年 4 月，运城市城市管理综合行政执法队队长万晓峰涉嫌严重违纪违法，正接受纪律审查和监察调查。同年 6 月，万晓峰被立案审查和调查，7 月 22 日，因受贿被逮捕。

通报内容显示，万晓峰的违纪违法问题包括：收受可能影响公正执行公务的礼品、礼金、消费卡；接受可能影响公正执行公务的旅游安排；不正确履行职责，致使违法建设项目未及时停工等。①

在“吃点、拿点没什么”的心理驱使下，一些党员干部逐渐习惯于“不给好处不办事，给多大好处办多大的事”，甚至以此为由，向群众和服务对象索要财物，一旦欲望得不到满足，就从中设卡作梗。

吃拿卡要是典型的“四风”问题，吃一点、拿一点看似不起眼，但一些党员干部正是从小事小节上开始失守，逐渐迷失方向，积小错成大错，积小腐成大腐。

类型八：“两面型”干部。主要表现为说一套做一套，阳奉阴

①《山西运城城管公开宣誓“不吃拿卡要”》，澎湃新闻客户端，2023 年 2 月 11 日。

违，贯彻上级部署打折扣、搞变通，不讲规矩，我行我素，自以为是。

2019 年 3 月 26 日，鲁炜案在浙江省宁波市中级人民法院公开宣判，其直接或者通过他人非法收受、索取财物 3200 万余元，因受贿罪获刑 14 年，并处罚金 300 万元。鲁炜当庭表示服从判决，不上诉。

经查，鲁炜严重违反政治纪律和政治规矩，阳奉阴违、欺骗中央，目无规矩、肆意妄为，妄议中央，干扰中央巡视，野心膨胀，公器私用，不择手段为个人造势，品行恶劣、匿名诬告他人，拉帮结派、搞“小圈子”……

鲁炜于 2017 年 11 月 21 日被查，是十九大后首个落马的正部级官员。

中央决定对鲁炜涉嫌严重违纪进行组织审查的消息公布后，中央网信办分别于当晚和 22 日上午召开室务会和全办党员干部大会，传达学习中央决定精神。会议指出，鲁炜曾经担任中央网信办主要负责人，但他严重背离了党性原则，严重违背了党中央对党员干部的纪律要求，严重污染了网信办的政治生态，严重败坏了中央网信办和网信干部队伍的形象，严重危害了党的网信事业健康发展，是一个典型的“两面人”。①

“天下大德，莫过于忠。”忠，敬也；诚，无欺也。表里如一、敬终如始，是“忠诚”的纯度要求。忠诚，是共产党人政治品质的本质和核心。此类“两面人”有几副“脸谱”：台上与台下两副面孔，把对党忠诚当作“口头禅”，走口不走心；欺上瞒下假负责，把履行职责当作“表态秀”，行空头虚担当；滥用权力乱法纪，把工作职位当作获利工具，严人不严己。

2018 年初，陕西省政府原党组成员、副省长冯新柱被立案审查。在中央纪委国家监委的通报里，冯新柱“对党中央关于脱贫攻坚重大决策部署落实不力、消极应付，且利用分管扶贫工作职权谋

---

①《鲁炜获刑 14 年，因主动交代部分犯罪事实被从轻处罚》，新华社，2019 年 3 月 26 日。

取私利”被放在了开头的醒目位置。这是对中管干部的落马通报里首次提及落实脱贫攻坚不力。

对扶贫工作不用心、不上心、应付了事，冯新柱将其分管的扶贫工作搞得一塌糊涂。

按照规定，每个省级领导都要确定一个贫困县作为自己的扶贫联系点，但冯新柱上任后的两年里，都没有选定自己的扶贫点。作为分管副省长，对下面上报的虚假脱贫材料照单全收，不采取任何把关措施就上报；搞脱离实际的考核，给全省扶贫工作的整体风气造成了恶劣的影响。

除了对扶贫工作敷衍应付，冯新柱甚至利用手中扶贫资金管理权来谋取私利。他落马时，从家中搜出的购物卡就多达 674 张。最终查明，他受贿总额高达 7000 多万元。[①]

“智而不忠则文其诈，仁而不忠则私其恩，勇而不忠则易其乱。”对党不忠诚的“两面人”，位置越高，危险越大；权力越大，危害越深。

类型九：“三拍型”干部。主要表现为搞“一言堂”，工作脱离实际，违反规定乱决策、乱拍板、乱作为，出了问题不解决、不报告。

云南省红河州委原常委、政法委书记和建在长期担任一把手的过程中，渐渐养成了说一不二、颐指气使的狂傲之气。尤其是在担任红河州委政法委书记后，耍特权、耍威风，霸道、张扬的个性发展到了极致。

和建担任红河州委政法委书记近 10 年，大肆弄权，为所欲为。重大决策、重大项目安排、大额资金使用基本由其一个人把持，真正是决策拍板“一言堂”、选人用人“一句话”、财务支出“一支笔”、大事小情“一把抓”。很多同事评价他：“他作风强势、霸道，容不得别人反对，听不进别人的意见，想怎么做就怎么做，一个人说了算，如果别人不听他的，或不如他的意了，他就会骂人、拍桌子、摔杯子。”“他喜欢那种高高在上的感觉，喜欢下属在他面前唯

①《家中搜出 674 张购物卡，受贿总额高达七千多万元！他忘记了来时的路……》，新华网，2020 年 1 月 15 日。

唯诺诺的感觉。”

2018 年 10 月 15 日，和建被云南省纪委监委立案审查调查，2019 年 1 月被通报开除党籍。[①]

不顾实际情况、不经科学论证，乱决策、乱拍板，既有悖于客观规律，又违反民主集中制原则。正是因为这些“拍脑袋”决策与实际情况脱节，才出现了那些“糊涂规划”“短命工程”，留下烂摊子和坏死账，到头来还是要以牺牲国家和人民利益为代价，为个别领导干部“致命的自负”买单。

2018 年 5 月，广东省深圳市西部公共汽车有限公司原党委书记、董事长冷魁违反企业国有资产监督管理相关规定，在明知上级主管单位持反对意见的情况下，擅自签字同意在股权变更文件上加盖公章，并让公司法定代表人孙甫伶配合办理工商变更登记。冷魁违反规定程序乱决策、乱拍板、乱作为，事前不请示、事后不报告，削弱了国有资本对公司的控制力，使国有资产面临监管漏洞和重大风险。冷魁还存在违反议事规则、个人决定其他重大事项问题，受到撤销党内职务、政务撤职处分。孙甫伶还存在违反招投标法律法规规定问题，受到党内严重警告处分。[②]

干成事需要敢闯敢试，前提是从实际出发，实事求是，违背规律、缺乏论证的胡乱作为，只会招致群众的唾弃，受到应有的惩罚。

类型十：“佛系型”干部。主要表现为当“老好人”、和稀泥、随波逐流、随遇而安，当一天和尚撞一天钟，不贪不占也不干。

在近几年的落马高官中，都有各种各样的贪腐情节，但有一人例外。

湖南省政协原副主席童名谦，在最终法院认定的罪名中，并未出现“贪污受贿”等官场腐败的常见词，却因其在担任衡阳市委书记、市人大换届领导小组组长期间“严重不负责任”，对衡阳市选

---

① 曹渭海、何咏坤：《戾气冲天终自毁——云南省红河州委原常委、政法委书记和建严重违纪违法案剖析》，《中国纪检监察报》，2019 年 1 月 9 日。

② 陆丽环、张梓健：《重大决策事前不请示 事后不汇报股权转让竟然一人拍板》，中央纪委国家监委网站，2020 年 5 月 8 日。

举湖南省人大代表贿选大面积蔓延“不听、不管、不查”，造成极其负面的政治影响。

童名谦“老好人”的所作所为，自然让人想到他之前的政治承诺。2012 年 2 月 18 日，童名谦任衡阳市委书记时发表如下“就职感言”：

“我将以为衡阳人民谋福祉为重，心系衡阳，热爱衡阳，发展衡阳。时刻把人民群众的安危冷暖放在心上，集中力量办民生实事，进一步提高衡阳人民的幸福指数。坚持德才兼备、任人唯贤的用人导向，让想干事的人有机会、能干事的人有舞台、干成事的人有激励。堂堂正正做人，严格要求自己，做到为民、务实、清廉，做一个衡阳人民认可和信赖的‘衡阳人’。”①

言犹在耳，斯人已去。2014 年 8 月 18 日，童名谦被法院以玩忽职守罪判处有期徒刑 5 年，其虽然并没有恶劣的贪腐情节，但因为不敢担当、纵容舞弊，成为十八大后首个因玩忽职守而获刑的省部级官员。

与童名谦一样怕得罪人影响仕途的，还有大同市原市委书记丰立祥。澎湃新闻曾报道，几位接近过丰立祥的知情人士都表示，这位书记秘书出身，虽然脾气温和，但是官话和套话讲得多，缺乏实际东西。丰立祥属于四平八稳当官的，很文人气，不得罪人。“不作为”是大同市民对丰立祥最多的评价。

据中央纪委监察部网站消息，2014 年 10 月 15 日，丰立祥涉嫌严重违纪，接受组织调查。

此类“佛系型”干部，在基层同样普遍。

2018 年 9 月，湖南省衡阳市禁毒检查组到呆鹰岭镇检查指导禁毒相关工作时，发现该镇禁毒工作社会化管理系统电脑录入信息不全，其他台账资料严重缺失。针对检查组提出的问题，呆鹰岭镇采取一系列措施自查自纠。深入调查发现，衡阳市蒸湘区呆鹰岭镇综治办王某，其作为负责禁毒数据录入、资料收集、档案整理等工

①《全力为衡阳人民谋福祉——访新任衡阳市委书记童名谦》，湖南省人民政府门户网站，2012 年 2 月 20 日。

作的禁毒专干，因为办事拖拉，工作失职，给该镇禁毒工作带来不良影响。

最终，王某袒露了自己的心声："我又不想升官发财，只要每天老老实实来上班，不犯大错，组织也不能拿我怎么样吧？"

2018年10月15日，针对王某违反工作纪律一事，呆鹰岭镇纪委决定给予王某党内警告处分，并将其调离工作岗位。[①]

党的十八大以来，中央从严治党，狠抓作风建设，党风政风为之一新。但随着转作风的深入，一些人觉得要求严了，"当官没劲了"，在岗找不到感觉，干事提不起精神；一些人抱着"只要不出事，宁愿不做事"的佛系心态，不收礼不吃请了，但该做的事也不做了；有的以差旅费报销太严为由，该出差的不出了，该下乡的不下了；甚至有的离开宴请吃喝，就不知道该怎么工作了……看似"无私无求"，实则败坏风气、贻误事业发展，为害不浅。

不贪不占，但也不干事了，这行吗？当然不行！"干净"与"干事""三严"与"三实"，好比一个硬币的两面，身为干部，就是要廉字打底、干字当头。堂堂正正做人、老老实实干事、清清白白为官，是中央对所有党员干部的要求，也是人民的期许。

二、责任担当是检验干部党性的试金石

中国共产党从诞生之日起就肩负起为中国人民谋幸福、为中华民族谋复兴的神圣使命。完成这个神圣使命，需要一代又一代人接续奋斗，需要每名党员干部顽强拼搏，需要一件事一件事下实功、见实效。

豫剧《焦裕禄》里有这么一个情节：兰考在治理"三害"时，因缺粮而导致浮肿病蔓延，焦裕禄悄悄从登封买粮食，专案组对此事进行调查时他挺身而出："让群众吃上饭错不到哪里去！"他心中只想着解民忧、破难题，堪称敢于担当的典范。

在其位，谋其政，敢于担当作为，是中国共产党人的鲜明品格，是党的领导干部的职责所在。就像工人做工、农民种地一样顺

① 张斌、卜莹、张丽芳：《"佛系干部"栽了》，《湖南日报》，2018年12月6日。

理成章。一个人不论职务高低，一旦走上了领导岗位，就意味着肩挑担子、背负责任，对人民利益负责，对党的事业负责。

2018 年 2 月，天津市河西区部署各街道办事处开展涉黑涉恶线索摸排工作，河西区天塔街道原党工委委员、办事处副主任彭太刚等人没有按照工作方案的要求组织实地排查，也没有对群众信访件进行全面梳理和分析研判，仅仅依靠社区报送情况和简单的口头询问等方式应付排查工作。群众多次举报当地金冠会馆负责人范某雇用 20 余名社会人员阻碍执法、天塔街综合执法大队为金冠会馆充当保护伞等问题，但天塔街道一直未将已掌握的金冠会馆问题线索作为涉恶问题线索上报。

2019 年 3 月，范某被认定为恶势力犯罪团伙成员并被提起公诉。彭太刚作为分管领导，在扫黑除恶工作中履职不到位，造成辖区内线索排查出现遗漏，受到政务警告处分。其他相关责任人受到相应处理。①

“为官避事平生耻。”对人民负责，对事业执着，每名党员干部都要冲在一线、干在一线，以抓落实诠释忠诚、体现担当。

习近平总书记说，事业成功的原因很多，奋发有为是主要因素。我们大多数领导干部能够做到责任在心、担当在肩，但的确也有一些领导干部不思进取、为官不为，抱着“当一天和尚撞一天钟”的心态，只要不出事，宁愿不做事，满足于做四平八稳的“太平官”。这种认识是错误的。面对工作难题，要有明知山有虎，偏向虎山行的劲头，积极寻找克服困难的具体对策，豁得出来、顶得上去，真正成为带领人民群众战风险、渡难关的主心骨。②

对人民负责，就要狠抓落实。干部是人民的公仆，必须对人民负责、为百姓造福。干部干部、干字当头，干则干实。事由人干、人随事转，事事落实，则事业有成。千斤重担大家挑，众志成城无难事。到 2020 年现行标准下的农村贫困人口全部脱贫的郑重承诺，天更蓝、山更绿、水更清的美丽中国，这样那样的风险挑战，做好

①《中央纪委国家监委通报八起形式主义官僚主义典型问题》，中央纪委国家监委网站，2020 年 4 月 30 日。

②《做焦裕禄式的县委书记》（2015 年 1 月 12 日）；《习近平谈治国理政》第二卷，北京：外文出版社，2017 年版，第 145 页。

“六稳”工作、落实“六保”要求……事情都摆在那里，方向、举措都很明确，关键在于攀高山、涉险滩、破藩篱，做到人人有责、守土有责、责无旁贷。

上海市金山区一村民吴某某，因岳父家及自家购买的宅基地房屋动迁，分别于2005年、2015年两次获得拆迁补偿安置。根据相关政策规定，已经享受房屋拆迁补偿安置的不予再安置，为何这吴某某却能享有特权？

据查，原来吴某某第二次安置时，需要村里开具之前没有安置过的证明。村委会负责动迁安置工作的干部奚某说：“我问了我的前任濮某，他具体经办过肯定知道，他说吴某某户没安置过，我就开了证明。”村主任张某则说：“我问了奚某，他说他问过以前的经办人了，那我就在证明上签字盖章了。”

材料送至镇动迁安置办后，工作人员沈某仅书面审查后便提交主任审批，主任沈某在明知吴某某的岳父家曾经动迁，但不清楚吴某某是否因此享受安置的情况下，未进行实体审核，便直接签字同意。吴某某因此“幸运”地又分得一套安置房。①

本是各个环节均有责任人，各司其职，各负其责，却因上述责任人个个不作为、不负责、不担当，层层审核成了“层层甩锅”，造成国家财产损失。最终，该镇动迁安置办主任沈某被调离岗位，其他相关人员受到诫勉谈话处理。因重复安置造成的86.4173万元损失被追回。

深挖病灶，上述干部均存在着同一种思想，都不想出力，想依赖别人，在审核工作上互相推诿，层层“甩锅”，基层干部当以此为戒。

对事业执着，就要狠抓落实。这种执着，是信念支撑的自觉，是职责所在的坚韧，是真执行、真干事、真见效的行动。奋进新时代、肩负新使命，每名党员干部都应当涵养务实、求实、扎实的作风，说到做到、干就实干、干就干成，把抓落实具体体现在工作举措、工作流程、工作环节、工作实效上，力戒形式主义、官僚主

---

① 陈飞丹：《村民重复享受拆迁补偿　四层审核竟成“层层甩锅”》，中央纪委国家监委网站，2019年5月14日。

义，不折不扣、心无旁骛地把中央决策部署落到实处。

2019年4月，江苏省南京市江北新区环境监察大队发现某企业在清理化工原料时有污水混合物溢流到厂外，要求该企业将化工原料转运，但未督促企业及时将问题整改到位，致使污水混合物随降雨冲刷并排入河道，从而造成污染。

2014年至2019年，该监察大队对某科技公司开展日常监督检查30余次，其中11次发现露天堆场等场所存在问题，检查人员虽当场提出监察建议，但轻信该公司解释，未按要求对堆放物料进行深入核查，带来环保安全隐患。

梅理清作为监察大队主管领导，对此负主要领导责任，同时对此前发生的违规审批无处理能力企业处理废水污染长江问题负主要领导责任，受到党内严重警告、政务撤职处分，降为三级调研员。其他相关责任人受到相应处理。①

综合各方面反映，当前“为官不为”主要有三种情况：一是能力不足而“不能为”，二是动力不足而“不想为”，三是担当不足而“不敢为”。这些情况，过去也有，为什么当前表现得比较突出？除了一些干部自身素质不适应新形势新任务要求外，也有我们工作上的原因，还有社会上种种复杂因素的影响。从我们的工作来看，主要是一些地方和单位贯彻党中央决策部署的实施细则和配套措施不够完善，政策尺度把握不够准确，方式方法有些简单生硬，对干部教育引导不够及时、到位，在思想、理念、作风、经济社会发展的具体操作上，一些地方和单位还没有按照党的十八大以来的新要求进行调整，或者还没有调整到位，出现了不适应的状态。

首先，能力不足而“不能为”。1939年，毛泽东在延安一次在职干部教育动员大会上的讲话中提到“我们队伍里边有一种恐慌，不是经济恐慌，也不是政治恐慌，而是本领恐慌”。

从这时起，“本领恐慌”成为我们经常听到的一个词语。2013年，习近平总书记在中央党校建校80周年庆祝大会上又一次提出“本领恐慌”问题，强调指出，本领恐慌在党内相当一个范围、相

①《中央纪委国家监委通报八起形式主义官僚主义典型问题》，中央纪委国家监委网站，2020年4月30日。

当一个时期都是存在的。

当前，有的领导干部虽有担当作为之决心，但无成就事业之才能。一是观念保守。因循守旧，不能也不愿根据形势的变化及时调整心态，对于出现的新情况、新问题不学习、不研究，满足于既有的知识与经验，无法创造性开展工作。二是本领不够。或是遇到问题时手足无措，无从着手，或是找不到合适的方法正确解决问题。三是平庸混事。小事不愿做，大事做不了，即使自身能力、综合素质无法适应工作需求，也不愿意奋发向上，满足于混日子、熬年头，得过且过。

再次，动力不足而“不想为”。有的干部贪图享乐，不想干事，直接躺平。日常作息中，累了躺躺更健康，但从社会学角度看，“躺平”可谓一种病症。

2023 年，央视春晚小品《坑》向全国人民生动刻画了“躺平式干部”的做派，让人印象深刻。深入剖析，干部“躺平”既有主观懈怠，也有客观症结。从具体表现看，“躺平式干部”大致有五类：

一是“算盘珠子不拨不动”式“躺平”。工作责任心不强，消极应付，得过且过，不推不动，推一下动一下，犹如“算盘珠子”。满足于喊口号“唱空城”，把说了当做了，把做了当成了。

二是“出工不出力”式“躺平”。精神状态萎靡不振，缺乏斗志，不思进取，安于现状，在岗不在位，出工不出力，庸碌无为混日子，还指手画脚、冷嘲热讽，妨碍别人干事。

三是“不求有功但求无过”式“躺平”。“怕得罪人、怕出问题、怕担责任”心理作祟，致使不大胆履职、不主动担当、不积极作为。见到任务“两手一摊”，碰到问题“两眼一黑”，左躲右闪，上推下卸。

2018 年 3 月，“甘肃投资 16 亿元的扶贫公路偷工减料”的消息被媒体曝光，此路曾在 2017 年经举报被国家有关部门勒令调查整改，然而施工单位只是在上面刷了层漆。原本的“温暖路”变成了“寒心路”。

出问题的公路系甘肃折达公路考勒隧道段，这段通往深度贫困县甘肃东乡县的公路 2009 年在国家部署下开工建设，自通车以来一直带病运行，隧道内设计的“双层钢筋”在施工时变成了“单层钢筋”，存在着严重的安全隐患。有记者在采访时也多次碰到“断头路”：找到公路局，公路局称管不了；找到交通厅，交通厅却称应该去找交警，最后甚至告诉记者“愿走就走，不愿走就待着”。[①]

一条问题重重的公路，竟然能畅通无阻地躲过重重监管，完成验收；拖延半年的整修工程，刷了刷漆就草草收场……施工单位胆大包天、吸血自肥的行为让人愤慨，而主管和监管部门不作为、懒作为，性质同样恶劣。此事表面看是豆腐渣工程问题，病根却出在当地一些官员的“躺平”作风上。正是因为很多责任都失守了，很多规矩都被突破了，偷工减料才会得逞；正是因为形式主义、官僚主义的作风盘桓不去，欺上瞒下、弄虚作假的荒诞戏码才会上演。

四是“多一事不如少一事”式“躺平”。“多做多错、少做少错、不做不错”成为人生信条，只要不出事，宁愿不干事，拈轻怕重，擅“打太极”，推诿扯皮。

五是“船到码头车到站”式“躺平”。觉得自己晋升无望，暮气沉沉，当一天和尚念一天经，有的甚至玩物丧志；或者认为自己年近退休，不用“老头当兵假积极”，只想安全着陆。

东北某市直属机关老干部管理服务中心原主任在被调整到服务中心后，就自认为退居“二线岗位”后就不用继续努力，于是把心思全用到了诗词歌赋和游山玩水上，学习教育请假缺席，重要会议由副职代劳，对政策落实不闻不问，最终放松警惕，滑向腐败深渊。[②]

“躺平”不仅是消极状态，也是一种卑微。谁都想做大写的人，不愿卑微地活着。对绝大部分“躺平式干部”而言，“躺”并非他们的“原罪”，或许他们的初衷是想好好干。“如果没有躺赢的命，那就站起来奔跑。”事实上，“躺平”不可取，“躺赢”更不可能，只有跑起来，才是人生最好的选择。

应该看到，“躺平”冰冻三尺，非一日之寒，消除“躺平”也难以指望毕其功于一役，需要多管齐下、久久为功。相信通过精准施策、动真碰硬，一定可以让“躺平式干部”站起来、动起来、干起来。

---

① 姜伟超：《豆腐渣作风比豆腐渣工程更可怕》，新华社，2018 年 4 月 3 日。

② 杨心怡、郭妙兰：《看看这些不推不干的“躺平式干部”》，《中国纪检监察》，2022 年第 1 期。

第三，担当不足而“不敢为”。有的干部，对自己的官职权位可能带来风险麻烦的事，一律束之高阁。

一是怕惹麻烦。怕工作失误、冒风险、担责任，影响个人未来发展，不敢直面矛盾，也不敢果断决策，秉承“不出事”的逻辑，得过且过。遇到问题、矛盾时，往往推诿扯皮，强调“事不归我管”，或者“只依法不办事”，机械照章办事。

二是怕得罪人。对于不是自己分管的工作缄口不言，即使发现错误言行，也不批评，对于触及利益的事向后退，明哲保身，当“老好人”，生怕别人给差评，怕丢票。

三是怕成焦点。所谓“不干事就不出事，不出事就不是事”，一些干部将之视为工作准则，能不干事就不干事，没有担当奉献精神，这是目前最典型，也是危害最严重的一种不担当、不作为。

三、党员干部要磨砺责任担当之勇

中华人民共和国成立不久，毛泽东和他的一个亲属谈话时说：“治国就是治吏，礼义廉耻，国之四维；四维不张，国将不国。如果臣下一个个都寡廉鲜耻、贪污无度、胡作非为，而国家还没有办法治理他们，那么天下一定大乱，老百姓一定要当李自成。国民党是这样，共产党也会是这样。”①

毛泽东这一思想，如今仍然有着很强的现实意义。“治国就是治吏”，把官吏管理好了，官场风清气正了，老百姓才会一呼百应，国家才能政通人和、国泰民安。否则，官员欺上瞒下，贪污受贿，营私舞弊，胡作非为，其结果只能是“虽令不从”，民怨国衰，“四维不张”。这就是“治国就是治吏”的基本道理。

“治吏”是一项系统工程，而治理“懒官”更是重中之重。而事实上，“懒官”的产生，既有少数干部信仰缺失、能力缺失和责任缺失等原因，也折射了干部考核制度的缺失。实质源于干部思想抛锚。

从表面上看，干部不作为暴露出部分公职人员素质及业务能力存在问题，但其本质则是权力唯上，而百姓投诉维权渠道不畅、缺乏办事便捷、明示渠道和及时监察等。因此，要强化监督机制，既

---

①《毛泽东邓小平江泽民同志论廉政》，《党的建设》，2000 年第 10 期第 10 页。

要加强组织部门和纪检监察部门的监督，也要加强群众监督和媒体监督，并积极开展群众问政、民主评议等工作，扩大群众对官员任用的知情权、参与权，督促官员认真履职。

要做到这些，最关键的是要对公权力进行切实有效的监督。除了自上而下的内部监督之外，还需要引入社会监督。例如，开辟渠道，让群众和媒体参与对政府部门履职的评价，实现民意与政府的良性互动等。

在对干部有效监督的基础上，要完善选人用人标准、完善考核办法。要制定和落实赏罚分明的激励机制，真正做到功过分明。尤其要突出激励的作用，并通过职位升迁、工资增长等措施，及时褒扬敢担当、能干事的干部，让安于现状者的占位者“让位”，让碌碌无为者的平庸者“下课”，使善为、能为者得到提拔重用，绝不能干和不干一个样、干好干坏一个样、干多干少一个样。

此外，还要积极促进干部钻研业务，使他们不仅“为官有为”，而且“为官善为”。

一方面，提高担当责任的能力素养。很多党员干部都有做好工作的愿望，也有干劲，但缺乏新形势下做好工作的本领，面对新情况、新问题缺乏新的思想解决。

中国共产党人依靠学习走到今天，也必然要依靠学习走向未来。无论任何时期的任务和工作都要求党员干部必须重视学习、善于学习，在学习的过程中学习新思想，不断提升自身的能力素质。干部经常遇到的一些问题，对于大多数党员干部而言都是从未见过的，因此要求党员干部在“摸着石头过河”的同时，不断地学习上级的工作方案和工作要求，不断提升自己处理问题的能力素质，做到不解决问题不撒手，真正以担当作为破解现实难题。

另一方面，培育担当责任的勇气、底气。勇气来自勇于战胜困难，面对急难险重的问题和处境，党员干部绝不能丧失信心，要任劳任怨，牺牲自我，直至战胜困难；工作做事，应有底气支撑，底气足则工作顺、事业兴，党员干部每天都要面对形形色色的人，处理不可预料的事，这就要求党员干部要有底气，做到提笔能写、开口能讲、有事能办，成为真正为人民服务的好同志。

党员干部在面对困难和处理问题时，更是应该敢于担当、敢于作为，面对群众充满底气，面对困难充满勇气。

要解决惰政问题，最终要依靠机构改革和政府职能转变。要让各个政府部门分工明确、责任到位，监督有效、考核到位，增强公职人员效率意识、服务意识，使工作全面推进、具体落实，倒逼行政机关养成“马上办”的作风，最终让“为民服务”的理念扎根于“公仆”言行之中。

形式主义表现九

工作实效包装式

形式主义对待工作实效是知行不一，不求实效，花拳绣腿，贪图虚名，弄虚作假。最典型的特点是，对工作不重实效而重包装，把精力都放在“材料美化”上，一项工作刚开始就急于总结成绩、宣传典型，搞“材料出政绩”。一些地方和部门在工作中，“兵马”未动，“材料”先行，把说的当成做的，规划当成现实，思路当成成绩，用总结材料“包装”工作实绩，工作刚刚开展就急着总结成果、鼓吹宣传。例如，政策刚出台，成效就汇总好了；任务才布置，成果就整理好了；活动刚开展，经验就总结好了。

“染”　　新华社发　商海春作

2024年1月19日晚，专题片《决不姑息——贵州正风肃纪反腐》第二集点名黔东南州锦屏县委原书记毛有智案。这名干部曾大搞舆论造势、渲染个人功绩，被锦屏县干部群众称为“吹牛大王”。

专题片披露，2017年，毛有智刚上任一个月，就安排锦屏县国有资产经营有限责任公司与某民间智库签订合同，为锦屏县做战略策划包装，为此支付策划费数百万元。然而，该项目至今未对工作产生实质性帮助。

同时，毛有智对自己的粉饰和包装没有落下。他提到，“为了宣传自己，为了在群众当中出名，我建了一个叫‘顶层工作推动群’，我把所有的县领导，还有科级干部、乡镇的党委书记和党政的（领导干部）全部拉到这个群里面，这个群大概有400多人。每天我走到哪里工作，我就要求他们必须把我工作的场景拍到群里面，而且要实时更新。”①

“山间竹笋，嘴尖皮厚腹中空”，兴伪事者自受其害，行动派赢得未来。以真诚书写忠诚、用实干托举发展，才能把为人民服务这篇大文章，真正写进广大群众的心坎里。由此看来，治理“材料出政绩”乱象，既要端正部分基层领导干部跑偏的政绩观，也需要在精准考核的制度设计上下功夫。

一、搞“材料出政绩”，不重实效而重包装

“为出新、出彩，挖空心思遣词造句，力求文字工整对仗，包装好看；过去的工作现在拿来说，或者‘将来时’变‘完成时’，反正成绩不够，材料来凑……”从近年通报的典型案例不难发现，当前有些地方或部门对政绩材料的包装，已呈愈演愈烈之势，成为一种形式主义的新表现。

按理说，领导讲话、工作汇报、调研报告等文字材料，文字优美、语言精到、逻辑清晰，如果对任务布置得合理、将情况总结得全面、把经验梳理得充分，充满说服力、富有感召力，有助于相关

①《落马县委书记大搞形式主义》，光明网，2024年1月21日。

各方了解有关工作的进展和成效，对于党政工作能够起到良好的促进作用。

但反观近年来，个别单位、部门和机关认为材料重于一切、高于一切、急于一切，把大量精力放在“材料美化”上。

一是工作干得好，不如材料写得好。“材料出政绩”的形式主义问题，在不少地方早已见惯不惊。一些单位或者部门的领导干部，看下面工作推进得怎么样，不是去面对面、实打实地看成绩，而是看材料。

2019 年 5 月 10 日，生态环境部网站发布中央第五生态环境保护督察组向贵州省反馈“回头看”及督察情况。反馈指出，2018 年 11 月 8—11 日，中央第五生态环境保护督察组下沉遵义市督察发现，遵义市播州区党委向督察组提供 10 份编造的区委常委会会议纪要，弄虚作假，应对督察。

政绩资料包装，在现实中并不鲜见：一边“重干货，轻包装”，一边东拼西凑汇报材料，照搬照抄经验材料；一边“抓实绩，重实干”，一边把想的当成干的、说的当成做的，甚至还没开始落实就已汇总材料上报……

2018 年 10 月，有媒体调查指出，一些基层单位工作材料套路化严重，看上去辞藻华丽、洋洋洒洒好几页，却没有多少“干货”，工作浮在面上、“材料出政绩”的形式主义问题依然不同程度地存在。

“上有所好，下必甚焉。”下级单位或者部门自然就绞尽脑汁，在材料上做文章。一些地方和单位，为了追求文字材料“高大上”，更是花大力气将汇报 PPT 做得“美轮美奂”，热衷于“添油加醋”编造成效、“移花接木”虚构创新、“无中生有”虚拟经验，企图以“材料出政绩”。

有的为了让材料看起来“接地气”，不深入一线调研，不去亲耳听取基层群众呼声，却催着基层大事小情报材料，甚至闭门造车搞“注水”材料；有的过度看重文字，追求合辙押韵或绞尽脑汁拼凑四六句，甚至从网络上搜“新词”；有些地方工作没有成效，就根据以前的材料改编，有些甚至是在网上搜其他地方的一些成功做法，只是换个地名。

有的过于看重篇幅字数，三五百字能说清的事，非要扯到两三千字，担心汇报材料简洁了不受重视，害怕经验材料简短了不易过关。为了让材料看上去更美，少数领导抽调“笔杆子”“小秀才”们不厌其烦下苦功夫，改了一稿又一稿，不到交稿不罢休。凡此种种，使材料失去了本真本意。

二是“兵马”未动，“材料”先行。敢啃“硬骨头”、涉险滩，值得称道。但如果在工作中，把说的当成做的、把规划当成现实、把思路当成成绩……用总结材料“包装”工作实绩，那自然是本末倒置。

现象一：政策刚出台，成效就汇总好了。“这个重大任务，单位第一时间就开会做了布置”“这个重点工程，局里专门发过文件”“这个重要专项，我们有完备的台账记录”……如果把“做了”当“做成”了、把“干了”当“干好”了，这就是典型的将过程当效果、把痕迹当政绩。

“我们县制定了一系列奖扶措施打造一批‘质量标杆’企业。”记者在中部某省一县采访时，当地经信局的同志一边介绍一边递过来一本厚厚的材料。

一看材料，原来这项旨在提高本地企业产品质量的政策刚刚出台不到两个月。“这么短时间就有这些成效，太立竿见影了吧？”记者不解。

“这次总结把以前的成绩也都纳了进来。”对方有点儿不好意思，“领导抓得紧，不想方设法多总结点成效，怎能显示出政策的正确性？”

东北某县县政府办公室秘书科科长薛勇（化名）告诉媒体，月初市里召开了营商环境大会，制定了一系列措施来改善营商环境，可是不到一周，市里就让县里征集汇报亮点，“除去周末只有不到五天，哪能那么快有亮点？”县招商局的一个负责人这样向他抱怨。

没有成效，只好从材料上下功夫。“有些是根据以前的材料改装的，有些甚至是在网上搜的。”薛勇说。①

①《政策刚出台成效就汇总好了》，《人民日报》，2016年12月29日。

一切行为都是为了实现预期结果。一项工作，干没干，是事实判断；干得咋样，则是效果判断。干没干，固然得看，但更重要的是干得怎么样。企业绩效管理强调结果导向，既看过程，又强调预期结果的引领作用。对一个地方和单位的考核评价何尝不是如此？一事当前，要看派了多少人、出了多大力、用了哪些招，更重要的是看实际成效如何。

“政策刚出台，成效就汇总好了”，这样迅速汇总“成效”的案例，也反映在一些地方的外宣工作中。

在中部某市近期举办的一场好家风巡回演讲活动中，明明开幕式刚过，主办方就在当地网站发宣传稿称，活动已经取得了很好的社会效果。

近年来，一些督查、检查、考核等往往都有外宣方面的要求。部分地方便在传统媒体和新媒体上大搞注水宣传，过度留痕。这种形式主义的宣传造势不仅夸大了工作实绩，还造成了行政资源的浪费，加重了基层负担。

现象二：任务才布置，成果就整理好了。在一些地方，会议一场接着一场开、文件一份接着一份传，工作就在这样的“层层落实”中“层层空转”，始终落不了地，但上级不管这些，只需要下级上报“成果”。

中部某省一个县刚制定奖扶措施打造一批“质量标杆”企业，没几天有关部门就总结了一大本厚厚的政绩材料。

东北某县刚开完改善营商环境大会，不到一周，市里就让汇报成果。

秦巴山区的一个乡镇在当地推广农村垃圾分类处理做法，一个村刚接到在村里布点回收垃圾的任务没几天，就被要求上报落实成果，还要求拍照片为证。村支书一肚子意见说：“垃圾桶还没有运来呢，有啥成果可报？”①

抓好落实，必然要求强化结果导向。结果导向与责任意识是紧紧联系在一起的，强化结果导向的题中之意，要求认真做事，更要把事做好、作出实效。在强烈的结果导向指引下，责任主体将会更

①《政策刚出台成效就汇总好了》，《人民日报》，2016年12月29日。

明确地把握住“主攻方向”，更清晰地感受到“压力指数”，从而倒逼工作提质增效，高标准完成。

如果把结果导向与过程导向混为一谈，作出的决策必然会让下级无所适从。

现象三：活动刚开展，经验就总结好了。“牡丹花好空入目，枣花虽小结实成。”做任何工作，都应当树立和强化结果导向，以质量高不高、效果好不好作为检验标准。否则，就很难有坚实的注脚。

在东北某市，市里刚刚组织开展老旧小区改造工程，不到一个月，下辖的某区就上报了小区改造成功经验。结果市里马上将其作为典型，让其他区县的负责人来学习经验。

“其实这个小区本就不属于老旧小区，各种设施条件相当不错，然而就是为了抢着出成果，用了大半个月时间稍微清理改造了一下，就成了典型。真正的老旧小区，不要个一年半载根本改造不好。”一工作人员告诉记者，“材料里的那些经验，不过是把其他地方的一些成功做法，换了个地名而已。”①

如此靠材料堆砌包装的“政绩”中看不中用，好比“绣花枕头一包草”，好看的是“面子”，伤害的却是“里子”，浪费了大量人力、财力。

2017 年 11 月，网上有一幅几位干部坐在投影仪前逐字逐句“推材料”的漫画，引起不少基层干部的共鸣。

在不少机关里，常常可以见到这样的场景：一大群“笔杆子”围坐一起，面前摆放的是高清投影仪，一人掌管键盘打字，其余的则找来各类相关资料，大家共同注视投影屏幕，围绕间架结构、文从字顺、语言特点等纷纷发表意见或看法，你一言我一语，找齐相关素材，反复推敲，多次修改，直到把材料撰写达到认可标准为止。这一做法“业内人士”习惯称为“推材料”，很多机关干部常常为此加班加点，甚至长期熬夜“作战”。

在某直辖市工作的机关政工干部刘某说，撰写汇报材料时，他们会努力将一级标题、二级标题起成“对仗体”，就是为了材料能

①《政策刚出台成效就汇总好了》，《人民日报》，2016 年 12 月 29 日。

亮眼、好看。在这个仅有35名干部的业务单位，就有8人专门负责撰写各类工作材料。曾经为标题中是用词“深钻”还是“深挖”，几个人讨论了半个多小时。有时标题不够合辙押韵，还会被领导要求返工，时常“5+2”、白加黑地写材料。

35人的单位，是个小单位。然而，这样的单位，仅仅“专职写材料的人”就安排了8个，他们的主要任务就是给领导写讲话，给单位写总结。这些“笔杆子”已经变成了“枪杆子”，投入的人力、物力，可见一斑。

种种“材料出政绩”的乱象，看似新表现，实则老问题，与搞“形象工程”“政绩工程”如出一辙，是典型的形式主义歪风。

二、用材料“包装”出的政绩是“政疾”

“材料出政绩”之所以产生并盛行，绝非偶然。表面上看是执行工作任务的下级和基层用材料充当“政绩”，搞形式主义，弄虚作假。然而，虚假的“材料出政绩”之所以有市场，从根子上讲，还与上级领导干部和领导机关的政绩观歪曲、领导方式和方法简单粗糙，密切相关。

据不少基层干部反映，基层工作千头万绪、人员吃紧，而有些上级部门制定下发的文件缺乏指导性，平时缺乏有效督促指导，年终只能靠编材料应付；有些检查考核只注重上报材料不看实际成效，惯于听听汇报、查查痕迹资料、走马观花调研走访，这也助长了基层“通宵达旦补材料，不重实干重文案”之风，使得众多的干部加入“材料出政绩”生产者的行列。

无论做什么工作，都是为了解决问题。问题解决得好坏与快慢，都需要总结。它是对过去一段时间的工作情况的一种回顾、分析和评价。从定义中，就可以看到，总结包括三层含义：一是回顾，即罗列、概括工作的内容；二是分析，即对所做的工作内容进行深入探究，从中发现问题、吸取教训、提炼精髓、总结经验；三是评价，即对工作效果的一种判断，是好还是坏。

总结的重要性，已不必赘述。一些地方“政绩材料包装”，危害甚大。

第一，“材料出政绩”消磨基层干部的干事热情。成果是该及时总结，但要符合实际情况。个别地方有时候甚至下达任务和汇报成果同时进行，让基层干部很不理解。没有成效硬要成效，干部们也只好从材料上下功夫。大好的青春年华浪费在造假上，消磨基层干部的干事热情。

第二，“材料出政绩”造成“务虚”的风气。有的上级要求不切实际，当地没有的工作也要求下面写报告，导致材料造假；有的交接工作缺乏延续性，换一次领导，就要重新写一份报告；一些地方对下级的检查考核存在“脱实向虚”，凭材料“颜值”论英雄，看的不是实干的能力和结果，而是坐在办公室看口若悬河式的政绩阐释或者厚厚的“政绩材料”，成了谁宣传得好，政绩就好，谁的材料越厚，政绩就越好，让正确的政绩观变了味。

其结果，这样的官僚主义就催生了大量形式主义，“兵马”未动，“材料”先行；“实干不行，材料来补”。这种用材料“说话”、拿材料“邀功”的错误政绩观，进一步刺激了“材料出官”的念头。

贵州省黔东南州岑巩县政府党组成员、原副县长、生态移民局局长陈跃在负责脱贫攻坚易地搬迁工作中，推动项目建设不力，截至2019年7月，全县达到入住条件的移民住房仅有584套，与任务数相差740套，实际搬迁户和搬迁人数只占总计划的24.24%和26.17%；同年6月，上报易地扶贫搬迁相关数据时，陈跃明知工作实际进展与工作标准还存在较大差距，就要求职能部门按住房主体建设完成率100%上报。陈跃工作怠惰，弄虚作假，对岑巩县脱贫攻坚工作造成消极负面影响，受到党内严重警告处分，并被免去副县长、生态移民局局长职务。①

有些地方为了捞政绩、抢头功、当典型，在“总结”上下功夫，把其他地方的一些成功做法，换了个地名。这样也能够获得上级认可。而有些地方脚踏实地、勤勤恳恳也未必能得到表扬，容易造成“务虚”的风气。

不踏踏实实做事，只把心思放到“注水”“包装”“提炼”上。

①《中央纪委国家监委通报八起形式主义官僚主义典型问题》，中央纪委国家监委网站，2020年4月30日。

大量的时间、精力都花在“整材料”上，不仅浪费了宝贵的人力、物力等资源，而且把工作着力点带偏了方向，必定会耽误工作进展。

“材料出政绩”本质上是一种典型的政绩造假，实质上是一种隐蔽的政治腐败。造假者得利、务实者吃亏，会形成“劣币驱良币”的局面，使务虚之风盛行，长久下来，必然破坏了良好的政治生态。

第三，“材料出政绩”掩盖了政策漏洞。人非圣贤，任何人都可能会犯错误。对所犯错误进行总结反思，找到产生错误的原因，才可以杜绝同样错误的再次发生，同时警示自己力争少犯错误或不犯大的错误。

然而，“材料出政绩”的做法，已经不是为了指导工作，而是为了证明地方政府政策的正确性。这是在为自己的“不作为”作掩饰、找理由、寻借口。如果得不到治理，就会造成文风浮夸，空话、套话、假话连篇；就会造成文过饰非，报喜不报忧，掩盖矛盾和问题。

第四,“材料出政绩”影响了干群关系。“材料出政绩”的做法，是欺骗人民和愚弄上级的一种伎俩，必然造成干部工作严重背离人民意愿，群众感情被伤害。不为群众办实事、谋实利，极易在干群之间竖起“隔离墙”。

三、挤干空心材料的政绩水分

电视剧《天下粮仓》里有这样一个情节：浙江巡抚卢焯带领百姓掘井抗旱，双手磨出厚厚的老茧。当乾隆皇帝举着这双长满老茧的手向群臣展示的时候，在场官员无不动容。这则“茧手为官”的故事，至今依然具有很强的启迪作用。

1983 年底，刚刚担任正定县委书记不久的习近平提议出台了《中共正定县委关于改进领导作风的几项规定》，提出要“反对官衙作风，注重工作实效”。随后，在县委工作会议上，他又明确提出，“一定要树立求实精神，抓实事，求实效，真刀真枪干一场”。

时至今日，这种“注重工作实效”“真刀真枪干一场”的实干精神，依然是每位党员干部必不可少的“法宝”。只有把责任扛在肩上，求真务实、真抓实干，杜绝“材料出政绩”现象，才能更好地在新时代展现新作为。

要让材料变得有“度量”，上级要避免“急躁心理”。干工作要真正做到一张好的蓝图一干到底，切实干出成效来。要有钉钉子的精神，钉钉子往往不是一锤子就能钉好，而是要一锤一锤地接着敲，直到把钉子钉实、钉牢，钉牢一颗再钉下一颗，不断钉下去，必然大有成效。

然而，现实中有些领导干部忘了这个道理，患上严重的政绩急躁症。甫一到任，不思为一方百姓安居乐业和经济社会发展做几件功在千秋的实事，而是急于向上级表功、表政绩。在此种浮躁作风和歪曲政绩观的影响下，总喜欢“短平快”，不考虑实情，也不深入实际，采取下达任务和汇报成果同时进行、不看实效看材料等做法，使得基层单位把大量时间和精力用于“做材料”。

因此，上级部门在政策制定时，应少些“早上栽树下午就要乘凉”的急躁心理，使政策制定更科学、更务实、更可行。各级各部门在政策执行中，则应坚决抵制“靠写材料来包装成绩，靠包装成绩来捞取政绩”的错误思想，坚持落实上级决策部署，不打折扣、不搞变通、不降标准。

要让材料变得有“容量”，下级要杜绝“脱离群众”。根治“材料出政绩”现象，党员干部始终以人民为中心，不能仅仅停留在材料表面上，而要善于听取群众对工作的看法，进行自我反思，重视群众的感受和评价，从群众不满意的地方改起，从群众关切的地方做起。

作为“关键少数”的领导干部，要以上率下，摒弃“命令主义”，形成“头雁效应”，坚持“没有调查，就没有发言权”，深入一线“望闻问切”，把工作抓具体，把任务抓深入。改进调查研究制度。调查研究要从“走过场”变成“下深水”，问计于基层和人民群众，听取方方面面的意见和建议。干部要从坐办公室的“笔杆子”变成解决问题的“泥腿子”。

河南兰考治“三害”立下千秋基业，源于焦裕禄带领群众战天斗地；福建东山由风沙岛变为鱼米乡，凝聚着谷文昌十四载春秋的艰辛付出。古人云，“为政贵在行”“以实则治，以文则不治”。拿出不私、不虚、不妄的真招行动，深入群众，才能摈弃粉饰、表象、作态的笔墨巧术，才能作出让群众有获得感的过硬政绩。

“材料出政绩”之所以有市场，能蒙混过关，还与政府信息不公开、群众知情权缺失、监督不到位密切相关，由此助长了基层干部“唯上不顾下”的不良习气，干工作只求让上级组织和领导满意，忘却了群众满意度和获得感的增强才是检验工作实效的根本标准。要大力推进阳光政务，广泛接受人民群众监督。保障人民群众的知情权，让“材料出政绩”“数字政绩”无法蒙混过关。

要让材料变得有“分量”，考核要坚持“反向考核”。“政绩材料”被一些人追捧的背后，就是其考核参考价值，一些单位对工作的考核停留在纸面上，没有落到实处，以至于被钻了空子，出现了材料的“美图秀秀”，归根结底，就是缺乏对材料的“反向考核”。

在政绩考核上，则应增加平时考核权重，少从材料上下功夫，多一些跟踪了解；少些年底突击，多一些“过程推动”。

狠刹“材料美化”之风，还必须克服干得好不如写得好的偏颇心理障碍，把衡量工作标准定在察实情、重实效上，杜绝“材料出政绩”。一方面，要科学制定考核指标体系，改变“一锤子买卖”方式，变年终考核为常态考核；实行差异化考核，变“一把尺子”为“多把尺子”。另一方面，要追根溯源查真伪。坚决摒弃“看材料、听汇报”考核方式，结合材料中的事件、人物，开展实地走访了解，挤干成绩中的“水分”，并追究炮制虚假政绩的责任人的责任。

唯有如此，方能铲除“材料出政绩”的滋生土壤，根治“包装”出政绩的痼疾，倒逼党员干部俯下身子抓落实、撸起袖子加油干，将时间和精力都用到干事创业、谋求发展中去，让群众享受满满的民生“干货”。

/ 形式主义表现十 /

履行职责签单式

有的领导干部对待工作不主动，履职不尽责，在其位不谋其政，只充当一个上传下达的“传声筒”角色，遇事不敢担当，属于自己权限范围的事情也要事事请示，怕担责任，怕掉乌纱帽。签订责任书是为了真正将责任落实下去，工作作出成效，签订责任书之前将责任细化、分类，不同的对象把握不同的责任内容，各司其职，各尽其责，才不会让责任书变成摆设。但一些地方将责任书泛化，经常造成履行职责的缺位和虚位，责任书“满天飞”，名为层层压实责任，实则不管下级是否有实际和能力来完成，将责任压给下级，试图让下级的责任书成为自己的“免责单”。

“背锅”　　新华社发　刘道伟作

2020 年 7 月，甘肃省委办公厅、省政府办公厅印发的《关于推进乡镇街道管理体制改革整合基层审批服务执法力量的实施方案》提出，上级部门不得以签订“责任状”、分解下达指标、考核验收等方式，将工作责任转嫁乡镇和街道承担。

党的十八大以来，在全面深化改革的历程中，“担当”“落实”一直是关键词。作为一种公共管理手段，在关键领域、关键节点、关键事项上签订必要的责任书，不失为抓落实的一种好方法。这相当于，下级给上级立了“军令状”，上级给下级上了“紧箍咒”。

由此来看，上下级签订责任书的初衷是好的，能起到传导压力、压实责任、督促落实的作用。如果运用得好，效果应该也不错。

但令人遗憾的是，有些单位滥用责任书，把“压实责任”简单化、庸俗化，把各级本应承担的责任直接全部推给基层，将责任书异化为“免责书”“挡箭牌”“护身符”，使基层不堪重负，苦不堪言。

一、责任书“满天飞”，向基层“甩锅”

2017 年 5 月，一则消息令人贻笑大方：某地为了“层层压实责任”，把高速公路安全管理责任落实到村，与村委会签订责任书。村支书哭笑不得地说：“我们连高速公路都上不去，根本没有执法权，咋去管理呢？”①

类似“高速公路管理责任书”到村、社区甚至村民小组的事，近年来在各地时有发生，这只是责任书“满天飞”乱象的一个缩影。

在 2017 年 5 月 11 日山东省卫生与健康大会上，时任山东省委书记的刘家义在谈到转变工作作风时严肃地说：“这些年乡镇、街道、村签的责任书满天飞，有些完全不符合实际，根本落实不了。签这样的责任书，实际上是上级在推卸责任。这是对党的事业不负

①《动辄签订责任状，层层负责还是层层“甩锅”？》，《人民日报》客户端，2020 年 4 月 26 日。

责任，对人民不负责任！”

刘家义举例说，一些地方把高速公路安全管理责任落实到村，与村委会签订责任书。大家想一想，签订这样的责任书，不是笑话吗？这是什么作风啊？这不是典型的官僚主义、形式主义吗？

“这种所谓的‘层层压实责任’，实际上是‘层层不负责任’！”刘家义说，“我第一次下去调研，就听到有这样的反映，我当时没吱声，第二次下去调研，又听到当地老百姓讲这个事，他是对着我耳朵悄悄地讲的，第三次下去调研又有人悄悄地对我讲。这个作风要不得，必须改！”

现在一讲起责任书，为何就会引得基层怨声载道、叫苦不迭？不少乡镇干部大倒苦水，讲出了他们心中的苦闷和无奈。

2016 年底，湖南湘西州一位镇政府负责人向媒体反映，基层责任书“满天飞”，过多过滥——作为乡镇政府负责人，他当年与上级党委政府签订了 33 份责任书，除计划生育、安全生产、食品安全、防汛抗旱外，还有烟叶生产、网格化管理、劳动力转移和金融环境创建等。

2019 年 6 月 12 日，媒体报道，四川资阳市纪委监委最近公布了一份对全市责任书签订情况的调研结果：仅 2018 年，全市各级党组织和责任部门层层签订责任书总数超过千份，其中乐至县龙溪乡的一个村就签订了 33 份，滥签责任书现象严重。

“现在会议少了、材料薄了，但我们头上仍然戴着一些责任书的‘帽子’，工作找不到抓手，无处着力……”据中央纪委国家监委网站消息，2020 年初，四川省简阳市纪委监委深入镇村走访时，发现一些部门依然存在随意设置责任书、“一票否决”事项的情况。该市纪委监委会同组织、督查等部门开展集中整治。截至 2020 年 3 月 30 日，已取消镇街过多过滥的责任书 19 项、“一票否决”事项 5 项。

有些地方责任书“满天飞”，主要有四方面原因：

第一，形式主义作祟。形式主义实质是主观主义、功利主义，根源是政绩观错位、责任心缺失。形式主义是用轰轰烈烈的形式代替了扎扎实实的落实，用光鲜亮丽的外表掩盖了矛盾和问题。

毋庸讳言，有些部门把责任书当成了“万能药方”，不但习惯当“二传手”，还经常“甩袖子”，把从上级那里领来的任务切块，通过签订责任书方式直接派给下级，至于下级能不能完成、可能遇到什么困难、完成的质量如何，则不考虑。

更有甚者，遇到尖锐的矛盾、难啃的“骨头”，不敢碰硬、不思解决，而是想方设法把责任下推、将风险往下转嫁，结果是把各级的共同任务变成基层的“独家任务”，将共同责任变成基层的“无限责任”。

西南某省一名镇长“诉苦”：县里跟乡镇签订交通安全责任书，要求严防重大交通事故，但道路维护、安装防护栏等工作需要上级部门实施相关项目，而且对于非法运营，乡镇没有执法权，只能劝导。[①]

如果把这样需要多部门、多层级联手解决的问题都压给基层，难免有推责之嫌。诸如此类的责任书，名义上是为了压实责任，实际上则是有些部门将本该由上级应该承担的责任甩给下级，特别是乡镇政府，体现的是上面有些部门不愿履职、不能履职和不正确履职。

第二，滥用考核指挥棒。责任书一个明显的特点是与责任主体个人或者单位的考核息息相关，轻者是与责任主体的工资、职务变动挂钩，重者则是对责任主体的考核采取“一票否决”。滥用责任书，实际上是上级部门对下级部门的生杀予夺，也就是滥用考核权。

更深层次的问题是，近年来，“一票否决”在基层出现滥用现象，除了中央明确实行的社会治安综合治理、环境保护和节能减排、安全生产和重大安全生产事故风险、党风廉政建设等项目外，不少地方还加入了教育科研、物价涨幅、城镇建设、税费征收、招商引资等诸多事项。

在安徽中部某市，一区政府将“治理住宅区油烟”纳入“一票否决”项目；在一些地方，报刊征订、档案管理等工作也要接受“一票否决”。

江苏北部某县一乡镇干部告诉记者，当地信访和城建工作都纳入了“一票否决”，2018年镇上有一户因合同纠纷去省里上访，“结果既当作信访问题，又作为城建问题，年底考核背了两项‘一票否

① 郝迎灿：《责任书，落地才管用》，《人民日报》，2017年4月21日第6版。

决’，一年白干。”[①]

不少变形的“一票否决”考核压在基层干部身上，而责任书都明确表明与升迁、评奖评优等挂钩，实际上是“一票否决”的延伸。

第三，与压力型行政体制密切相关。压力型体制的运行机制有三个：一是数量化的任务分解机制，二是各部门共同参与的问题解决机制，三是以否决方式为核心的多层次评价体系。责任书就是这种压力型行政体制的典型产物，一般它都具备压力型体制运行机制的三个要素。

第四，歪曲“属地管理”原则。属地管理，通俗地说就是谁的辖区谁负责，有利于明确责任落实，确保各项决策部署在基层贯彻执行，也有利于强化源头治理，推进问题解决在基层，矛盾化解在基层。

可是近年来，一些地方和部门以“属地管理”为由，把自身应予承担的工作推给基层，一旦出现问题，统统由基层承担责任。例如，有基层干部反映，“属地管理”是个筐，什么都可以往里装。有的乡镇一年签订的责任书多达四五十份，信访、国土、环保、安监等工作一股脑儿全“属地化”；本应条块协同、上下联动，有的地方和部门却把该自己承担的工作和责任层层转移到基层，有些部门理直气壮地当起“裁判员”。有人如此感慨：“名曰‘属地管理’，实为推诿扯皮。责任担当抛脑后，只向易事招手。”

凡此种种，不仅让“属地管理”走了形、变了味，而且导致基层出现“能力有限，责任无限”的错位。看似层层压实任务，实则层层转嫁责任；看似逐级落实工作，实则在“甩包袱”。

二、责任书多数成了“白条”

“上面千根线，基层一针穿”，基层的乡镇，对上衔接数十个部门，对下直接服务群众，工作繁杂而具体。

---

① 陈诺、汪奥娜、郑生竹：《基层减负，严控“一票否决”》，新华社，2019 年 3 月 19 日。

落实好从中央到省、市、县的路线、方针、政策，对乡镇来说是理所当然的。上级党政机关都希望主管的工作在乡镇得到重视，能够不折不扣地加以执行。签订责任书，可进一步压实乡镇党政“一把手”责任，以推动各项工作贯彻落实。

但现实是，许多职能部门的工作压给基层后，让基层工作人员像“无头苍蝇”一样到处乱撞，干工作“眉毛胡子一把抓”，权责不对等导致基层干部落实任务难，专业能力的不足也让基层颇为苦恼。

2018 年 11 月，浙江省纪委督导调研组在明察暗访时发现，上级以责任书形式下放乡镇的任务越来越多。例如，从浙江省杭州某街道提供给媒体的一份科室职责划分表上看到，一个城管科不仅要负责街道区域内序化洁化绿化亮化管理、动植物疫情防控等任务，还要负责文物保护、废旧物品回收管理等近 20 项工作，这还不包括要协助职能部门完成的工作。而最让城管科苦恼的是，现在许多工作都需要具备专业技能才能处理得了，然而一些部门并没有提供相关的指导培训，只是单纯地往下压任务、搞排名。

类似问题在其他地方也存在。一些机关部门的本位主义明显，不会站在乡镇基层的角度看问题、办事情，条条往块块上推责任。上级各职能部门越来越多地进行检查督察，把前期的贯彻执行和责任落实过多压到乡镇，这让不具备执法权也没有专业执法人员的乡镇感到十分吃力。

据浙江省台州某街道工作人员反映，上级对乡镇街道的年终考核中，重点工作分值最高，共有考核指标 31 项，几乎都与属地责任有关。除了重点项目推进、平安综治工作、信访工作外，还包括渔业生产安全、企业上市工作、土地全域综合整治等。对于其中不少任务，街道往往心有余而力不足。

例如在渔业生产安全方面查扣违规船只，街道没有执法权，只好苦口婆心地跟对方做思想工作。而且街道也没有进行海上工作的船艇等硬件设施，使得实际操作受限。

在追责问责制度日益完善的背景下，权责不对等的情况不仅给基层工作人员造成相当大的压力，也让不少基层干部担心履职风险。有的干部认为责任书签订了，责任就下转了。事前指导、事中管理都跟不上，减弱了责任书“落地”的行政强制性，影响其权威性和严肃性。一些乡镇面对上级党政机关越来越多的责任书，由于人手紧张，没办法落实，不少责任书签订后就被束之高阁，为了应付上级流于形式的检查。有些乡镇的不少总结汇报材料都是编材料、造数据“整”出来的。

从实际来看，上述问题不仅存在，而且较为突出。有些部门看中的是“签”，而不是“行”，一缺明确思路，二缺配套措施，三不考核问责，有的想落实却力不从心，有的没落实却无人追究。

责任书“满天飞”的危害是显而易见的，也是巨大的。

一是造成乡镇压力过大，疲于应付，催生新的形式主义。迫于各种责任书的压力，这就会增加基层乡镇政府通过造假来应对考核的道德风险。

由责任履行不实蔓延到作风不实、做人不实、用权不实等各方面，出现了人浮于事等延伸的“负效应”。当然，像责任书催生的基层形式主义，还不同于上行下效，是下级迫于上级的压力导致的，根源也在上级。

二是加剧了乡镇权责不对等的现实，影响了乡镇政府的职能发挥。权责不对等就是说乡镇政府的权力与责任不成正比，其事权、财权小，但是承担的责任更大，并且其承担的好多责任是法律规定之外的。

有些上级部门没有承担起自身应该承担的职责，把本该由上级部门完成的任务全推给了乡镇政府。这不仅不符合建设法治政府、依法行政的要求，而且被滥用的责任书异化成有些不负责任的上级部门推卸责任的一种工具，这又挤占了乡镇政府本来就有限的资源，严重影响了乡镇政府即时回应群众诉求、处置基层一线事务、更好为群众服务的职能发挥。

三是造成上级部门懒政，更助长滋生了官僚主义作风。责任书泛滥，本质是一些上级以行政权力压制下级，根源在于绩效考核制度不完善、不科学，暴露出的是典型的官僚主义作风。

责任书对于一些部门来说既可以用来证明自己认真抓了，也能在问责追责时把包袱甩给下一级，把责任书变成自己免责的“护身符”。如果任由责任书泛滥，只会造成或加剧一些部门为官不为、懒政怠政。

不少基层干部一针见血地指出，一些上级部门热衷与下级签订责任书，实际上是一种“甩包袱”的官僚作风，习惯了当“甩手掌柜”。一个地方责任书的多少，往往是当地官僚主义、形式主义存量的直接反映。

四是严重影响乡镇干部干事创业的积极性。为了保障责任书的效力，责任书中所载明的责任往往都与具体责任人的薪资、升迁或者与具体责任单位的全年考核挂钩。这一方面导致不堪重负的乡镇干部整日疲于落实各种责任书，没有时间干事创业；另一方面，乡镇干部动辄得咎，伤害了其干事创业的激情和热情。

五是严重损害政府的公信力。一些单位部门“眉毛胡子一把抓”，不管开展什么工作，都让基层签订个责任书，不仅是签订到乡镇政府这一级，往往根据上级要求还要签订到管理区或者村这一级。责任书签订的层级越多、签订责任主体越低、使用的范围越广，越减损其严肃性。当责任书多如牛毛且导致基层干部无力落实的时候，责任书就沦为一纸空文，陷入形式主义的泥潭。

三、给“空、虚、飘”的责任书“减减肥、瘦瘦身”

乡镇处在我国政权体系的最末梢，村（社区）更是直接面对群众，某种意义上来说是最基层的责任主体。落实好从中央到省、市、县的路线、方针、政策，对乡镇基层来说理所应当、义不容辞。但是，一味将责任“包袱”压在乡镇干部身上，无助于落实责任，可能还会适得其反。

空谈误国，实干兴邦。抓落实要真抓实干，与其把责任写到纸上，重视“纸上功夫”，不如把责任锁定在岗位上，铭记在干部心上，贯穿到决策举措的制定中，体现到各项工作的推进中。

首先，要避免责任书沦为“免责单”，就要严格控制“一票否决”事项。一次切合实际的工作部署、一场掷地有声的工作落实，比一张“苍白无力”的责任书效果要好得多。要给乡镇干部松绑减负，当务之急是去一去责任书的“库存”、挤一挤这种行政手段的“水分”。

2019 年 3 月，中共中央办公厅印发《关于解决形式主义突出问题为基层减负的通知》，决定将 2019 年作为基层减负年，其中提出严格控制“一票否决”事项，不能动辄签责任书，变相向地方和基层推卸责任。清理规范“一票否决”和签订责任书事项，严防泛化滥用，向“责任甩锅”说不。

该文件精准用力、“靶向治疗”，传递出党中央切实为基层减负、让广大干部轻装上阵的坚定决心。随后，多地出台文件，要求严控“一票否决”事项，给“空、虚、飘”的责任书“减减肥、瘦瘦身”——

湖南省成立专班对省直各单位要求基层签订责任书以及实行“一票否决”情况进行全面梳理、统计和分析。摸清底数，找准症结后，提出“四个一律”要求，即未经省委、省政府批准，省级层面一律不得对市州、县市区党委、政府签订责任书；省直单位对本系统签订的责任书，2019 年一律压减 50% 以上，从 2020 年起不再签订；省级层面各类“一票否决”事项统筹归口省绩效评估委员会审批，各部门一律不得擅自单独设置；除中央和省委、省政府另有规定外，省直单位对本系统一律不再设立“一票否决”事项。同时，部署市县两级同步开展清理工作，坚决防止向基层推卸责任、转嫁压力。

云南省对各级各部门设置的“一票否决”事项和涉及城市评选评比表彰的各类创建活动进行清理，该撤销的撤销，该合并的合并。一律不得要求签责任书，不得变相向基层推卸责任。大理市实行年初不签责任书、半年不检查考核、年考不重痕重迹的“三不”举措，将检查考核重心调整到加强日常督促、注重工作实绩上，纠正检查考核过频、重迹轻绩、应景造势等形式主义突出问题，切实为基层减负。①

…………

责任书满天飞甚至成“白条”，相关方面应该引起重视并反思。例如，有的责任书只管把任务派下去，而没有充分考虑基层的实际情况；有的责任书是统一的“格式合同”，而没有根据不同地方、不同时期的工作重点有所区别；还有的责任书权责匹配不尽合理，过多强调基层的责任义务，而没有意识到完成目标任务需要相应的权限以及人力、物力、财力等。

---

①《各地清理规范“一票否决”和签订责任状事项》，人民网，2019 年 9 月 22 日。

各地各级纪检监察机关宜积极履行监督执纪责任，着力解决责任书满天飞等形式主义突出问题，对签订的各类责任书进行梳理督查，对中央未规定或未经上级党委政府批准签订的各类责任书认真进行纠正整改。

其次，要避免责任书沦为“免责单”，既要靠转变作风，又要靠完善责任分配、传导的有关制度和机制。有权就有责，权责要对等。对于有效的责任书管理，各级职责清晰划分是前提，建立权责匹配制度是保障。责任书不仅要强调下级特别是基层的责任，也要明确上级自身的职责，上下共同负责、共同问责。

一项工作要落实责任，签责任书不是关键，关键是在平时工作中，如何抓落实，如何抓管理，如何进行督促、考核。只有建立工作责任目标考核机制和精准高效严格的问责机制，层层传导压力，才能确保各项决策在基层落地。

从上级党政机关来看，要以身作则、身先士卒，不能将责任一“签”了之，要从“给我上”变成“跟我上”，一级带着一级干，真正推动责任落地落实。

有必要构建严密科学的责任体系，科学合理划分自己和基层乡镇之间的事权和责任。对必须签订的责任书，在制定指标、分解任务时，不能让基层“以有限的权力承担无限的责任”，在制定目标时要因地制宜，切合实际，内容具体、可操作，不提过高的要求，让责任实打实，尤其应在业务指导、执法支持、人员培训等方面给予基层更多帮助，并严格抓好定责、督责、追责三个环节，环环相扣、层层压实、紧追倒逼，让乡镇责任归位。督查考核必须严督、实查、真考、真核，不能停留在表面上。要创新思路，优化督查考核方式，不能逼着基层“造假”“整”材料。要转变督察方式，善于运用大数据、云计算等先进技术，加强对过程性督查考核的综合分析和科学研判；广泛发动群众参与到对责任书落实情况的督查考核中，采用问卷调查以及第三方评估等方式，让群众说得上话，说话管用。对在责任书落实过程中存在的欺上瞒下、弄虚作假等行为，要点名道姓、公开曝光，并且要举一反三，防止类似现象再次发生。

从乡镇来看，有必要增强责任意识，责任书就是上级命令，就是工作方向。签责任书是为了落实责任，关键还是要干起来、抓重点、有方向。

经过科学统筹，理清思路，分清重点，深入群众，把责任书中的“责任”内化于心、外化于行。既不能一味地将责任往下压，又不能将矛盾和问题往上推。下级单位也不能一味地疲于应付，要真抓实干、抓好落实，遇到矛盾和问题要主动担当、积极作为，不消极怠工、不畏首畏尾。

再次，要避免责任书沦为“免责单”，还要建立健全考核激励机制和容错纠错机制。正所谓“人非圣贤，孰能无过”？何况智者千虑，必有一失。尤其是在时代飞速发展的今天，地方经济建设和发展要能跟上时代“趟”，改革创新那是必然。但干事就有风险，改革势必会有闪失。

如果领导干部本着一颗“公心”干事，出现错误也是在所难免，只要不是违法违纪，就应当以容错纠错机制为改革创新者“兜底”。

容错是激励的手段，而不是包庇纵容；纠错是给其改正错误的机会，不至于越走越远，同时，也是打消党员干部存在“不求有功，但求无过”“少干事就少犯错，少犯错就是好人”等不作为的心态。试想，如果党员干部在思想和行动上碌碌无为、不思进取，或是故步自封，又何以在担当中创造新业绩，切实把为民的责任扛在肩上、放在心上。

以容错纠错机制为干事者“兜底”，只要措施得当，相关监督配套机制跟上，定能激励出更多敢为人先、敢冒风险、敢于创新、勇于竞争的好干部，也会大大减少以责任书向下“甩锅”的现象。

改进作风没有间歇期、没有休止符。力戒责任书上“空”而“假”的形式主义，用制度把真正属于下级的责任交转下级，把下级无权无责的内容还给责任主体，才能使党员干部秉承求真务实、勇于担当的工作作风。

/ 形式主义表现十一 /

对待问题漠然式

金无足赤，人无完人，一个人一生中难免会有一些缺点或者会犯一些错误。但是，个别党员干部凡事明哲保身，不喜欢管闲事，对身边不良风气和违规问题态度漠然、麻木不仁，事不关己，高高挂起，知情不报、听之任之，明知道身边有人身上有缺点，犯了错误，却对不良现象采用中庸之道，抱无所谓的态度。他们没有改正缺点和错误的勇气和动力，更没有勇气惩恶扬善。更有甚者，个别党员干部明知不对，明知是缺点和错误，却要千方百计地寻找理由搪塞，为自己的缺点和错误辩护。结果适得其反，最终毁了自己的形象和降低了自己的人品素养，甚至掉进了泥潭不能自拔。

问责　　　　新华社发 徐骏作

2019年8月19日，中央纪委国家监委网站刊文《先处分后补偿，岂能如此“厚爱”》，文中讲到，杭州市富阳区洞桥镇大溪村党委书记王荣华充“老好人”，套取5000元村集体资金，补偿受处分的干部何某某。随后，洞桥镇纪委对王荣华进行立案调查，王荣华因违规对受处分党员进行经济补偿，造成不良影响，违反党的政治纪律，受到党内警告处分。

王荣华事后坦言，看到党员为集体的事情受了处分，“总觉得过意不去”，才犯了错误。表面上看，他是个“好人”，讲义气，重感情。但实际上，他只讲私情，不讲党性，对受了处分的党员干部该批评的不批评、该教育的不教育，反而费尽心机去补偿，这就是典型的“老好人”。

这种“老好人”在一些党员干部中很流行，在这起案例中，想做“老好人”的，就不止王荣华一个，其他村干部也认为“乡里乡亲的是得补偿一下”。

“你在消极腐败现象面前当好人，在党和人民面前就当不成好人，二者不可兼得。”2014年1月14日，习近平总书记在第十八届中央纪律检查委员会第三次全体会议上的这句话令人深思。

党的十八大以来，全面从严治党成效卓著，党风政风焕然一新。但要认识到，在党的建设方面还存在一些薄弱环节，当今仍然需要继续加强制度保障，为那些正直果敢、敢于担当的干部撑腰鼓劲，养成讲真话、说诤言、干实事、实干事的良好风气，让能者“上”，让庸者“下”。

一、官场“老好人”的四副面孔

毛泽东曾为干部队伍中存在的“老好人”画像：“因为是熟人、同乡、同学、知心朋友、亲爱者、老同事、老部下，明知不对，也不同他们做原则上的争论，任其下去，求得和平和亲热。或者轻描淡写地说一顿，不作彻底解决，保持一团和气。”[①] 寥寥数语，描绘出了“老好人”的特征。

①《毛泽东选集》第二卷，北京：人民出版社，1991年版，第359页。

“事不关己，高高挂起”一语出自毛泽东1937年发表的《反对自由主义》一文。他列举了当时的革命队伍中的若干不良现象，其中一段原话是这样的：“事不关己，高高挂起；明知不对，少说为佳。”

提起好人，人皆赞之。但如果在好人前面加上“老”字，性质就真的变了味儿。认为事情与己无关，把它搁在一边不管。这是“明哲保身”的“老好人”盛行的庸俗哲学。当前，这种思想在党员干部中比较盛行，不敢批评、不愿批评，不敢负责、不愿负责的现象较为普遍。

“老好人”最鲜明的特点是“三无”，即一无立场、二无原则、三无底线。主要有以下四副面孔。

一是不作为型：只要不出事，宁可不干事。在党政机关干部队伍中，经常可以看到这样一类“老好人”：“为了不出事，宁可不干事”。当然，他们也不是一点事不干，而是不干“出头的事”、不干“难办的事”、不干“创新的事”、不干“费劲的事”、不干“得罪人的事”、不干“领导没表态的事”。

通常，人们把这类人称为“六不干部”，一是开会讨论发言，从来不说不字。二是有人请示工作，从来不说不字。三是下级写来材料，从来不说不字。四是别人求他办事，从来不说不字。五是单位评比和提拔干部，从来不说不字。六是有人请客送礼，从来不说不字。

“老好人”讲求“混”，工作马马虎虎则可，表现勉勉强强为上，上不得罪领导，下不招惹同事，办公室里看看报纸，工作时间喝喝茶水，在他们看来，工作不是干出来的，而是混出来的，因为就是这种混的思想让他们得到很多人的好评以及领导的赏识，既不会被同事嫉妒，又不会被领导“拔刺”，他们成了标准的“老好人”，工作的唯一目的就是安安稳稳地拿工资，而唯一的工作也是安安稳稳地拿工资。

二是粉饰太平型：遇到矛盾绕道走，碰到困难往后退。“老好人”有的身居其位、不谋其政，遇到矛盾绕道走，遇到群众诉求躲着行，推诿扯皮、敷衍塞责，致使小事拖大、大事拖成大祸。有的为人圆滑世故，处事精明透顶，工作拈轻怕重，岗位挑肥拣瘦，遇事明哲保身，有功劳抢得快，出了问题上推下卸。即使发现同志有是非过错，宁愿说些奉承话，也不肯“拉拉袖子提个醒”，该批评的不批评，该劝阻的不劝阻，该制止的不制止，最后使得有错误的同志执迷不悟，错失改正错误的良机，在错误的道路上越走越远，最终酿成无法挽回的大错。

2017 年 6 月，陕西省榆林市米脂县沙店镇中心卫生院院长李某伏顶风违纪，占用两孔新维修的互通窑洞作为办公用房，严重超出规定面积。李某伏对该院长期存在、群众反映强烈的病房墙壁起皮、掉尘等问题消极应付，久拖不修，造成不良影响。2018 年 3 月，李凤伏受到记过处分。①

事不关己，高高挂起。对群众反映的问题充耳不闻，庸政懒政，只顾自己享受，这样不作为的干部就应该用纪律的戒尺敲打敲打。

三是曲意逢迎型：这种人见了上司弯腰如虾、柔声如猫，即使不在口头上说自己是孙子，也要在精神上自贬三辈。在《论语》中，无原则迎合乡人者被称为“乡愿”，孔子谓之“德之贼也”。这一判词对于“老好人”式领导干部也十分精当。似忠似廉，无非假面孔；患得患失，尽是俗心肠。“老好人”只知媚俗趋时，显然不是好干部。

“老好人”遇事随声附和，对上级的工作不做辨别，不提意见，口中常挂的就一句话“您哪说我哪办”，有时明知上司有错，也不纠正，不制止，不提不同意见，生怕因此影响自己的前程。有的更是唯唯诺诺，问题面前不表态，即使发言也先看领导说了什么，然后说几句云里雾里、无关痛痒的话。有的擅长于“吹喇叭”，热衷于“抬轿子”，无原则地逢迎、讨好。如果领导说轮船能在天上飞，他便会说轮船在天上比飞机飞得还快还好。这种人时时处处迎合上司的心理，让领导很受用。

四是相互利用型：有心“栽花”，无意“栽刺”。为了进退自如、升迁有余。“老好人”就像水中的鱼儿一样，上边能游，下边也能游，领导面前“抬轿子”，下属面前“吹哨子”，两头逢迎两头惹，不但是领导眼中的“好下属”，而且是下属心里的“好领导”，在善“游”者的观念中，出不出成绩没有关系，反正只要“轿子”

---

①《陕西通报 6 起违反中央八项规定精神问题》，中央纪委国家监委网站，2018 年 4 月 9 日。

抬得好，领导就会提拔；只要“哨子”吹得响，下属就会拥护，就算偶尔犯点错误，也有领导庇护、下属求情。

当前之所以产生党的领导弱化、党的建设缺失、全面从严治党不力，党的观念淡漠、组织涣散、纪律松弛问题，归其根本在于一些党的领导干部没有正确认识权力与责任的关系，把两者分离开来，甚至只想要权力，不愿担责任。一些党组织党内政治生活失去原则性和战斗性，源于这样的“老好人”太多，他们搞一团和气、不愿得罪人，基本不开展批评。即便批评，也是抽象空洞的，包装了再包装，致使批评失去了锋芒，成为无的放矢。

“老好人”之所以有生存的土壤，一个重要原因在于，对许多人来说，好话听着高兴、舒服，而批评的话听着脸红、尴尬，即使好话说过了头，听者也不会怪罪。

现实中，也存在反映问题被孤立、排挤，“吹喇叭”“抬轿子”反成座上宾的情况，由此也助长了明哲保身、哼哼哈哈的“老好人”官场哲学。

二、“老好人”造成“劣币驱逐良币”

著名作家巴金晚年在《随想录》中写道：“真理是不承认任何权力与权威的……不存在风险的真话，是没有社会价值的。”真话，尤其是一些有价值的真话，往往会触及一些人的痛处、影响一些人的利益，因而特别不招人待见，甚至会给自己带来麻烦。因此，讲真话在当今社会往往显得特别珍稀，尤其是在权力的“怒喝”面前，真话往往还来不及脱口而出，就已经吞入了肚中。

“老好人”用庸俗的得失观看问题，用扭曲的是非观判对错，用狭隘的利害观干事业，八面玲珑、左右逢源，心中的“小算盘”算计的都是一己私利，将党和国家的需要以及人民的利益弃于脑后。

这种“老好人”具有很强的欺骗性，似“糖衣炮弹”，表面甜蜜，一旦被提拔重用，对一个部门或一个地区的干部作风、政治生态，都有恶劣的影响。

从以往情况来看，“老好人”现象存在三大危害。

一是助长怠惰之风。“老好人”醉心于“太平无事”、争做“太平官”，就容易罔顾实事求是的思想路线，不讲政治、只讲人情，遇到矛盾不睁眼、遇到真相不揭露、遇到问题不解决。

2016 年 3 月 1 日，中央纪委监察部网站披露了财政部驻北京监察专员办事处原党组书记、监察专员张某华等人因班子成员严重违纪问题受到责任追究的案例。

据报道，2013 年，财政部驻北京监察专员办事处原党组成员、专员助理李某林带队检查某上市公司期间，违规要求该公司安排入住五星级酒店，多次接受宴请，并利用职务之便向该公司董事长提出借款 1000 万元。借款要求被拒绝后，未经请示向该公司发文作出处罚。

张某华作为北京专员办党组主要负责人及检查组组长，在接到检查组有人索要款项问题的实名举报后，未进行了解，也未向组织报告。此外，李某林还包养情人并生有一子。2015 年 7 月，李某林受到开除党籍、开除公职处分；因落实主体责任和监督责任不力，张某华被免去党组书记、监察专员职务，党组成员、副监察专员兼纪检组组长江某森被诫勉谈话。

张某华这个“老好人”，为了爱惜“羽毛”，最终酿成恶果。

“老好人”在日常工作中既不愿承担责任，也不愿投身实践，生怕因为自己的辛勤工作抢了他人风头，引来他人嫉恨；生怕自己的工作没有做好而给别人留下口实，给自己带来麻烦；生怕自己的公正言行成为引起他人打击报复的“祸根”。故而，他们在该开口的时候言不由衷，在该坚持原则的地方和稀泥，在该“撸起袖子加油干”的关头要“迷踪拳”，最终造成工作中“只闻楼梯响，不见人下来”。

“老好人”通过讨好别人使自己得好。毋庸讳言，“老好人”之所以常见，就是因为不少“好人”得了好处，带来模仿跟风，以致“潜规则”蔚然成风。如果干部选任只是简单地以票取人，在“唯票”的指挥棒下，干部必然会拉关系、拜门子、争票数。奉行者得了好处，讲原则、敢批评的不仅没有得到应有的鼓励和褒奖，反而还被看作异类。这种“劣币驱逐良币”带来的结果只能是搞关系的越来越多、讲原则的越来越少，怠惰之风蔓延。

二是致使干部脱离群众。“子帅以正，孰敢不正。”人民群众期待法律面前人人平等，期待党员干部能够做执纪护法的表率。可是“老好人”做派让党纪国法成了一些领导干部任意赠送的“人情”，作为政治利益交换的“礼物”，作为达成利益联盟的“投名状”。

正是“老好人”的不较真，让党纪国法形同虚设，纵容了一些人随意践踏人民群众的利益，随意剥夺人民群众内心期盼的公平、公正。“水能载舟，亦能覆舟”，对人民群众利益受损视而不见，对人民群众的呼声充耳不闻，对人民群众的泣诉默不作声，只会让我们党曾经的“铜墙铁壁”变得千疮百孔。

三是纵容干部消极腐败。“老好人”之所以不愿批评人、得罪人，是想换取“群众基础好”的“美誉”，谋的是自己的升迁之路和私利。本该讲原则却变为讲人情，甚至把集体主义庸俗化为圈子、帮派，把同志关系和组织关系庸俗化为利益关系和裙带关系。

如此一来，一个单位或一个地方必将在“一团和气”中错失发展机遇。这种庸俗作风盛行之处往往会成为党组织和领导上政治软弱、作风涣散的地方，也会成为党员、干部中出问题多的地方。

近年来，有些单位问责不力的一个重要因素就是有些部门和领导干部不愿得罪人，往往将大事化小，小事化了。

由中央纪委宣传部、中央巡视办、中央电视台联合制作的电视专题片《巡视利剑》，2017 年 9 月 7—11 日在中央电视台综合频道晚 8 点首播，王珉、黄兴国等“贪虎”现身说法。

辽宁省委原书记王珉在《巡视利剑》中说“辽宁是他政治生涯的最后一站，船到码头，车到站，能不处理人就不处理人”。天津市委原代理书记黄兴国也在《巡视利剑》中说“刚到天津，为了立足，对一些问题睁一只眼闭一只眼，讨好本地干部”。王珉和黄兴国这种应为不为的想法和做法就是典型的“老好人”做派。

王珉纵容下属肆意妄为，在省委换届、人大换届，拉票贿选，损害了国家的政治根本，损害了党在人民群众心中的形象，让辽宁省干部队伍塌方，最终也将自己送进了班房。

黄兴国对政协原副主席、公安局局长武长顺，市委原常委、副市长杨栋梁的违法违纪问题视而不见、听而不闻，最终也让自己身陷囹圄。种种例子表明，好人可当，“老好人”不可有！

三、剑指官场“老好人”

党的十八大以来，结合新形势，针对新情况，习近平总书记也刻画了干部队伍中存在的好人主义，辛辣地抨击其为“推拉门”“墙头草”。

习近平总书记说，一些干部中好人主义盛行，不敢批评、不愿批评，不敢负责、不愿负责的现象相当普遍。有的怕得罪人，怕丢选票，搞无原则的一团和气，信奉多栽花、少栽刺的庸俗哲学，各人自扫门前雪，莫管他人瓦上霜，事不关己，高高挂起，满足于做得过且过的太平官；有的身居其位不谋其政，遇到矛盾绕道走，遇到群众诉求躲着行，推诿扯皮、敷衍塞责，致使小事拖大，大事拖成大祸；有的为人圆滑世故，处事精明透顶，工作拈轻怕重，岗位挑肥拣瘦，遇事明哲保身，有功劳抢得快，出了问题上推下卸。更可怕的是，这样的人有些还混得左右逢源甚至如鱼得水，付出的比别人少，得到的比别人多。这种不求有功但求无过的“圆滑官”“老好人”“推拉门”“墙头草”多了，党和人民事业还怎么向前发展啊？这些问题危害极大，必须下大气力解决。[①]

从表面上看，官场“老好人”在党纪国法面前留一线，讲感情，不讲纪律；讲大局，不讲原则。实际上，“老好人”是能力不足，在矛盾面前，没有办法，在人情面前，不会推脱。不管是辽宁省的拉票贿选案，还是南充市和衡阳市的拉票贿选案，时任的主要领导都说当时贿选蔚然成风，没有认识到贿选的危害性，实际上是他们在大量的拉票贿选前，缺乏坚守纪律和原则的勇气，更缺少化解众人违法这个危局的能力。

有些不作为的官场“老好人”不仅违纪，也违法。对于大多数不作为的干部，只进行党纪处分是纪在法前和抓早抓小的重要体现，但一些造成严重后果的不作为行为还涉嫌违法，甚至犯罪。《中华人民共和国监察法》第十一条规定，监委具有对玩忽职守等职务违法和职务犯罪进行调查的职责。玩忽职守主要是指公职人员严重不负责任，不履行或者不认真、不正确履行职责，致使公共财

---

①《着力培养选拔党和人民需要的好干部》（2013年6月28日）；《习近平谈治国理政》第一卷，北京：外文出版社，2018年版，第415–416页。

产、国家和人民利益遭受损失的行为。严管就是厚爱，问责就是警醒。要认清“老好人”种种表现与特点，认清其实质与危害，彻底铲除“老好人”生存的制度土壤。

首先，要完善干部任用考核机制。为官一任，理当为民多干实事、好事，而绝不应该只是不出错、不出格。是看重干部的实绩还是倾向干部“听话”，是倚重能干事、干好事的人，还是偏向拉关系、和稀泥的人?

其中，完善考核机制，可让更多党员干部放弃“老好人”做派。2018 年 5 月，中共中央办公厅印发了《关于进一步激励广大干部新时代新担当新作为的意见》，进一步明确了用人导向，就是六个字：“重实干、重实绩”，提出好干部的标准有“五个过硬”：信念过硬、政治过硬、责任过硬、能力过硬、作风过硬，而且要敢于负责、勇于担当、善于作为、实绩突出。在这个基础上，制定具体的考核评价标准。

例如，突出一个方向，就是重点考核对党中央决策部署贯彻执行情况，也就是习近平一直强调的“落实”问题。照顾复杂现实，按照不同区域、战线、层级干部制定合理的考核指标和方式方法，体现差异化。完善政绩考核，解决表态多调门高、行动少落实差等问题，力戒形式主义、官僚主义。考核结果要同干部选拔任用、评先奖优、问责追责结合起来。

其次，要用好“问责”这把利器。要严格执行问责条例，实现权责面前一律平等，做到有权力的不放纵、有问题的不放过，特别是对那些管党治党失之于宽松软，搞一团和气，不负责、不担当，造成严重后果的“老好人”，必须严肃问责。

“为政之要，唯在得人，用非其才，必难致治。”近年来，一些问责法规的出台，为打通“能上能下”渠道作出了完美“助攻”，让“干坏事要下台，不干事要下台，干不好事也要下台”。

早在 2015 年 7 月，中共中央办公厅印发《推进领导干部能上能下若干规定（试行）》，对干部“能上能下”作出了专项规定。从聚焦“不正、不为、乱为”三大为官问题，到调整十种“不适宜任现职”干部；从增加五项对领导干部的问责情形，到明确六种干部“能下”的渠道，让无数领导干部感到了前所未有的紧迫感，传递出公职人员队伍没有“铁饭碗”的明确信号。

推进干部“能上能下”的重点和难点是解决“能下”的问题。

因为干部只有“能下”了，才能让在位的干部有危机意识，更加珍惜来之不易的岗位，让向上的干部有奔头、有干劲，更加如临如履、兢兢业业，从而形成万马奔腾的竞争局面，更好地构筑政治生态。因此，能否落实好党内的问责制度，用制度约束好权力，是推进“能上能下”的关键。

第三，要落实党内民主制度。“老好人”心态之所以难以根除，有其深刻的根源。做“老好人”与写官样文章一样，并不是党员干部没有主见、看不到问题，而是这样做被默认为是最安全、最保险。

反过来分析，如果大家都愿意做“老好人”，都不愿得罪人，就说明正气不彰的情况不是个别性的问题，说明“得罪人没好果子吃”的潜规则实际上还在被人奉行。要让大家敢于说真话、敢于批评与自我批评，还需要有承受讲真话、直面问题的良好民主氛围和制度保证。一方面要为那些想说真话、想干实事的党员干部创造环境、创造条件、提供保障，进而让更多党员干部在想说真话的同时，敢说真话、能说真话。另一方面要旗帜鲜明，为那些敢于担当、踏实做事、不谋私利的干部撑腰鼓劲。

“敢于当面反对、使我下不来台的人，我会重用他。”2011 年 9 月 8 日，《朱镕基讲话实录》（一至四卷）出版，而上述话语则被视为朱镕基四大经典语录之一广为流传。领导干部重用敢于当面反对自己、使自己下不来台的人，是一种大智慧，这也是治疗“老好人”病症的良药。

敢于、善于重用“提意见的人”是一种大智慧。希望各地在选拔任用干部之时，不妨把那些善于“提意见的人”选拔到重要岗位上，而切莫被那些好溜须拍马、好阿谀奉承的人所蒙蔽，以避免贻误大事。

第四，建立健全容错纠错机制，为敢于担当的干部撑腰鼓劲。有不少“不作为”的官员认为，“枪打出头鸟”，“领头羊”搞不好就会成为“替罪羊”。为了解除干部的“后顾之忧”，各地宜建立和完善干部容错免责制度。

对由于缺乏经验、先行先试、政策不明等因素，导致相关单位和干部工作出现一定失误或偏差、造成一定损失或影响以及未达到预期效果或效益的，给予容错免责或从轻减轻处理。除允许干部个人提出容错申诉意见外，要求启动追责问责调查程序时同步考虑容错调查，分析容错情形时可以邀请服务对象、利害关系人、专家代表等参加研判，容错认定结果在一定范围内公开，并督促做好纠错改错工作。

对容错免责的干部，要坚持不留“污点”，在党风廉政建设考核、年度考核、绩效考评、评先评优、选拔任用、职级职称晋升等方面不受影响。对容错从轻减轻处理的干部，在影响期满后同等对待、合理安排使用。

对那些长期冲在改革发展一线，面临的矛盾和问题复杂多变的干部来说，容错免责机制为他们踏实干事加上了一道“护身符”；对于大胆改革、勇于担当的干部，容错免责机制则增添了他们敢作善为、讲真话的底气，从而进一步压缩了“老好人”生存的制度土壤。

/ 形式主义表现十二 /

检查考核过滥式

在有些地方，名目繁多的核查、评比、考核，数不胜数的重复报表、材料、展板、模型，表面上轰轰烈烈、声势浩大，基层干部整天忙得团团转，却解决不了实际问题，老百姓也见不到实惠。“半年一小检、一年一大检”，导致基层部门单位疲于应付，把更多的精力放在“纸上做业”、做表面文章上，单位也成了“材料加工厂”，难免陷入务虚而不务实的怪圈。由此可见，检查考核并非越多越好，让基层干部腾出时间和精力干实事，才是真正的要紧事。

应接不暇　　新华社发　商海春作

名目繁多、过频过细，动辄则督。一家单位一年要迎接多少项检查？东部某省一街道粗略统计，2019 年共有工业、文教卫、城建等 14 条线 79 项。而西部一乡镇干部则反映，平均 1 周至少有 1 次上级督查检查，“甚至出现一项督查检查还未应付完，后面的督查检查已在工作计划中。”这里面有些督查检查内容重合，人员是一拨拨来，要求是大同小异，实质是重复验收。①

近年来，检查考核工作在各个领域存在名目繁多、频率过高、多头重复、重留痕轻实绩等问题，地方和基层应接不暇、不堪重负，既不利于集中精力抓落实，也助长了形式主义、官僚主义，损害党群干群关系。

“考核就像车轮战，一轮一轮不间断。”有些基层干部用一句玩笑话道出了考核任务的繁重。如何纠正走偏的督查检查思维，让基层干部摆脱高压下作业、干活憋屈的心理状态，是当前亟待解决的问题。

一、检查考核过多过滥，透支基层干部

“问：这段忙啥呢？
答：精准扶贫。
问：扶贫部门干啥呢？
答：督查我们。

问：这段忙啥呢？
答：污染防治。
问：环保部门干啥呢？
答：督查我们。

问：这段忙啥呢？
答：土地执法。

① 杜晓光、郭妙兰：《一拨拨检查督导让基层苦不堪言》，《中国纪检监察》，2022 年第 1 期。

问：土地部门干啥呢？

答：督查我们……

问：你是哪个部门的，怎么谁都督查你们？

答：我是乡镇干部。”

这是在一些乡镇基层干部中流传着的段子，版本细节不同，大体内容相仿。显然，这有些夸张，但反映的问题很真实。

“减少对基层的‘打扰’，能让大家腾出更多时间抓工作、抓实效”“期待这个深得人心的政策，能很好地得到落实”…… 2019 年 3 月，中共中央办公厅印发《关于统筹规范督查检查考核工作的通知》，强调 2019 年要解决检查过多过滥等一些困扰基层的形式主义问题，切实为基层减负。

作为一种内部监督手段，督查检查考核是督促落实、改进作风、激发作为、评价干部的重要手段。近年来，一些督查考核的激励担当、鞭策落实的指挥棒越用越灵。当然，作用值得肯定，问题也需正视。

名目繁多、频率过高、多头重复、重留痕轻实绩……细数当前督查检查考核工作中存在的种种问题不难发现，这一推动工作落实的“指挥棒”，在某种程度上正在异化为束缚干事创业手脚的“捆仙绳”。甚至有不少基层干部无奈地感叹：“现如今督导检查的人，比具体抓落实的人还多。”

现象一：一天接待几个部门检查，让基层干部应接不暇。有些乡镇每年年终要迎接的检查，除了市县对领导班子和领导干部个人的综合性工作考核外，也涉及扶贫、民政、招商引资等工作，合计有十多个部门的年终考核。很多考核项目其实完全可以合并，但各级部门都要单独进行考核、检查，弄得基层干部需要反复准备、填表、报数据，一件事情要重复汇报多次。

浙江省纪委监委在基层察访时发现，督查检查考核过多过滥，以及其中的形式主义、官僚主义表现，成为大家反映相对集中的问题。丽水市青田县一名乡镇干部说，自己一天最多接待过四五个批次的检查组，“经常这边还没接待完，下一个检查组又来了”。在他的印象中，一周没有检查的情况很少。[1]

做好乡镇工作必须深入农村，很多检查考评确需到村里看现场。然而有时候一天之内有多个单位、部门过来检查，每个部门都要去一次村里，很多基层干部连正常休息也不敢奢望。

现象二：很多考核只看痕迹，一检查就翻材料。近年来，一些地区和部门要求在工作中留痕，通过记录、保存工作开展中的文字、图片等，推动工作"一步一个脚印"。其初衷是好的，然而，有的地方滥用"留痕"手段，甚至兴起留痕攀比风，将"过度留痕"的风气传导到其他行业、领域。有的以上级机关名义发文，将留痕上升到"制度"层面，将留痕设置成"必选项"；有的要求从领导机关做起、从领导干部做起，让一把手来抓"留痕"等。这样的风气在一些地方和部门愈演愈烈，甚至发展为"无痕不工作，工作必留痕；有痕受表扬，无痕被批评"的病态。

不管实际是否需要"留痕"、内容是否适宜"留痕"、有没有条件"留痕"，都得建个台账，忙工作成了"忙台账"，这类现象最为基层干部诟病。

有的基层干部说，很多考核只看"痕迹"，不问实效，一检查就翻材料。例如，某某部门、某某检查组下发通知，于某月某日下基层督查考核某项工作。对于基层干部而言，往往就意味着要加班加点准备迎检材料。东找一点图片，西补一些台账，准备的材料装了十数个文件盒，看起来"好看"，检查也就过了一半。因为上级不会细看每一份材料，粗略翻阅一通，走个过场，只要"数量"可观，"质量"也就扎实了。"迎检材料一摞摞，下来督查半小时"，这或许是当前很多基层干部和督查检查干部心照不宣的工作常态。

现象三：有的事项一不小心就要扣分，并被严肃问责。据报道，西部某县要求基层张贴某公告，村里张贴后恰逢雨季，一场狂风暴雨把公告刮没了。恰逢县纪委下来检查，说村里没张贴公告，于是处分了两名村干部。从此之后，村里每每张贴公告，都要先拍张照片。

① 颜新文、黄也倩：《让基层干部从频繁"迎检"中脱身》，中央纪委国家监委网站，2019年3月21日。

留痕本该是倒逼开展工作的手段，现在反而成了怕被问责的自我保护手段。宣传、培训、教育类工作是处处留痕的重灾区。

有些基层干部官职虽然不大，但每天的日程安排得满满当当。例如，扫黑除恶、禁毒宣传、安全生产、环保督察等，一个接着一个，最多时候一个月里应对各级督查迎检的事项有七八项。尤其是有些考核的手段比较机械化、问责方式简单化，更让基层干部感到犯难。

例如，文明创建的督查，事无巨细，小到一个区域内发现烟头数量超标，都会被扣分；再如，安全生产督查，群众对相关政策、知识等知晓率是重要测评指标，督查组随机入户调查，有居民答不出，便被认定为政策宣讲不到位。

督查考评一杆标尺，但实际情况千差万别。对于政策、知识等宣传，干部跑断腿，也无法做到每家每户都了解掌握，但只要一被发现，都会被当成问题扣分。有些重要的事项，诸如文明创建、环保督察等，扣分多了就会影响督查结果，并被严肃问责，年终考核等还会被“一票否决”。

归纳来看，督查检查考核走形式、务虚绩，不仅占用时间，而且靡费公帑，危害不容小觑。

东北某乡党委书记反映，某天早上要接待 13 个检查团，只好让乡里干部全部上阵。

西部某市街道办张主任也表示，往往前脚刚把这个检查组送走，那个评比团眼看着就来了。基层干部说“督查检查考核的人比抓落实的人还多”。2016 年仅迎接检查准备的纸质台账就装了 100 多盒，但上级检查往往走马观花，翻一下就完事了，部分材料还在仓库堆着。①

这篇报道还提到，有一个贫困户，仅身份证号码就填了几百次。一个贫困村一年花在打印上的钱，不少于两万元。在扶贫中，这些表格的主要作用就是迎接检查。当年 5 月，有一个乡迎接检查团，仅打印费就花了 10 多万元。

①《一早接待 13 个检查团！临近年终，频繁检查评比让基层吃不消》，《半月谈》客户端，2017 年 12 月 11 日。

西部某市龙船巷社区（化名）一间20多平方米的办公室，在短短4年内，被3家不同的区级部门（区民政局、人社局和司法局）前后装修了3次，每次都花费十几万元。但装修后，办公室基本上闲置。

此前，区民政局为落实进一步做好慈善事业的要求，把办公室装修成了“慈善超市”。但该社区只有一户低保户，“慈善超市”建好后一直都空着，只有验收检查的时候放些米、面、油，低保户也从没来这里领过。后来，“慈善超市”又先后变成“家庭服务超市”和“法律超市”。但除了迎接检查和接待采访，平时基本上闲置，有时社区工作人员和居民还要冒充家政服务员和服务对象表演。[①]

“迎检”办公室终归是作风之弊的产物。一则把应付当落实。二则把落实工作异化为落实办公室。三则或甚至存在领导拍脑袋决策的因素。四则部门之间缺乏有效的沟通等。试想，倘若上述民政局、人社局、司法局搞好沟通衔接，4年装修3次也不至于会出现。各打自己的小算盘，只能是劳民伤财。

“迎检”办公室其实不是新问题，虽然媒体报道时没有点出该社区的实名，且报道中“并不少见”的走访结果值得警醒，这只能说明媒体不是针对个别部门，而是为了发现现象、督促改进工作作风。

二、上级检查与下级迎检落入“双重表演”

基层工作本来就忙碌，且长期存在责任与事权不对等的尴尬，事权一时难以扩大，责任却可能在短时间内层层加码。为确保“工作落实”，本应作为“后手”的督查检查考核，现在成为不少上级部门的“工作重心”，恨不得“今天刚结婚，明天就生娃”，使得基层应接不暇，不堪重负。

有干部反映，一些检查负责人中午11点才到乡镇，十一点半就要回县城，下午还要去另一个乡镇督查。“10分钟在乡镇会议室

① 陈国洲、周闻韬：《工作下沉变办公室下沉：“迎检”办公室，4年竟装3次！》，《半月谈》客户端，2028年4月15日。

看材料，10分钟在路上，10分钟在现场”，督查检查考核彻底沦为“走马观花”“到此一游”，还能起到什么实际功效？

不少督查检查考核浮在表面，有的基层单位和干部心怀侥幸，不惜花样百出地以形式主义应对形式主义。“你有你的张良计，我有我的过墙梯”，以致检查者和被检查者互相“演戏”，出了一幕幕闹剧。

闹剧一：提前规划迎检路线，总结4条迎检“过关诀窍”。2019年12月1日，中央纪委国家监委公开曝光8起形式主义典型案例，其中披露了江西省萍乡市莲花县在国家贫困县脱贫摘帽验收检查中弄虚作假等问题。

2018年，莲花县尚未脱贫摘帽，时任县委书记刘乡于8月组织召开全县脱贫摘帽攻坚工作推进会。为应对国家脱贫摘帽验收检查，会议总结了人为控制抽检比例、提前规划迎检路线、电话查访确保百分之百满意率、配齐旧用品避免“穿帮”等4条迎检“过关诀窍”。

会后，县委办公室将此以文件形式印发，该县遂按此“诀窍”应对验收检查。为提前设计好路线，给检查组人员“带路”，全县在每个村都组建了十几人的信息员队伍，避免检查发现问题，为防止检查前临时购置新物品造成“穿帮”，全县还提前为已脱贫的部分贫困户购置家居用品，共计花费153万余元。

2019年7月，莲花县委被责令作出深刻检查；刘乡受到党内严重警告、政务降级处分。

闹剧二：养殖场以每天每头50元的租金“租牛迎检”。在一些基层，检查评比的活动较为密集，上级对下面实际情况不了解，要求又比较高。尽管检查评比活动的出发点很好，都是为了激励和帮扶，但在巨大的压力下，有的甚至打起了“狸猫换太子”的主意，用冒名顶替的方式通过验收。

2016年，为深入推动全县脱贫攻坚工作，云南省昭通市镇雄县委、县政府探索开展了“比进度、看特色，比突破、看亮点”活动。盐源镇党委、政府将敬天养殖场确定为盐源镇“两比两看”的观摩检查点上报。检查过程倒也顺利，但事后，一条举报短信发给了镇雄县委书记翟玉龙："盐源镇党委、政府安排敌天养殖场向当地养牛户租用黄牛到场充数，忽悠检查，应付观摩。"

该养殖场规模较大，还需要租牛应付检查吗？原来，由于贷款资金尚未到位，引进100头黄牛的计划落空，养殖场实有存栏牛羊数并不多。为了给观摩检查的领导留下好印象，养殖场以每天50元的租金租了10余头牛到养殖场。①

此案例中，看上去是养殖场自作主张，把好事整砸，实际上还是根上出了问题。该镇领导虽对养殖场提出了高要求，却并未深入细致了解养殖场养羊、养牛的具体情况。从作风建设上而言，此事却透着必然性。

更有一些党员干部为了政绩，不惜浑水摸鱼，在脱贫验收这一环节大做文章，上演了一出出"自导自演"的闹剧。

2018年7月，吉林省长岭县大兴镇为应对国务院扶贫办扶贫养牛项目专项资金检查工作，将临时借用的100余头牛放进牛圈并在牛槽中摆放草料，故意制造养牛项目"红火"的场景，造成不良影响。②

其实，类似事情以前也发生过。据《人民日报》2015年刊发的一篇文章披露，有个地方，为了让上级考察时看到自己的扶贫成绩，派一些小学生披着装化肥用的白色塑料袋，趴在领导路过的山坡上。领导远远望去，山坡上尽是"美羊羊"，大加赞许。

从"装羊迎检"到"租牛迎检"，花样翻新、洋相百出的"闹剧"在扶贫领域频频曝出，折射出一些地方根深蒂固的形式主义、官僚主义。在扶贫工作中大搞投机取巧的花招，在其他工作中又何尝不是如此？用中医术语来说，这属于"虚火旺盛"。

值得反思的是，了解民情民意，需要的是扎实的作风，需要的是和群众"打成一片"，对群众的现状和要求要了如指掌。如果做不到这一点，就算迎接检查的过程中心很细，那也很难保证不出岔子。

---

①《扶贫点"租牛迎检"，一场形式主义新闹剧！》，《人民日报》客户端，2018年7月20日。

② 王奇：《危改，容不得张冠李戴》，新华社客户端，2020年4月10日。

闹剧三：代填代签脱贫表格“帮助”贫困户提前脱贫。扶贫工作来不得半点虚假，在脱贫攻坚中欺上瞒下，搞“数字脱贫”“贷款脱贫”“预算脱贫”等弄虚作假行为，也许能忽悠一时，但终究都会露出马脚。

2016年12月，安徽省宿州市埇桥区蕲县镇白安村组织填写脱贫攻坚脱贫户年末核查表和脱贫户人均纯收入调查表。白安村村委会主任王某军为“帮助”贫困农户王某达到脱贫标准，竟然在填写脱贫调查表时“造假”，将王某的个人信息随意填写为耕地面积2亩，生产经营性收入1800元，当年人均纯收入3560元，并代替王某签名填写了脱贫确定书，使其“脱贫”。①

这样的“假脱贫”，背后其实是“真忽悠”，又岂能蒙混过关？2017年初，在安徽省委托第三方对埇桥区精准脱贫工作监测评估中，王某户被评定为达不到脱贫标准。王西军的造假行为“露馅儿”，受到党内警告处分。

闹剧四：要求贫困户记住乡镇领导的名字、职务、电话。2020年4月17日，《人民日报》政治版、人民网《领导留言板》就困扰基层的形式主义问题联合展开问题线索征集。多地基层干部和网友在《领导留言板》就形式主义新老问题吐露心声。其中，有一条留言引起舆论关注。

“我是县局下村扶贫责任人，几个月的时间里，我对这项工作中的形式主义深有感触。”2020年4月20日，河南一位基层干部留言反映，自己在工作中遇到重复填表、会议和文件繁多等形式主义问题，“贫困户要记住乡镇领导的名字、职务、电话，在贫困户家中张贴诸多户主看不懂的宣传材料、版面，一线工作人员叫苦连天、抱怨不已，扶贫本是好事，形式主义却导致结果走样”。②

“贫困户要记住乡镇领导的名字、职务、电话”，这是什么神操

① 赵国利：《1亩辣椒报5亩 1头牛变6头 贫困群众怎能如此“被脱贫”》，中央纪委国家监委网站，2018年8月23日。

② 于新怡、曾文鹏：《贫困户要背领导名字？决胜脱贫攻坚，这些形式主义该停了》，人民网，2020年4月30日。

作？毫不客气地讲，这种“形式”过于离谱，让人无语。

这样做的目的，难道是想让乡镇领导帮助贫困户切实解决贫困问题吗？答案恐怕是否定的。若是这样，贫困户的贫困问题岂不是早就解决了，还用得着县里下派驻村扶贫干部吗？扶贫是一项实实在在的工作，这样裹挟着形式主义，以花里胡哨的面目出现，不接地气，也不聚人气。

真正倾情于扶贫工作的基层干部，贫困户自然会记住他们的名字，念着他们的好。如果工作没做多少，贫困问题没能很好解决，却要贫困户记住领导的名字、职务、电话，贫困户肯定要背后骂娘、戳后背的。

闹剧五：7名干部为何数不清62只羊？有些地方，过多过滥的督查检查考核，尽管表面上打着“层层传导压力”的旗号，实则玩的是“层层责任甩锅”的把戏，使得一些督查检查考核成了有名无实、弊大于利的“花架子”。

2019年5月10日，湖南省通报6起形式主义、官僚主义典型问题，其中一起经县乡层层把关、62只羊竟然从7名工作人员眼皮子底下变成462只羊的形式主义案例，7名党员干部因此被给予党纪政务处分。

据介绍，2016年，雁影村种养扶贫专业合作社从佳园农业合作社赊账买来62只川中黑山羊种羊，并获得政府扶贫补助。2017年，为了获得追加产业扶贫资金15万元，达到验收300只以上的规模要求，在村支部书记湛清军的默许下，村主任曹争来大笔一挥，将62只改成462只。①

这一并不“高明”的操作，照理说要发现是很容易的。然而让人始料未及的是，一个估计连幼儿园小朋友都很难骗过的低劣把戏，居然却轻易绕过梅仙镇扶贫办、梅仙镇政府、县畜牧水产局层层审批把关验收，追加的15万元产业扶贫资金就顺利入了雁影村委会的账。

“反正是向上争取资金，在我这里不过是走个程序，他把材料

① 杨亚中、毛直姿、艾杰：《为骗扶贫款　虚增黑山羊》，《中国纪检监察报》，2019年8月1日。

报上来后，我就随手一签，盖了个章，就让他上报了……”时任梅仙镇扶贫办主任余鑫雄所说，可谓一语道破天机，他们不是数不清，而是没有认认真真地去数，是对下面的弄虚作假问题睁一只眼闭一只眼。

“天下事，坏于懒与私。”纵观为骗扶贫款，虚增黑山羊事件的来龙去脉，可谓是让人大跌眼镜。

民心是最大的政治，打赢脱贫攻坚战是经济问题，更是政治问题。非严谨细致不足以求公平，非实事求是不足以树公信，能不能真实把情况摸清楚，原原本本把政策落实好，关乎国家精准扶贫的整体战略部署，关乎公信力的得失。愿各级监督部门能切实保障好扶贫政策落实，保障扶贫资金安全，加强对资金链条各环节全覆盖监管，建好民生资金的“防护墙”。

闹剧六：为了迎检，贫困户搬进8天“速成房”。“8天，从选址，到修建，到完工，帮困难群众新修住房……黔西县中坪镇顺河村主任杜正国因在精准脱贫工作中‘创新速度’而受到党内警告处分。”2018年12月，贵州省毕节市纪委监委通报了一起扶贫领域典型的形式主义、官僚主义问题。

“创新速度”还受到处分，现在工作中大家不都在比赶帮超吗？“快”了还不好吗？真相原来如此——

2017年初，黔西县中坪镇顺河村实施脱贫攻坚危房改造项目，对贫困户不安全的住房进行危房改造。83岁的村民金某一家因家庭困难、住房不安全被纳入精准脱贫户，获得了国家3.5万元危房改造补助款。

但因各种原因，到2017年底也没有把安全住房修起来。作为村脱贫攻坚危房改造项目建设监管人员，杜正国在金某一家自身没有重建安全住房能力的情况下，既没有主动帮助解决问题，也没有将这一情况及时向组织汇报。

直到2018年2月初，听说黔西县脱贫攻坚工作要迎接国家检查评估，杜正国才着急起来，急忙向村委会汇报。为尽快让金某一家在脱贫攻坚检查评估前搬进新房，完成危房改造任务，受金某委托，由村委会帮找施工方进行修建，村委会明确由杜正国负责，杜正国找施工方赵某（当地的泥水匠）为金某一家修建房屋。2月6日，急于求成的杜正国与施工方签订了施工合同，要求施工方必须在2月13日前完成60平方米的房屋修建。

在修建过程中，杜正国未认真履行监管工作职责，导致施工方随意选址，违规使用空心砖砌筑地基和承重墙。施工方在修建过程中没有严格按照住房建设标准和要求修建的问题，杜正国没能及时发现。[①]

类似8天速成房的速成思维在近年来的基层扶贫工作中不时出现。例如，有的地方急于完成减贫指标，贫困户虽然贫困依旧，却仍然被取消了补助资格；有的地方为了落实扶贫任务，非贫困户也能获得扶持，用以充数……还有的地方干脆弄虚作假，如2018年4月央视曝光的某投资16亿元的扶贫路减料行为，为老路刷个涂料，地方部门就算完成了整改。

一些基层部门和官员之所以胆敢在扶贫上玩速成、动歪脑筋，这背后折射出的是一种形式主义顽疾。由于一些地方扶贫的考核机制不健全，事后问责不到位，使得基层部门和官员养成了一种侥幸心理，久而久之，平时不作为、临时抱佛脚就成了习惯。

闹剧七：在3亩土地上除草、翻地，盖上玉米秆“造假迎检”。2019年6月12日，陕西省纪委监委网站就该省各级纪检监察机关通报的58起典型案例进行了梳理分析，类型主要集中在履职不力、违规决策和弄虚作假三个方面，其中提及山阳县两岭镇原镇长邢庭忠应景造势问题。

2015年，为应付上级观摩验收，邢庭忠在负责该镇三合村新农村建设工作期间，同意三合村组织群众在3亩土地上除草、翻地，盖上玉米秆“造假迎检”，并插上“三合村猪苓基地”牌子接受上级观摩验收。

2018年12月，邢庭忠受到党内警告处分。[②]

身为基层领导，肩负着“把关”之责，面对“造假迎检”想法，本该勇于说“不”，及时制止，对相关干部进行批评教育。而邢庭忠丧失立场原则，同流合污，竟然同意“组织群众造假”，一

① 谢中林、闵光跃：《为迎接脱贫检查评估 贫困户搬进8天“速成房”》，中央纪委国家监委网站，2018年11月22日。

② 甘甜：《“造假迎检”受处分》，人民网，2023年9月13日。

起欺瞒上级。

幸福生活是奋斗出来的。而“做景造势”，不仅不会促进基层工作，还可能“误导”上级，让上级之决策出现偏差，其危害不可低估。因此，邢庭忠同意组织群众作假迎检而受到党纪处罚，一点儿也不冤。

闹剧八：按照提前制定的工作清单拟定“标准答案”。2019年4月10日，中央纪委国家监委网站对271起扶贫领域形式主义、官僚主义典型案例的分析显示，有的在扶贫项目验收时不进行现场考察、仅凭文件就草草决定，有的用提前拟定的“标准答案”应付上级检查。

吉林省通化市二道江区发改局副局长兼区脱贫办副主任李忠玉为迎接脱贫攻坚工作检查，要求各乡镇驻村第一书记按照提前制定的工作清单拟定“标准答案”，入户辅导贫困户如何回答上级检查提问……①

表面上看，这样一种“标准答案迎检”是为了面子上好看，也是为了扶贫成绩更好一些，这样看，领导干部也是为了能够更好地通过扶贫考核，才会如此煞费苦心，似乎是可以理解的方式。

但从本质上看，这种只重面子不重里子、只求过关不求过硬的迎检心态就是一种“过关心态”。说实话、干实事，求实绩、重实效是一种态度，更是推动扶贫的方法论，不管是扶贫工作还是扶贫迎检，都应该牢牢抓住“实”字，这才是解决扶贫工作上存在的短板，以及推进扶贫攻坚工作最靠谱的做法。

闹剧九：花费财政资金799万余元“刷白墙”，做足表面文章。2020年1月，反腐专题片《国家监察》第三集《聚焦脱贫》，摄制组亲赴事发地，回顾2019年影响极大的安徽阜阳“刷白墙”事件，通过还原现场、倾听百姓声音，让人真切地感受到形式主义、官僚主义之害。

2018年9月，为应对扶贫检查考核，阜阳市委提出3个月内

① 陈昊：《深化专项治理 重在精准施策——对271起扶贫领域形式主义官僚主义典型案例的分析》，中央纪委国家监委网站，2019年4月10日。

彻底整治153个村庄，并要求立马见效。在一个月后的工作推进会上，郜台乡因为整体工作进展缓慢受到批评，会后，郜台乡决定先花钱刷白墙，而且重点刷能看得见的地方。

2018年11月，就在郜台乡加快进度刷白墙期间，安徽省委两次在全省电视电话会议上严肃批评了一些地方刷白墙、搞面子工程的做法，要求立行立改，但时任阜阳市委主要领导仍然不以为意，并没有对阜南县刷白墙的问题提出整改要求。

郜台乡继续刷了6700多户的白墙。除了郜台乡之外，阜南县仍有其他乡镇也在刷白墙。直到2019年1月，中央巡视组向安徽省委反馈脱贫攻坚专项巡视情况后，安徽省委直接点名批评阜南县搞刷白墙面子工程，整个阜南县的刷白墙工程才彻底停了下来。据统计，这项面子工程共花费财政资金799万余元。①

“刷白墙”事件后，党中央对安徽省阜阳市在脱贫攻坚中的形式主义、官僚主义等突出问题在全党进行通报。同时，相关责任人受到严肃问责处理。安徽省委高度重视，省纪委监委核查问责，着力发现、严肃查处全省此类问题，确保脱贫成效得到群众认可，经得起历史检验。

闹剧十：“矿山刷绿漆”应付环保检查。叩石垦壤、一草一木地进行生态治理颇为不易，需要大量的时间与资金投入。相比之下，靠几把刷子、一桶绿漆或一张绿色挂网，就能让山体披上“绿装”，的确“既经济又便捷”。

2019年7月30日，山东新闻联播《今日聚焦》栏目播出了名为“矿山刷绿漆到底愚弄谁？”的报道称，新泰市黑石山子村北侧的新泰市昌盛石料厂将石料厂周边的石头上全部涂上了绿漆。

在上述报道中，石料厂会计称，石头刷绿漆是因为环保检查。一位卡车司机说，这些绿漆是2018年刚刷的，是为了航拍的时候“显示是绿色”。

荒山刷油漆由来已久。2007年，云南富民县一个被关停的采

① 袁海涛：《〈国家监察〉第三集〈聚焦脱贫〉：强化监督　护航脱贫攻坚》，中央纪委国家监委网站，2020年1月15日。

石场，将一面裸露山体喷涂成绿色，花费40余万元。施工人员直言："如果用这笔经费购买树苗绿化，可以栽满几座山了。"2010年，陕西华县一些山崖的石头就被涂上了绿颜色，相关人士称："这是国内最先进的经验，从外地学的。"

"矿山刷绿漆"式的复绿闹剧，多年来人人喊打，却依然屡禁不绝，以至于出现了各种加强版、升级版，其中，固然有少数企业逃避环保责任、追求利润最大化的原因，但同时也要看到，一些地方和部门环保监督责任的落空也是一个重要因素。

近年来，这些层出不穷的奇葩闹剧，莫不异化于此。某种意义上，有些脱离实际的督查检查考核，已经成为形式主义的温床。

三、"考核依赖症"病根在"压力型"体制

多年来，各地对督查检查考核过多过滥的形式主义问题，一直在进行整治，也取得了一些阶段性成果，但总体上收效甚微。究其原因，主要是病根找得不准确，药方下得不对症。

对检查考核过多过滥的批评，多数把矛头指向出现问题的"一些地方"或基层干部，少数也强调"问题在基层，风源在上头"。而对"上级"或"某些部门"的批评，主要集中在思想观念和工作作风上。

任何一个行政体系，督查检查考核系统都是必需的，这是上级能够"控制"下级的前提。大致而言，上下级政府间围绕着目标设置、检查考核、激励分配及剩余分配形成不同互动模式。

当前，形式主义、官僚主义问题突出，导致基层苦不堪言的问题，既不能简单地被归咎于上级决策的"不接地气"，亦不能简单地被理解为基层工作的教条僵化，而是政府间上下级关系的失衡，是责、权、利不对等的结果，是国家治理体系和治理能力不足的表现。

20世纪90年代，一种以目标管理为核心特征的基层"压力型体制"逐渐形成。其核心特征是，上级政府将经济社会发展的各项目标任务进行"数字化"管理，并建立各个指标体系，层层分解、层层加压。由于目标任务"可视化"，亦是可计算的、可比较的，使得所有基层政府都围绕着GDP、计划生育率等指挥棒展开竞争，

"压力型体制"亦是一个"锦标赛体制"。

应该说，过去中国的基层治理之所以有活力，基层政府普遍积极作为，基层在"赶超型"国家发展战略中发挥了基础作用，恰恰源自这一体制在特定的历史条件下发挥了一定积极作用。

但大量事实表明，"压力型"体制在动员行政资源、提升行政效率的同时，诱发执行者行为失当，甚至为了实现上级要求而与行政对象产生冲突或与决策目标背道而驰的过程。

其一，"压力型"体制的一个重要特征是层层"对上负责"。下级对上级的任何要求、指令，都要表示完全拥护，很少说"不"；对于脱离实际的高指标，也不得不硬着头皮接受。

结果，虚与委蛇，甚至弄虚作假成为下级应对上级的常态；上级为了取信于民，就要通过督查、巡视手段来纠正下级的虚浮作风。这就势必形成"高指标——虚浮——高压督查——更虚浮"的恶性循环。"一手高指标，一手乌纱帽"，是基层干部对这种治理手段的形象描述。

其二，"压力型"体制与"全控型"领导方式、"运动式"治理模式共生相伴，形成了顽强的工作惯性和路径依赖。改革开放以来，中国的经济生活、社会生活发生了天翻地覆的变化，行政体制和政治体制也相应地进行了一定程度的改革。但由于种种原因，社会管理方式变化不大。

其主要特征：以权力高度集中的政权体系和贯通上下的组织网络为依托，以超强的意识形态宣传和政治动员为主要手段，实现各项工作目标。上级领导机关和各部门不断提出一些"高""严""全""美"的要求和任务，像倾盆大雨一样压给基层。当发现落实效果不佳时，不是采取降压减负的办法去釜底抽薪，而是沿袭强化督查、考核问责、集中整治的老办法，继续向上集中权力、向下施加压力。结果往往是事与愿违。

其三，民众意愿和利益表达渠道不畅。民意是民众的需要或利益表达，因此，要拓宽反映社情民意的渠道，形成体现民意的决策。管理过程中各成员的利益分配是管理成败的关键。决策时要以人为本，仅依据"数字"或者"制度"，背离管理中人的决定因素，这样的决策是得不到最佳效果的。

由于民众意愿和利益表达渠道不够顺畅，基层干部和熟悉基层的地方官员又不愿意冒险"犯上"，"说破"真相。所以，有些"民生工程”或“民心工程”仅仅是上级领导的一厢情愿。到基层，往往演变成脱离群众的“自拉自唱”，有时还要强拉群众“登台”“演戏”，变成了扰民工程。

其四，部门权力（利）刚性化，使督查检查、考核评比难以有效控制。中国各级党委政府发出的指令，多数是通过某一职能部门酝酿出来的，指令发出后，又要通过这个职能部门去跟踪落实和督查问责。

管理各项“重点工作”的职能部门，往往极尽所能地争取对相关工作的话语权、管理权和裁判权；同时，千方百计地推卸服务和监管责任。他们不愿放弃已经“制造”出的检查考核、达标竞赛和“一票否决”项目，反而还要寻找各种机会，制造新的检查考核项目。

例如，个别领导干部和机关借助检查“刷存在感”，常态查、专项查、大清查轮番轰炸，好像不这样，就显示不出自己部门和分管工作的重要性；有的把“痕迹”当成绩，不看实际成效，只看登记报表；不看解决问题，只看天数、人数、篇数；还有的提前发通知，习惯性地要求基层自查自纠，结果看到的根本不是真实状态，而是精心准备的包装。

四、关键在“少而精”“深而实”

2023 年 7 月 23 日，齐齐哈尔市第三十四中学校体育馆楼顶坍塌事故夺走了 11 人的生命，11 个家庭遭受巨大痛苦，实在令人扼腕痛惜。

事故原因是堆放在体育馆楼顶的珍珠岩浸水增重，导致屋顶荷载增大而引发坍塌。

讽刺的是，在这起坍塌事故发生四个月前，齐齐哈尔市教育局曾经开展校舍安全检查，检查事项涵盖安全生产责任制落实、校园安防建设、道路交通安全、校舍安全等 7 个重点区域。①

公开资料显示，施工现场物料堆放有着严格的规范要求。例

①《形式主义的安全检查，真的够了！》，央视网，2023 年 7 月 26 日。

如，既要保障场地的稳固可靠，又要定期进行安全检查，这不过是建筑施工行业的基本常识。而据媒体报道，知情人提供的于去年冬天拍摄的视频画面显示，三名工人将成袋的袋装材料铺满了半个楼顶，直到事发前这堆袋装材料一直没有被搬走。

将大量质量不轻的珍珠岩堆放在承载力可疑的体育馆屋顶，毫无疑问是违规操作。而长期放任不管，任由珍珠岩浸水增重，最终成了“不可承受之重”，更凸显出施工中的随意和颟顸。

这不禁让人疑惑：难道此前进行的安全检查没发现体育馆屋顶外堆放大量珍珠岩这一安全隐患吗？是检查组来到学校走马观花、草草了事，还是说检查组发现了隐患，却因种种原因没有上报？不论真实情况如何，这场安全检查颇为讽刺。

“不能一味要求基层填表格报材料，不能简单以留痕多少评判工作好坏，不能工作刚安排就督查检查、刚部署就进行考核，不搞花拳绣腿，不要繁文缛节，不做表面文章……”2018 年，中共中央办公厅印发的《关于统筹规范督查检查考核工作的通知》，对改进督查检查考核作出了明确规定。

当前，不少地方或紧急叫停过频的督查检查，或细化措施，以减轻基层迎检负担，遏制这一突出问题。但在舆论为“松绑减负”点赞的同时，检查过多过滥现象也在悄然“改头换面”。例如，有的督查检查组换了“马甲”，改叫“督导组”“调研组”；部分地区接受“督导”“调研”的任务依然很重。

如何破解督查检查考核中的“过犹不及”现象，同时也做到安排部署“少而精”、工作实施“深而实”？

“少而精”，须从源头抓起，完善计划管理和审批报备制度，严格控制总量和频次。在检查对象的安排上，要多到推动重大决策部署落地的关键地区去，多到容易发生问题的部门去，确保督在关键、查在要害。

“深而实”，须坚持明察与暗访相结合，每到一地，少看门面、少听汇报，多看工作质效、多听群众意见。对发现的问题，尽量以实地“回头看”代替整改报告，避免整改落实写在纸上、流于形式。

首先，规范源头，让检查“纯起来”。基层最怕督查检查的人不了解情况，还带着抓政绩的想法下来督查检查。曾经就有主管领导甚至明确向督查组人员表示：“查不出问题，就是督查组本身有问题。”

各地在打击“造假迎检”时，如果只盯着基层，这恐怕还是不够的。俗话说，“一个巴掌拍不响”，如果上级单位部门到基层检查时，工作认真一些，仔细一些，一些弄虚作假的行为是完全能够发现的。正是因为一些领导干部在到基层检查验收时，或者作风漂浮，或者是睁一只眼闭一只眼，熟视无睹，这才给了基层可乘之机，让他们胆大妄为，厚颜无耻地造假。

规范督查检查考核工作，必须从源头抓起，从上级机关做起。和基层一线干部一样，督查检查考核也应该坚持群众工作法，要沉到一线去摸实情、探民情。只有了解一线情况，掌握第一手资料，督查检查考核人员才更有底气，更有方向性和针对性，促使督查检查工作更加务实有效。

其次，统筹事项，让数量“降下来”。习近平总书记曾强调：“要改进和规范督查工作，加强总量控制，不搞运动式轮番督查，不搞机械式对照检查。”①

要严格控制总量和频次，同类事项可合并进行，涉及多部门的联合组团下去，防止重复扎堆、层层加码，不能兴师动众，动辄对着县、乡、村和厂矿企业学校，影响地方和基层的正常工作。部门督查检查考核不能打着中央的旗号，日常调研指导工作不能随意冠以督查、检查、巡查、督察、督导等名义。改进督查检查考核办法，必要的记录、台账要看，但主要看工作实绩，不能一味地要求基层填表格报材料，不能简单地以留痕多少评判工作好坏，不能工作刚安排就督查检查、刚部署就进行考核，不搞花拳绣腿，不要繁文缛节，不做表面文章。

第三，改进方式，让成效“活起来”。督查检查考核只是工作的一种手段，并不是目的，要在督查检查考核中真正发现问题，分析产生这些问题的原因，切实研究解决问题的办法，特别应提炼形成顶层设计，这样才能更好地指导实践，达到想要的工作成效。

基层干部期待执行中央文件要“不打折扣，落到实处”，期盼中央着力整治部分地方督查检查考核的种种“套路”：督查检查考核标准不明确，不同时间段有不同标准，不同级别有不同标准，甚至检查人不同，标准也不同；自由裁量空间大，导致基层干部无所

①《在中央经济工作会议上的讲话》（2018年12月19日）；《习近平关于力戒形式主义官僚主义重要论述选编》，北京：中央文献出版社，2020年5月第1版，第81页。

适从，往往一项工作不得不反复整改。

鉴于此，要完善考核评价体系，突出党中央决策部署的贯彻执行情况，科学合理设置指标，视内容区分发达与欠发达地区、城市与乡村、地方与部门、机关与企事业单位等，体现差异化要求，避免“一刀切”“一锅煮”。特别是，应改善政绩考核机制，减少考核项目和频率，并取消对村级“两委”和城镇社区组织的目标考核；取消弊端丛生的“一票否决”。

鼓励和支持社会各方面的参与，能实现政府治理和社会自我调节、居民自治良性互动，加快建立多元化开放型的社会监督体系。

第四，用活结果，让目标“亮起来”。坚持问题导向、终端问效，既着重发现落实中存在的问题，又注重了解有关政策需要完善的地方，切实为科学决策发挥“参谋助手”作用。注重结果运用，“提问题”还要“教方法”，杜绝督查检查考核“签到打卡”，对褒奖问责“泾渭分明”，激励基层干部担当作为，让广大干部在“歇脚、松绑”后，蓄积体力干事、创业。

要强化督查检查考核结果的分析运用，鲜明树立重实干、重实绩的导向，对政治坚定、奋发有为的干部要褒奖和鼓励，对慢作为、不作为、乱作为的干部要警醒和惩戒。对各种告状信、检举信，经核实有问题的要依纪依法处理，没问题的要及时澄清、公开正名，对诬告陷害的要严肃追究责任，推动形成勇于担当作为、敢于抵制歪风邪气的良好政治生态。

从长计议，应坚持标本兼治，在认真落实中共中央办公厅通知，大幅度压缩督查检查考核项目的同时，以壮士断腕的勇气和谨慎渐进的步伐，以党的十八届三中全会提出的治理体系和治理能力现代化为目标，以民主法治、基层自治为着力点，推进社会治理转型。

/ 形式主义表现十三 /

民主生活按摩式

一些单位的领导班子民主生活会，存在不愿批评、不会批评、不敢批评的情况。有的在会前先把本人的不足写在纸上，供别人批评自己做参考；有的对会上“谁批评谁”“批评什么”都事先做好安排；有的在批评别人时按照事先设计的“台词”避重就轻、隔靴搔痒，是非面前不开口、遇到矛盾绕道走。这种民主生活会表面上气氛热烈、意见中肯，其实是一种典型的形式主义，是“老好人”的思想在作怪，是党性原则的缺失，是对党内政治生活的歪曲。

“虚晃一枪”　　新华社发 蒋跃新作

“服务保障工作跟不上，导致部分易地安置群众迁得出但留不住，你作为分管领导，在发展中保障和改善民生、聚焦人民群众急难愁盼问题的意识还不强，建议你加强易地安置群众后续工作的关注力度，让群众搬得出且留得住。”

“停一下，你建议‘加强易地安置群众后续工作关注力度’，怎么落实？请具体提出能操作、可落实、有成效的意见措施。”

2023 年 2 月 17 日，广西壮族自治区百色市发改委党组在严格按照市委督导组的意见整改后，推迟了近 10 天的 2022 年度民主生活会终于得以召开。

上午 8 点 30 分，会议准时开始。党组成员作对照检查、批评和自我批评。针对互相批评出现模糊、客套表述时，该市纪委监委安排到会指导的督导组毫不客气，及时“叫停”，当场提醒矫正。

督导组要求党组成员互相指出存在的问题，交换立场，思考工作，促使大家在批评与自我批评中深刻地查找缺点和不足。之后，批评和自我批评的问题尖锐起来，击“病灶”、戳“痛点”，有的问题更是一针见血、触及灵魂，“辣味”十足。①

作为党内旨在开展批评与自我批评的组织活动制度，民主生活会一贯被视为坚持和健全民主集中制、增强领导班子凝聚力和战斗力的一大法宝。

但是，近年来不少部门和单位领导班子的民主生活会质量并不高。只谈成绩、不谈问题，或者大张旗鼓谈成绩、轻描淡写谈问题，把批评与自我批评变成了表扬与自我表扬，甚至不管班子问题有多严重，相互之间总是讳言批评，最多是“提点希望”，偏离了民主生活会的本意。

一、警惕民主生活会成“集体按摩会”

失去免疫力就失去了生命力，有了凝聚力才有免疫力。内部出问题的危险远胜病菌的外部入侵。真正危险的病症往往从破坏免疫

① 王鹏志、蒋立文：《“辣味”十足的民主生活会》，中央纪委国家监委网站，2023 年 2 月 23 日。

系统开始，免疫系统一旦失效，最普通的病菌也能引发不治之症。人体如此，党组织肌体也一样。

就医治疾病而言，靶向治疗、手术开刀不可或缺，整体调理、固本培元是长远之计。开好民主生活会，要解决的就是这一问题。

根据中共中央 1990 年印发的《关于县以上党和国家机关党员领导干部民主生活的若干规定》，县以上党和国家机关党员领导干部的民主生活会，每半年至少召开一次，“上半年的民主生活会应在 7 月底以前召开，下半年的民主生活会应在翌年 1 月底召开”。

但不容忽视的是，有些基层党组织在开展党员民主评议中，还存在评议内容宽泛、评议方式单一，互评环节隔靴搔痒、测评结果遮遮掩掩、不及时反馈、不强化整改，甚至人为减少程序、“一评了之”的现象，让这项从严教育管理监督党员的重要制度变成了搞形式、走过场。

归纳来看，主要有以下几种表现形式。

表现一：“民主生活会”成为“领导讲话会”。表现形式是领导读文件、做报告，党员干部听报告。

有些民主生活会并不民主。会议一开始，“一把手”就抢先发言做报告，讲得天马行空，容不得别人插话，更不给别人留发言时间，活生生一个“报告会”“家长会”。有时就是以提高认识为名，找几个文件，轮流念念，自我总结，没有触及灵魂的批评与自我批评，最后安排人写个材料上交了事。

更有甚者，一些民主生活会被开成了“牢骚会”“诉苦会”，领导班子成员不愿敞开思想、剖析自己，在这样的民主生活会上，能听到的就是发牢骚、诉苦恼，找客观原因，唯独不讲自己存在的问题。

民主生活会需要有真诚、深刻的批评与自我批评。不能营造开展积极思想斗争的良好氛围，变成相互评功摆好的“集体按摩会”，暴露出动机不纯、思想不纯、党风不纯，是新形势下形式主义的一种具体表现。

表现二：“民主生活会”成为“党员表扬会”。表现形式是党员干部互相表扬，张三说李四表现不错，李四说王五清正廉洁。

2018 年 11 月 26 日，因不作为、不担当、履行监督责任不到位，天津 6 名市管企业纪委书记被免去职务。

天津巡视发现，一些党组织的民主生活会开得有点变味、离谱。有的搞一团和气“和稀泥”，认认真真走过场，某单位党委民主生活会居然出现了笑场的情形。还有个别单位的会议主题是肃清黄兴国恶劣影响，但录音发现，其竟只字未提如何“肃黄”。

因质量不高、缺少辣味，天津市冶金集团（控股）有限公司、天津天铁冶金集团有限公司、天津出版传媒集团有限公司、国际经济技术合作集团等4家市管国有企业党委领导班子，被责令重新召开专题民主生活会。①

时下，一些党员干部开展批评和自我批评，不仅缺少“辣味”，甚至还透着丝丝“甜味”，美其名曰“维系同事关系，不愿意得罪人”，实则却是对事业的不担当、对同志的不负责、对规矩的不遵守。

按照上级党委（党组）成员参加下一级党委（党组）领导班子民主生活会的要求，有些单位和部门的民主生活会上，虽有上级领导参加，但这些领导通常只说些“取长补短”“共同提高”“有则改之，无则加勉”之类官话套话。

在有些民主生活会上，也有人提意见，但多无关痛痒，或明贬实褒，如“批评”领导“有时对同志要求太严”“干工作不注意身体”“忙工作不顾家”，等等。有的人是“心中有愧”，自知工作没到位、成绩不够好，先给别人裹上“糖衣”，也期待换来别人的“甜枣”，共同促成“你好、我好、大家好”的局面，让各自都有“台阶”下。还有的人平时对同事的关心不够、关注不够，批评他人还真说不出个所以然来，索性好话连篇、点赞累牍，反正好话到哪里都“通用”，也都“管用”。这让本该打开天窗说亮话的参会者遮遮掩掩，生怕“伤人害己”，那些频频出现的批评与自我批评用词，变得“艺术”起来。

“民主生活会是严肃的党内政治生活，不是‘过家家’，这样走过场起不到一点作用！”2019年1月15日，在四川省凉山州美姑县候播乃拖乡民主生活会上，县纪委常委、监委委员马海马古打断

①《天津问责6名纪委书记，全部免职》，《北京日报》报业集团客户端“长安街知事”，2018年11月26日。

了候播乃拖乡班子成员的自我剖析，叫停了这一场“温吞水”、走过场的民主生活会。[①]

在现实中，这类民主生活不在少数，被叫停也在情理之中。

批评和自我批评是管党治党的有力武器，能够确保让党员干部在“红脸出汗”中不断“排毒祛病”，保持良好的思想状态、积极的干事劲头。反之，批评和自我批评如果仅是“隔靴搔痒”“逡巡绕弯”，就很难发挥“振聋发聩”的实效，轻则浪费了时间和精力，尽做无用功，不但让“久病不医”拖至“病入膏肓”，甚至还会造成“对症下毒”恶果，破坏政治生态。

表现三：“民主生活会”成为“业务讨论会”。表现形式是党员干部集体讨论业务问题，不谈党员理想信念。

表现四：“民主生活会”成为“话剧表演会”。少数地方和部门的民主生活会制度松懈废弛，有的长期不召开民主生活会，致使这项制度形同虚设。一旦上级“突然”要求召开民主生活会，这些地方和部门手足无措，慌乱中勉强安排会议，但对批评和自我批评完全没有概念，只能临时抱佛脚，事先对“批评”涉及的事项、用语和措辞等进行彩排，以求在会上表演得像模像样、完美无缺。

例如，我坦承自己“出差基本上是坐飞机，很少坐火车、汽车，在医院看病从不排队”，你反省自己“前不久家人来探望，动用了一次公车进行接站，根本原因是特权思想和虚荣心在作怪”；甲县委书记批评县长“你对重点工作缺乏一抓到底的韧劲，担当意识不强”，乙县委政法委书记就依样画葫芦，批评县委副书记“你工作积极性不够，服务不主动，服务质量不高，甚至遇事踢皮球”……大同小异的情节、似曾相识的句式、换汤不换药的剖析、皆大欢喜的总结，这些不咸不淡、不痛不痒的内容成为民主生活会的主题，继而成为各媒体重点报道的新闻，有媒体称之为多次彩排后的“完美话剧”，如此形容可以说一点也不为过。

还有这么一个现象年复一年、依然普遍：不少人在查找不足时，都会讲到“政治理论学习不够”“学习不系统、不深入”“学习联系实际不够”。这里值得注意的是，个别人今年讲的和往年说

①《民主生活会“走过场”被叫停》，四川省美姑县纪委监委网站，2019 年 3 月 1 日。

的没什么大的区别，只是个别用词稍有改动，更有甚者，干脆原话照搬。

对于有些人来讲，这样做的背后可能还有别的心理因素。例如，学习上都有不足，说出来都不“丑”。再如，其他问题找出来可能都是“硬伤”，不好找也不愿找，不如避重就轻往学习上说，等等。至于个别人年复一年简单重复地讲学习不够，年复一年地讲要改进，可能压根儿没想着去学、去改。

表现五：“民主生活会”成为“资料拼凑会”。表现形式是民主生活走过场，对照检查材料抄袭，应付组织检查。

2018 年 12 月，湖南省委第五巡视组在凤凰县巡视时，发现山江镇党委班子专题民主生活会极不严肃，班子成员对照检查材料抄袭等问题。2019 年 1 月 31 日，省纪委监委将该问题线索交由州纪委监委办理。4 月 3 日，经州纪委常委会议研究，决定对山江镇党委书记吴昱杰，镇党委委员、镇纪委书记麻爱仙，镇党委委员、镇组织委员吴繁丽涉嫌违纪问题予以立案审查。①

山江镇党委召开的 2017 年度班子专题民主生活会存在较为严重的形式主义、官僚主义，不但会前准备不到位、会议程序不规范，而且会议资料弄虚作假。例如，会后为整理资料应付检查，山江镇班子对照检查材料多次出现以“水务部门”为主体进行对照检查情况。

更严重的是，镇长龙勇志个人检查材料中出现“自治区党委及保证新疆社会稳定长治久安”等表述。纪委书记麻爱仙个人检查材料中出现“来自新文秘网”“履行政协委员职能”等文字。

为装订美观，工作人员向某将镇党委书记吴某手写的个人对照检查材料换成吴某以前的民主生活会发言材料并装入资料汇编中，导致吴某该份民主生活会发言材料出现文不对题的情况，将本次民主生活会贯彻落实党的十九大精神主题变为“以落实科学发展观”为主题。

①《湘西一镇四名领导被问责：套用网上材料，发言材料文不对题》，澎湃新闻客户端，2019 年 7 月 28 日。

二、“利器”是这样锻造出来的

民主生活会制度是随着党内民主的发展而产生的，并在各个历史时期不断丰富和完善，对永葆党的生机和活力发挥了重要作用。

建党初期，中国共产党虽然有“民主集中制”的原则，但由于缺乏有效的实际经验，对党内民主生活尚未给予足够重视。作为中国共产党早期的主要负责人，陈独秀的家长作风就比较严重。曾任我党早期中组部部长的周恩来一针见血地指出：“从前组织上有一种‘家长制’的形式，党员群众对于党支部，下级机关对于上级，只有机械的服从，而无活泼的党的生活。”①

鉴于此，我们党在大革命失败后开始关注如何有效扩大党内民主生活的问题，并逐渐探索出一些好的做法，提出一些好的思想。

1928 年，周恩来在谈到如何贯彻党的六大决议时，特别提出：“各级党部都要尽可能地讨论一切党的政治问题，引导每个同志都尽量发表对于政治问题的意见。”“所谓支部生活，并不是仅仅开会听政治报告、交纳党费就算完事，最要紧的是讨论当地的政治问题、工作问题。”

1929 年 1 月，毛泽东、朱德、陈毅率红四军主力向赣西南出击，随后同红五军主力会合，并向闽西发展。转战赣南闽西过程中，红军的环境相当艰苦，红四军内部，包括高级领导干部，对井冈山时期以及下山后的一些政策和做法产生了各种议论。由此引发了一些错误做法，毛泽东一度被迫离开红四军的主要领导岗位。

为了解决问题，毛泽东、朱德、陈毅遵照中央和周恩来“召开一次会议”“有一个文字决议”的意见，于 1929 年 12 月 28 日至 29 日在上杭古田举行红四军第九次代表大会，即古田会议。经过两天民主而热烈的讨论，形成了著名的《古田会议决议》（下简称《决议》），并选举毛泽东为前委书记。曾经在红四军中发生尖锐思想对立的一场争论，最终在古田完全化解。

《决议》明确指出：“在组织上，厉行集中指导下的民主生活。”《决议》强调：“党内批评是坚强党的组织、增加党的战斗力的武

①《周恩来选集》上卷，北京：人民出版社，1984 年版，第 8 页。

器。”“要教育党员懂得党的组织的重要性，对党委或同志有所批评应当在党的会议上提出。”

古田会议以冲突开始，通过党内批评和自我批评的方式，以团结告终，开创了正确解决党内矛盾的范例。

1935年1月，遵义会议召开，在极端危急的历史关头，独立自主地解决了党内所面临的最迫切的组织问题和军事问题，结束了“左”倾教条主义错误在中央的统治，确立了毛泽东在中共中央和红军的领导地位，挽救了党，挽救了红军，挽救了中国革命。

特别值得一提的是，遵义会议充分运用批评和自我批评这个有力武器，摆事实、讲道理，以理服人；充分发挥党内民主，进行激烈争论，最后达成共识，统一思想。对犯了错误的人，既严肃批评，又热情团结。对犯错误的主要责任人，进行严肃批评，并从组织上做相应调整，但又不单纯追究个人责任，而是重在汲取教训，树立了党内正确对待犯错误同志、维护党的团结的榜样。

遵义会议后，民主集中制在实践中成了全党遵循的原则，批评与自我批评成为解决党内矛盾的有力武器。正如邓小平所说：“从遵义会议以后，我们党建立了一套党的生活制度，树立了一套好的传统作风。”

1938年10月召开的中共六届六中全会指出：“必须在党内施行有关民主生活的教育”，做到“一方面，确实扩大党内的民主生活；又一方面，不至于走到极端民主化，走到破坏纪律的自由放任主义”。1941年7月中共中央政治局通过了《中共中央关于增强党性的决定》，强调要加强组织纪律性，开展批评与自我批评，领导干部必须参加党组织生活，听取党员群众对自己的批评，增强党性，等等。

1941年9月起，中共中央召开政治局扩大会议（即九月会议），在会上，党的高层领导人尖锐地开展了批评与自我批评。特别是一些曾经犯过错误的同志，在会上进行了深刻检讨，不少同志两次发言，甚至三次发言，诚恳地检讨自己的错误。在此基础上，1942年春开始了全党普遍整风运动。1945年“党的七大明确把批评和自我批评确立为党内生活的一个基本方法，确立为党员干部必须遵循的一个行为准则”。

中华人民共和国成立后，中央继续强调健全党内民主生活。中共八大强调坚持和完善民主集中制，加强对党的组织和党员的监督，等等。1962年年初召开的七千人大会，初步总结了“大跃进”以来的经验教训。在这次会议上，对如何坚持和发展党内民主生活进行了反思和探索，并正式提出了“党内生活会”的概念。

邓小平说：“根据党章规定，人人要过支部生活。我想，我们是不是可以这样，就是把领导人的主要的小组生活，放到党委会去，或者放到书记处去，或者放到常委会去。在党委会里面，应该有那么一段时间交交心，真正造成一个好的批评和自我批评的空气。同等水平、共同工作的同志在一起交心，这个监督作用可能更好一些。”刘少奇接着说：“可以有这么个建议，各级党的委员会一个月之内要有一次党内生活会。委员会开会，进行批评和自我批评。”

十一届三中全会以后，党恢复了正确的思想路线和组织路线，党内组织生活和民主生活逐步走向正常。1980年2月，中共十一届五中全会通过《关于党内政治生活的若干准则》，其中第11条明确提出定期召开民主生活会的要求：“各级党委或常委都应定期召开民主生活会，交流思想，开展批评和自我批评。”中组部于1981年8月下发了《关于进一步健全县以上领导干部生活会的通知》。这是党的历史上第一次以党内文件的形式明确民主生活会的时间、范围、内容、意义、目标等内容要求。从此，民主生活会开始真正走向规范化、制度化。

1992年中共十四大通过的党章第8条明确规定：“党员领导干部还必须参加党委、党组的民主生活会。”从此，民主生活会制度作为党内民主制度的重要内容被载入党章，成为党员领导干部政治生活和组织生活中不可替代的重要组成部分。

党的十八大以来，以习近平同志为核心的党中央高度重视全面从严治党、制度治党、依规治党，对规范民主生活会工作、健全民主生活会制度提出许多新要求。

2013年6月22日至25日，中共中央政治局召开专门会议，习近平总书记听取大家发言并进行交流。会议共安排6个半天时间，完成了3项议程：听取中央八项规定贯彻执行情况和对中央政治局加强作风建设征求意见情况的汇报，中央政治局的同志发言、对照检查自己落实中央八项规定的情况，讨论研究加强作风建设的措施和制度。这个画面经中央电视台《新闻联播》报道，在全国乃至全世界引起极大关注。

随后，习近平总书记用4个半天时间全程参加了河北省委常委班子专题民主生活会。在这次民主生活会上，批评言辞之公开、犀利和坦率，为近年罕见。平时一团和气的领导干部之间，甚至下级对上级进行互相批评，着实让人惊奇。经媒体详细、公开报道之后，顿时在全国引起热议。民主生活会随之在全国迅速升温。中央督导组分别全程参与了各省民主生活会。一些省份的民主生活会甚至“从白天开到深夜”。例如，江苏省、陕西省、辽宁省、浙江省花了4个半天和1个晚上时间开民主生活会。参加民主生活会的各级常委们普遍表示受到了“心灵的震撼和思想的洗涤”，认为“民主生活会开了一个好头”。敢于亮丑的做法，也赢得人民的盛赞。民众普遍期待这一做法常态化、制度化。

回顾中国共产党一百多年的历史，可以看出，什么时候党内民主贯彻得好、民主生活会这个制度执行得好，党内就风清气正，党的创造力、凝聚力、战斗力就强，党的事业就蓬勃发展。反之，什么时候党内民主遭到践踏、民主生活会缺位或者错位，党的缺点错误就难以得到纠正，党的事业就会受损失、走弯路。

三、“怕”字当头令好人主义盛行

近年来，有些地方民主生活会变味，与“好人主义”盛行密切相关。随着改革的深入，个人利益逐渐变得稳定和可预见，有些领导干部明哲保身的观念有所增强，党性比以前弱了，私心比以前显性化了，结果导致民主生活会开得“你好、我好、大家好”，和气一团，应付了事。

据一位县委书记透露，有上级领导要来县里督导县委常委民主生活会，因怕领导不满意，难以过“关”，会前班子成员花一天时间进行了“演练”。如今，类似这种有上级党政主要领导或组织督导的民主生活会，事先进行“演练”的并非个例。

“长年不注意休息”“领导什么事都亲力亲为”，这样的批评不疼不痒，与表扬无异。究其根源，主要还是一个“怕”字：批评自己怕丢面子，批评上级怕领导给自己穿小鞋，批评同级怕伤和气，批评下级怕丢选票。“怕”字当头，正常的党内政治生活备受干扰，这种没有批评的“团结”何其脆弱！

一些地方民主生活会的质量本来就不高，若再怕领导不满意，会前进行“演练”，问题恐怕会更多。

“怕”是导致民主生活会走形变味的重要原因。邓小平曾一针见血地指出，如果还是东怕西怕，还是怕讲心里话，我们党的老传统就恢复不起来。

无论批评还是自我批评，都要触动思想、触及灵魂才有作用。如果不能抛开面子，不敢自我揭短，怎能挖到根源、触到痛处？如果不愿动真碰硬，不想坦诚相见，怎能让人红脸出汗？隔靴搔痒，轻描淡写，绝不是真正的关爱同志、与人为善。“听听别人怎么说”“等待他人先开口”，被这种消极、被动心态所左右，民主生活会的质量很难保证。

无论是对别人还是对自己，批评都比赞扬难开口，也比赞扬难接受。这种“人之常情”，让一些人爱惜羽毛、怕得罪人，奉行庸俗的“好人主义”，囿于“小我”的人情世故，“你好、我好、大家好”；也让一些领导干部在一团和气中放松了对自己的要求，滋生出“老虎屁股摸不得”的坏习惯。结果是，民主生活会开成了“神仙会”“表彰会”，组织生活的政治空气受到污染。

还有一些党员干部对领导唯命是从，形成一种人身依附关系，即便有不同想法和观点，在公开场合也不敢说、不愿说。这种缺乏民主修养和实行民主能力的现象，严重制约了党内的民主进步。

作为领导班子成员，肯定比一般人更清楚班子里其他人存在的问题。如果有人在民主生活会上，及早、坦率、深刻地指出问题，有些人也许不至于在歧途上越走越远，乃至最后身败名裂。

下级“怕”上级，很大程度上因为少数领导干部喜欢搞“一言堂”和“家长制”，忽视党员参与党的决策的权利，使党内的一些决策很难建立在真正民主基础上，这就使得很多人不想说、懒得说。

有些单位和部门的主要领导将本应让班子成员参与和了解的事务有意捂着，使他们的意见和建议得不到应有的尊重，这也严重挫伤了他们参与民主生活会的积极性、主动性。有些单位和部门民主生活会质量不高，主要是“一把手”不重视，为走形式，应付上级检查。有些班子主要领导怕暴露问题，以致“家丑外扬”，影响班子形象，所以很难形成批评与自我批评的氛围。

正因为如此，有些民主生活会的简报和整改措施上报，少不了粉饰成分，如果上级再官僚一些，看到的就是一个假象。

2008 年 10 月 6 日，湖南省株洲市粮食局原党组书记、局长何智，因涉嫌贪污、受贿、私分国有资产等罪受审。据媒体报道，在其任职期间的一次民主生活会上，数名党组成员公开揭露何智涉嫌腐败，此后又联名上书有关部门，强烈要求对其采取相应措施。此后当地纪委对何智采取相应措施，并进一步掌握了相关证据。

中央有关领导获悉此事后专门作出批示，表示湖南株洲粮食局召开民主生活会揭露“一把手”问题，核查属实很不容易，并要求进一步汇报了解。①

可遗憾的是，在民主生活会上能把问题揭露出来的，少之又少。

在现实中，要通过民主生活会公开挑战本部门“一把手”的权威，甚至揭开存在的严重问题，这很难。这也许是何智一案引起高层关注的原因所在。

批评的力量，在于实事求是，有一说一、有二说二，既不掩盖护短，又不抓辫子、扣帽子、打棍子。批评的宗旨应是出于公心、与人为善，帮助对方改进提高，而不是意气用事、泄私愤。批评的最高境界是相互提醒、促进团结，清除思想和行为上的灰尘和政治微生物。

也可以说，民主生活会本是大家交心、互相提高的民主形态，但目前有些民主生活会并不能真正发挥坚持真理、广开言路的作用，也失去了领导干部之间相互监督约束、培养同志式的健康感情的功能。

一次民主生活会，就是党员干部经受的一次严肃的党内政治生活洗礼，更是自我净化、自我完善、自我革新、自我提高的一次集中检验。变味的民主生活会不可能触及灵魂的震颤，更不可能通过激烈的思想交锋而达到共同提高的作用，反而在一定程度上会毒化人的灵魂，恶化权力生态环境。

① 文峰：《网友举报揭湖南网络反腐大案　株洲粮食局长落马》，中国新闻网，2008 年 10 月 7 日。

四、让批评与自我批评“辣”起来

民主评议是对党员的一次“政治体检”，不是装样子、搞假把式，要严肃认真、坦荡交流，开诚布公、真评真议，从严从实、动真碰硬，抓好整改落实。做好民主评议党员工作，落实好每一个环节是关键。

从现实情况看，防止民主生活会走过场，推动各级领导班子和党员领导干部用好批评和自我批评的锐利武器、增强发现和解决自身问题的能力，要紧盯三个方面的突出问题。

第一，民主生活会开得好不好，关键在“关键少数”。“以令率人，不若身先。”“关键少数”领导干部要当好表率，不仅要带头把批评和自我批评落到实处，也要主动为那些对事业和同志担当负责，既敢于直面批评，又善于“治病救人”的同志鼓劲撑腰，形成“团结——批评——团结”的鲜明导向。

一方面，“一把手”必须树立起民主意识。要把民主生活会真正作为更好地解决工作中存在问题的平台，看作集合广大党员干部智慧的平台。开民主生活会的目的是解决问题，这需要“一把手”平时就营造一种让下属敢于说话的氛围，加强科学和民主建设，使问题和矛盾一出现就能得到及时化解，而并非一定要积攒到民主生活会上解决。其关键是要从制度上进一步规范干部民主选拔机制，对“一把手”的权力进行有效制约，杜绝民主生活的“形式化、过场化”，这样才能让其他人敢于发表不同观点和意见，敢于揭短。

另一方面，健全对敢于坚持真理讲真话的人的保护机制。民主生活会不敢“真刀真枪”地开展批评，尤其是不敢真正地向主要领导提出批评意见，很大程度上是怕打击报复。

延安整风期间，毛泽东与战友定下“君子协议”：各自检讨，把话讲透，不准记仇，不影响工作。如今，要想批评真正“有辣味”，关键是要建立和完善批评者不受打击报复的制度保障机制，让批评者吃上“定心丸”。

对搞打击报复的，要坚决依照有关规定予以从重处分，以形成震慑力。要注重从班子建设入手，把民主作风好、善于听取批评意见作为考核和使用领导干部，特别是“一把手”的重要依据。

“病”由心生，也由心灭。“怕”字一除，民主生活会就会别开生面，“演练”等非正常现象就不会发生，批评的武器便能真正发挥“排毒祛邪”“醒脑治病”的作用。

第二，建立民主生活会的信息公开机制。首先要提高对广大党员的信息公开程度；其次对于和广大群众相关的问题，也要对非党员公开。只要不涉及机密，越是公开，越有利于问题的解决，越能体现民主生活会的价值。建立民主生活会群众评议制度，或吸取群众参与民主生活会。

民主生活会可以探索逐步扩大参会人员和征求意见的范围。在解决班子和班子成员问题时，也使与会者受到党内民主的教育和影响，进而带动推进社会民主建设。

第三，社会在快速发展，党的建设也应与时俱进。民主生活会是组织建设的重要环节，各级党组织应在民主生活会方面进行制度创新，不能总在原有模式上兜圈子、打转转。

在继续运用好面对面的形式的同时，可考虑拓宽渠道，尝试利用互联网的优势；可建立若干个类似网络聊天室或QQ群的小范围的“民主生活会议室”或“民主生活会群”进行思想交流，或开展批评。这样既可免去面对面的尴尬而畅所欲言，还便于上级部门和领导检查监督。

上级党组织要对下级单位召开的民主生活会进行全覆盖式的督促、检查和指导，对会上主题跑偏、内容不聚焦、“辣味”不够等情况，要及时叫停，督促其纠正或重开。

第四，民主生活会要取得实效，还在于对问题的整改、落实。民主生活会要在会上红脸出汗，会后更应深刻反思，在工作中切实纠正会上提出的不足之处，不能在会上说得诚恳、虚心，会后却“涛声依旧”。

要将民主生活会与实际工作密切联系起来，做好整改落实工作，及时向党员和公众反馈、公示评价结果，对存在的问题要认真列出问题清单，实行整改承诺、销号整改，接受群众监督，以实际成效取信于民，如此才能真正做到以会促行、以行馈会，实现召开民主生活会的初衷。

形式主义表现十四

信访接待太极式

有的信访干部工作方法简单，容易对不予受理的事项不能够耐心细致地做好解释说明和思想疏导工作，引发群众误解。有的信访干部脱离群众，对待群众态度生硬、颐指气使。有的信访干部对信访举报内容不分析、不甄别，一转了之，当“二传手”。有的信访干部不落实“多办少转”要求，向下级转嫁任务。有的信访干部处置不精准，对反映问题严重且复杂的举报“一谈了之”“一函了之”，甚至掩盖矛盾、问题。有的信访干部调查工作不全面、不深入、不细致，避重就轻、避实就虚，大事化小、小事化了。

理清　　　　新华社发　商海春作

2019 年 2 月，浙江省台州市仙居县白塔镇政府水利员、镇农办副主任兼农业服务中心副主任陈金军受到留党察看一年和政务撤职处分，白塔镇副镇长、镇党委副书记等 8 人均受到相应处理。

事情还要从一封举报信说起——

2018 年 8 月，白塔镇景星村村民李某向仙居县纪委监委举报：村里堤坝水毁修复工程存在弄虚作假、偷工减料问题，我多次向镇政府反映，他们只是敷衍、推诿和袒护……

2018 年 10 月，仙居县纪委监委第二纪检监察室向信访群众反馈：堤坝水毁工程信访件办理过程中有关干部涉嫌不担当、不作为问题，我室已经组成调查组着手调查。我们将尽快查清问题，对失职失责的干部严肃追责问责。

2017—2018 年，仙居县景星村村民李某先后 5 次向镇政府反映，村内堤坝水毁修复工程存在偷工减料问题。镇政府 5 次均回复："工程量达到要求，工程没有质量问题"，甚至要求村民自己找第三方鉴定机构进行鉴定。

2018 年 8 月，李某再次将问题反映到仙居县纪委监委。在县纪委监委的监督下，白塔镇政府、县水利局、业主方、施工方、质检单位、审计单位以及信访群众一起到工程现场进行实地勘查和丈量。结果让人大吃一惊：工程存在基础未做、工程量减少等问题，实际造价比原结算价少了 11 万元之多！①

经查，镇政府对群众信访问题不够重视，责任意识不强，未对信访问题进行深入核查，就作出信访答复。其中一件信访答复，还要求不具备委托主体的信访群众自己找第三方鉴定机构对工程进行鉴定。

一项让群众获益的民生工程，因质量问题引发群众多次信访；一次鉴定就可了结的问题，因陈金军、白塔镇分管副镇长等人在处理信访反映案件时，对信访问题不重视，却拖延了近两年。

信访工作是"送上门的群众工作"。信访接待干部的工作作风和工作方法直接关系到党在群众心中的形象。但从近年披露情况

① 吕佳蓉：《群众五次信访，镇政府五次回复"没问题"，问题出在哪儿？》，中央纪委国家监委网站，2020 年 5 月 9 日。

来看，基层信访举报处理中存在着一定程度的不作为、慢作为、假作为、乱作为等形式主义问题。因此，必须突出问题导向，靶向发力，祛除顽瘴痼疾，让信访工作更有温度、更有成效。

一、信访领域存在五种形式主义

“我们没有对信访工作引起重视，工作措施不具体，导致信访人唐某不满意，主要原因是认识不到位，工作落实迟缓、落实不力，在今后的工作中一定吸取深刻教训，把信访工作做实、做到位。”

2019 年 8 月 12 日，湖北省恩施土家族苗族自治州利川市汪营镇清源居委会负责人在支部大会上作出了深刻检讨。

2019 年以来，该市纪委监委聚焦群众痛点、难点、焦点，集中整治信访领域形式主义、官僚主义突出问题，紧盯信访工作中不作为、慢作为、假作为、乱作为等 4 个方面 13 类突出问题，倒逼责任落实。

当前，信访领域存在的形式主义，主要有以下 5 方面表现。

第一，办理逾期“慢作为”，解决调查处置率不高的问题。有的信访干部漠视群众关切，敷衍应付、互相推诿，该受理的举报不受理。有的信访干部对反映的问题分流不及时，办理周期长，不按规定要求和时限移送、转送信访举报。有的信访干部对问题线索类信访举报不及时分析研判、提出分办或处置意见，或者长期搁置不作核查。有的信访干部热衷办大案要案，对被反映人级别低、涉及金额小的举报不关心、不重视，甚至搁置不办。

2018 年 11 月，因违章核查履职不力、把关不严，浙江省温州市永嘉县国土资源局巽宅国土资源所所长刘献丘、副所长陈馨，分管信访工作的县国土资源局执法监察局副局长黄结雷等人被处理。

南方报业传媒集团南方 + 客户端曾详细报道了这个案例：

2017 年 10 月，有群众向永嘉县国土局举报反映巽宅镇柴皮村支部书记麻某某破坏良田，擅自在本村耕地上兴建违章建筑等问题。该局将信访件转交给巽宅镇国土所处理。巽宅镇国土所所长刘献丘安排分管信访工作的副所长陈馨组织开展核查工作。

陈馨和同事前往柴皮村对被举报的违章建筑进行实地核查。该违章建筑位于该村山脚处，相对位置较高，周围长满杂草。在找寻上山的路一时无果后，陈馨等人便以远观“目测”、和村民交谈等方式，将该违章建筑物的土地类别定位为林地、面积约 40 平方米，并上报县国土资源局。

2017 年 12 月，巽宅国土所再次收到关于该事情的信访件。刘献丘一看是重复件，思想上麻痹大意，直接吩咐工作人员起草材料予以回复。该所办事员将原调查结果仅改了时间就上报。而县国土资源局也不予以核实，以巽宅镇国土所的调查结果向信访人答复。

2018 年 3 月，县国土资源局收到了由县信访局转来的关于反映县国土局出具的答复与事实严重不符、要求查明的信访件。而县国土资源局执法监察局临时人员章某某未经请示，擅自认定“信访事项属于重复信访件”，并作出不再受理的决定。

2018 年 5 月，县国土资源局信访室再次收到由县信访局转来的关于反映县国土局出具的答复与事实严重不符、要求查明的信访件。这一次，刘献丘才引起了重视。他带队到柴皮村现场查看，确认违章建筑由村民麻某某修建，面积为 84 平方米，层数为一层，土地类别为基本农田。

这一系列敷衍了事的工作行为，最终酿成了一出形式主义闹剧。

为政贵在行，以实则治。用“目测”“推测”对待严肃的核查工作，这种敷衍了事的工作作风，就是典型的形式主义做派。

第二，化解矛盾“虚作为”，解决化解群众矛盾能力不高的问题。有的信访干部脱离群众，对待群众态度生硬、颐指气使。有的信访干部对信访举报内容不分析、不甄别，一转了之，当“二传手”；有的信访干部工作方法简单，对不予受理事项不耐心细致做好解释说明和思想疏导工作，引发群众误解；有的信访干部不落实“多办少转”要求，向下级转嫁任务。

2020 年 1 月，湖北省襄阳市襄城区卧龙镇信访办一名工作人员因在信访件办理过程中存在形式主义、官僚主义问题被提醒谈话。“对方来电了解信访件办理情况时，由于不是我们受理的，我认为不该找我，就说了一些抱怨的话，还粗暴地挂断对方电话。我对待群众态度不好、方法粗暴，接受组织的批评教育。”该工作人员在谈话时认清了自己的错误。①

在信访工作中，对待群众态度生硬、颐指气使的现象并不鲜见。

2019年5月6日，网友发布视频称，有群众在河南南阳市唐河县群工部（信访局），与接访的工作人员发生言语冲突，其间，接访人员喊道：“你给我滚，滚出去。”

从该段视频中可以看到，多名群众与被指为接访干部的男子相互用手指着对方，言语激烈，被指为接访干部的男子在言语冲突中喊道：“你给我滚，滚出去。”而视频拍摄者表示，这段视频是2020年5月6日拍摄于南阳市唐河县信访局的接待室，当时该工作人员正在接待折迁维权的群众。②

2020年5月6日晚，唐河县人民政府对此事作出回应称，5月6日，唐河县政府办干部邹伟东在接访过程中处置不当，言辞激烈。事件发生后，唐河县委、县政府高度重视，立即对邹伟东进行严肃批评。

群众到政府部门办事也好，信访维权也罢，都是带着满腹期待来的，目的无非是求助干部主持公道，真正解决实际问题。只要接待的干部真心诚意，善待群众，即便一时办不到，相信群众也不会为难政府，或者与某些干部过不去，毕竟眼下亟待解决的问题多之又多，有些事相当复杂，对此群众是有思想准备的。

但问题是，对待群众的合理诉求，如何去做好解释工作，如何化解他们心中的不满，需要干部耐心与细致，而不是一旦话不投机就暴跳如雷，甚至现场发飙。用高喊“滚出去”的口吻与方式对待群众，只会适得其反。

之所以出现此类粗暴对待群众的事件，不仅与个别干部的职业素养缺失有关，也与主管部门监管乏力有关。这种做派的信访干部已经不适合做信访工作。让群众“滚出去”的信访干部，恰恰更应

① 喻娥：《整治信访领域形式主义官僚主义》，《中国纪检监察报》，2020年1月8日。

②《河南信访干部让群众“滚出去”？》，澎拜新闻客户端，2019年5月6日。

当“快出去”！

第三，纸上销号“假作为”，解决信访件办理质量不高的问题。有的信访干部处置不精准，对反映问题严重复杂的举报“一谈了之”“一函了之”，甚至通过“销号”掩盖矛盾、问题；有的信访干部调查工作不全面、不深入、不细致，避重就轻、避实就虚，大事化小，小事化了；有的信访干部对问题线索类信访举报闭环管理机制落实不到位，保密工作不严格。

多年来，“信访一票否决制”使不少地方的信访干部，肩负着“稳住”上访者的重任，而且是“稳得住得稳，稳不住也得稳”的“死命令”。

为了完成这一任务，信访干部可谓是“使出浑身解数”。面对上访户，信访干部一般首先进行沟通交流，努力把问题解决。但很多问题非地方政府所能解决，有些上访户的“胃口”又实在太大难以满足。在问题解决未果，上访户又“跃跃欲试”要越级上访，尤其是在赴京上访的情况下，信访干部布置了一道道防线。上访户家门口“蹲点”、交通要地“死盯”、北京“劝返”是信访干部针对赴京上访者的三道防线。若这些防线也被上访者“冲破”，上访干部就采取最后一招——“销号”。

国内有的省份有不少截访人员驻点北京，成为专职的“截访销号”队伍，其职责之一便是“公关”有关部门的信访接待干部，以便随时了解当地上访动态，成功截访和销号。

2015年，据《中国新闻周刊》报道，一个事关信访系统权钱交易的窝案浮出水面——

2015年7月6日，国家信访局副局长许杰因涉嫌受贿，被检察机关提起公诉。根据公诉机关的指控，2006年至2013年间，许杰在国家信访局副局长任上，非法收受贿赂约610万元。此前，信访系统已经有多人被判刑。

在许杰最有权势的8年里，他多次利用职权单独或伙同信访系统内部人员，在修改信访数据、处理信访事项等方面为地方政府提供方便，先后接受地方政府相关人员行贿，这项贿赂款物折合人民币550余万元。

相关司法文书显示，信访系统上访销号主要有三种方式：第一种是变更归属地，就是把市里、区县的问题故意模糊归属地，登记成省里的或者省直机关的；第二种是口头劝返，就是不按照信访条例的要求往地方交办和转送处理，而是直接选择口头劝返，这样地方就看不到信访的数据；第三种，因为有些地方对集体上访考核时会对人数有考核约束，信访机关就会把集体上访故意登记为个人上访，或者少登记上访人数。

“销号”的实质是“花钱买稳定”，亦即花费公共财政去贿买某些领导所要的表面稳定。不管目的为何，这种贿赂行为本身，都消解了地方政府权威；国家信访部门工作人员被地方政府收买的同时，中央政府权威同样被消解。

被从纸面上强行抹去的信访事件，多数并不会自行消失。易产生不稳定的信访事件，并不因销号而消失。被“摆平”的访民仍可能在表面的“稳定”之下积聚力量，等待着下一次的爆发！

第四，服务群众“不作为”，解决群众满意度不高的问题。有的信访干部监督检查不深入、走过场，不能及时有效发现问题；有的信访干部对信访举报处理工作中的违规违纪违法行为不处理或处理不到位，造成“破窗效应”；有的信访干部责任和压力传导不到位，举报件层层空转；有的信访干部提出不切实际的目标和要求，片面追求降数量、“零上访”。

2017 年 8 月 15 日下午，江苏省连云港市纪委在连云港发布演播室，召开纪检干部在信访件办理中失责问责案例通报新闻发布会，公开通报了 4 起纪检干部在信访件办理中失责行为的典型案件。

这是其中一个典型案例——

连云港市灌南县纪委第四纪工委书记、监察分局局长蒋汉中在调查孟兴庄镇倪场村有关信访问题的过程中，对被反映人取土水塘长度、宽度未认真核查，只简单地通过步量得出水塘长约 30 米、宽约 15 米的结论，与水塘实际长 56 米、实际宽 32 米严重不符，与群众反映相差很大，且对取土问题也未督促有关部门依法处理；在调查倪场村铺路质量问题的过程中仅进行现场勘查，观看路况表面质量，未找相关人员核实情况，未提取道路验收材料，调查结论与事实不符。

由于调查组调查不仔细、不深入，信访人多次越级上访。蒋汉中作为信访件调查组组长，对此负有直接责任。灌南县纪委给予蒋汉中党内警告处分。

连云港市另一个县——灌云县纪委农村工作二室科员王强，与蒋汉中有着同样的形式主义做派，也在这次通报中“亮相”。

据通报，王强在调查伊山镇披甲墩村有关信访件过程中，对群众反映村干部用公款购买皮包、村部高档装修等问题，未能深入走访调查及查阅相关账目，只是通过问询当事人便形成了调查结果，处理信访问题不细致、不扎实，致使群众多次上访。灌云县纪委对王强进行诫勉谈话。

连云港市这次通报的案例，都是信访干部在信访事件调查中，因搞形式主义失责而追责的案例，其中释放了这样的信号，责任就要担当，失责就要追究。

信访工作是联系群众的桥梁和纽带，是监督执纪的第一道关口，也是反腐倡廉的第一道防线，承担发现违纪违规问题线索的重任。对群众反映问题调查不认真，甚至失责渎职，必然影响纪委的公信度和群众的满意度。

二、信访工作密切党与人民群众的血肉联系

“小邹啊，我还以为你们不查呢，你们专门给我解释以后，我明白了，是我对你们的工作流程不了解，冤枉你们了！”2019 年 10 月 11 日，一位年长的信访人原来因为对执纪审查的工作流程不了解而心存不满，经过调查人员的细致解释后说道。这是江苏省连云港市灌南县纪委监委针对信访件核查采取的“查、解”相结合做法的一个缩影。

可见，做好信访接待工作，有利于解决好人民群众最关心、最直接、最现实的利益问题，进一步密切中国共产党同人民群众的血肉联系，夯实中国共产党执政的群众基础，促进社会和谐稳定。

一百多年来，中国共产党之所以能凝聚起亿万人民的智慧和力量，战胜前进道路上的困难和风险，创造举世瞩目的“中国奇迹”，

最根本的就是把群众路线作为党的生命线予以坚持和贯彻。无论是革命年代“唤起工农千百万”，筑起“真正的铜墙铁壁”，还是改革时期“尊重人民首创精神”，推动当代中国在改革开放中走过万水千山，群众路线始终是中国共产党牢牢抓住并充分运用的重要法宝，也是中国共产党能够始终走在时代前列的重要秘诀。

今天，我们既有民族复兴曙光在前的欢欣鼓舞，又有“行百里者半九十”的任重道远；用几十年时间走过西方国家几百年的路，我们取得了巨大成就，也必须化解所积累和叠加的矛盾问题。把握中国共产党所处的历史方位，牢记中国共产党所肩负的使命任务，我们就懂得了紧紧抓住群众路线这条中国共产党的生命线的紧迫性。

“得民心者得天下，失民心者失天下。”人心向背关系着中国共产党的生死存亡。没有人民的支持，中国共产党将一事无成。这就是为什么中央反复告诫“马克思主义执政党的最大危险是脱离群众”，反复强调“必须始终保持党同人民群众的血肉联系”。

而做好信访工作，是密切中国共产党与人民群众血肉联系的重要法宝之一。2016 年 4 月，习近平总书记就做好信访工作、妥善处理信访突出问题作出重要指示，强调要综合施策，下大气力处理好信访突出问题，把群众合理合法的利益诉求解决好。习近平指出，当前群众通过信访渠道反映出来的信访突出问题，既有新动向，也有老难题，但都事关群众切身利益，事关社会和谐稳定。各地各部门要高度重视，强化责任担当，综合运用法律、政策、经济、行政等手段和教育、调解、疏导等办法，把群众合理合法的利益诉求解决好。

2017 年 7 月，习近平总书记对信访工作再次作出重要指示并强调，各级党委、政府和领导干部要坚持把信访工作作为了解民情、集中民智、维护民利、凝聚民心的一项重要工作，千方百计为群众排忧解难。要切实依法及时就地解决群众合理诉求，注重源头预防，夯实基层基础，加强法治建设，健全化解机制，不断增强工作的前瞻性、系统性、针对性，真正把解决信访问题的过程作为践行党的群众路线、做好群众工作的过程。

习近平总书记对信访工作反复指示，既说明中央对信访工作的高度重视，也说明做好信访工作的极端重要性。

从现实情况来看，通过信访事项的处理，满足了广大人民群众的合理要求，使党和政府各个时期的方针政策和中心任务得到落实，促进了社会主义革命、建设和改革开放的发展。具体讲，在以下五方面发挥了重要作用。

第一，发挥广大人民群众当家作主的权利，推动领导机关直接听取群众的意见和要求，避免工作失误，防止官僚主义。领导机关通过信访这个“枢纽”和“耳目”能及时了解党和政府的工作部署、政策和法令的贯彻落实情况、群众的批评和建议，及时发现和纠正缺点、错误，改进工作。第二，发挥了广大人民群众行使自下而上的监督权利，监督各级干部特别是基层干部“立党为公、执政为民”、反腐倡廉，不断改进思想作风。第三，发挥了广大人民群众行使治国理政的参与权，通过参政议政、建言献策，促进了领导机关决策的民主化、科学化。第四，满足了人民群众的合理诉求，帮助他们解决了许多实际困难，维护了他们的正当权益。第五，通过信访工作引导和调解人民群众之间在婚姻、产权、宅基地等方面的大量纠纷，为构建和谐社会作出贡献。

实践证明，以党政机关为主体的各级各类领导加强同人民群众联系的方式很多，但信访工作这一联系群众的方式及其作用，是其他工作不可替代的。原因在于信访工作是“送上门”的群众工作，有以下三个特点：

一是参与信访的群众具有广泛的社会性。凡是人民群众个人或集体，也无论属于哪个阶级、阶层，都可以运用书信、电话、传真、电子信箱和走访等形式，向领导机关及其负责人反映情况、求决申诉、揭发控告、批评表扬、献计献策等。

二是信访者与受理机关的交往活动有直接性。信访者向受理机关反映问题后，就形成了直接的双向交往活动。一方面对信访人的信访事项，受理机关应按照法定的程序，依法公正处理；另一方面对信访人的不合理要求，或虽然合理但由于主观条件所限一时难以完全解决的问题，则要进行宣传教育，引导其正确对待。

三是信访机构的工作具有综合性和枢纽性。它受理信访内容涉及面广、纵横交错，对来自方方面面的信访事项的处理起着枢纽的作用。

三、把信访工作做到群众心坎上

破解信访举报工作中的形式主义、官僚主义问题，是推动全面从严治党向基层延伸，是打通党与群众的“隔离墙”。因此，各地应该对标信访举报领域形式主义、官僚主义问题清单，着力做好信访工作。

首先，要做好信访工作，感情是第一位的。信访工作的首义，在于时刻把自己看成人民中的一员，把心贴近人民。信访制度设计的初衷，就是让人民群众有地方说话，有地方解决问题。不解决问题，再多的措施办法都没用，都是治标而不治本。所以，做好信访工作，必须有为人民服务的真心，有换位思考的同情心，有高度负责的责任心，有解决难题的决心和为解决疑难问题而长期作战的恒心，带着感情去处理群众信访问题。

因此，对各级信访干部来说，在信访接待工作中有必要做到“四心”：

一是接待群众要“热心”。大多数群众来反映问题基本带着负面情绪，所以在接访过程中要保持热情、微笑和积极的状态，以此来消除群众的负面情绪，从而形成一个良好的沟通环境。

二是信访受理要“细心”。来访接待要求来访人提供书面材料。有些来访人拿来的材料有几十页，所以受理时需要掌握一定的技巧，及时捕捉关键词句，提炼出来访人反映的主要问题，然后有针对性地和来访人沟通，获取问题线索。

三是引导说明要“耐心”。来访反映的大部分都是业务范围外问题。例如，有希望给自己主持公道的；有对基层纪委不信任，有事就往上级纪委跑的；有要求快查快办，等不及就觉得有“保护伞”的，等等。这需要信访干部耐心地向群众解释纪委监委的职能职责和工作受理流程，争取群众的理解和支持。

四是面对责难要“静心”。接待来访群众，常常会受到群众的白眼，即使进行了规范的引导，群众也会因为自身的利益诉求无法得到解决而言辞激烈。这需要调整心态，做到沉心静气。面对责难要静气，用积极的心态解决问题。

其次，要做好信访工作，责任是最关键的。没有责任就没有担当，没有担当就没有落实。信访工作号称“天下第一难”的工作，只要责任到位，就不难。作为各级党委、政府和领导干部，把群众信访看成一种“信任的访问”，千方百计为群众排忧解难，不是恻隐之心，而是政治责任；不是策略安排，而是价值取向；不是权宜之计，而是根本要求，是顺民意、解民忧、惠民生的重要部分，必须以“永远在路上”的劲头，做好信访工作，千方百计为群众排忧解难。

要解决信访举报处理工作中的形式主义、官僚主义问题，信访机关有必要从以下三方面入手，把信访工作的责任扛在肩上。

一是全面排查“点穴位”。破解信访举报工作中的形式主义、官僚主义问题，精准聚焦问题是前提。要对照问题的具体表现形式，从受理、登录、转办等环节入手，重点排查群众反映强烈、问题线索具体的信访举报件有无调查处置不到位等突出问题。

要以开展农村基层涉纪重信重访挂牌销号专项行动为载体，有针对性地排查梳理“多年、多层、多头”重复越级信访举报，深度剖析久查不绝、多年查否、查而不息的原因，建立问题整改清单，明确整改措施、责任和时限。

二是动态监督“打七寸”。信访举报工作中的形式主义、官僚主义问题点多面广，关键要紧扣脉搏、抓住重点、靶向开刀。要强化过程监督，坚持线上线下结合、日常督导和专项督导并行的督查模式，常态化开展下转举报件督促检查，重点筛选群众反映强烈、侵害群众利益的信访举报进行交办。

依托检举举报平台，加强对信访举报处理的横向、纵向闭环管理，全程掌握受理、分流轨迹，实时监督处置、反馈情况，着力解决有件不接收、办理不及时、结果不反馈等问题；综合运用定期抽查、季度督查等方式，加大对群众反映强烈、多年、多层、多头举报和集体来访举报的监督检查力度，重点检查超期未办结、调查不认真、处理不到位等情形。

三是立规建制“织笼子”。信访基础业务是信访工作的核心组成部分，是做好信访工作的基本保障和重要支撑。包括：其一，要严格首办责任制度。主要负责人对初次信访举报件办理结果要签字背书，做到“件件有着落、事事有结果”。其二，要规范报结审核制度。对交办件、领导批示件等进行阅卷审核，以办案标准审核信访调查、处置情况，对办信过程、办理结果、反馈情况等全面检视整改。其三，要完善质量考评制度。健全涉纪信访办理质量考评体系，探索实施农村涉纪信访一件一评，开展“群众满意信访件”评选活动，切实提高初信初访一次性反馈机制。在充分保障举报人权益的前提下，按照谁承办、谁负责办结率，有效提升信访举报办理质量。其四，建立信访举报调查结果公开原则，及时将调查结果公开反馈给群众，让群众对举报问题及调查结果及时知情，打通群众监督“最后一公里”。其五，要完善问责机制。要通过复查复核、点题巡察等方式，从严从实查清问题。对涉纪信访办理质效不达标引发其他不良社会影响、涉纪信访积案化解工作中有其他失职和渎职行为的严肃问责。

第三，要做好信访工作，基层是重中之重。“基础不牢，地动山摇。”基层是成千上万的信访问题的发源地，是形成“信访洪峰”的上游。加强基层信访工作，就是从源头上解决、处理好群众来信来访。要坚持把开门接访、联合约访、上门走访、带案下访等作为基本工作方式，把信访的重点、工作的重心进一步向县、乡、村等基层一线倾斜，从基层基础工作抓起，努力从源头上预防矛盾、减少矛盾，努力将矛盾化解在萌芽状态、解决在当地。

事实早已表明，只要畅通和拓宽群众利益诉求表达渠道、依法维权渠道，让群众诉告有门、解难有路，就能为维护群众合法权益提供坚实支撑；只要不忘信访工作的“初心”，把解决问题作为信访工作的核心，想方设法把问题化解在萌芽、解决在基层，就能有效减少不和谐、不稳定因素，把办理接待群众来信来访的过程变成疏导群众情绪的过程，变成为群众排忧解难的过程，变成密切联系群众的过程，变成维护党和政府形象的过程。

/ 形式主义表现十五 /

学习培训空心式

有的干部因为工作繁忙“不愿学”、碌碌无为“不爱学”，或装点门面“不真学”、急功近利“不深学”。有的干部学习停留在计划、报告、总结中，没有活动载体、约束机制、督促检查，有的只是“学而不思”。有的干部似乎读了一些书，但不懂得理论联系实际，不善于将向书本知识学习同向群众学、向社会学、向实践学结合起来，往往纸上谈兵、坐而空谈。有的干部学理论全靠抄袭粘贴、东拼西凑、移花接木、词语翻新，甚至找人代笔，自己当甩手掌柜。而有些地方或单位组织的干部培训重形式轻内容、重留痕轻实效。

畸变的学习　　新华社发　商海春作

2023年7月10日至14日，陕西榆林市吴堡县委党校给本地党支部书记开展培训期间，在食堂推出了“清廉餐”菜单：一清二白、拒腐防变、忆苦思甜、黑白分明、清清白白等。当地官方媒体报道称，此举目的是想“让学员们感受美食中的廉洁文化”。21日，陕西榆林市吴堡县委发布通报称，通过对菜品重新起名的意图赋予“清廉”含义，引发媒体和网友的热议与批评，造成不良影响。县委已责成党校进行全面整改，对党校常务副校长作出停职处理，由县纪委对相关责任人进行调查处理。

同时，举一反三、引以为戒，在全县范围内开展形式主义问题排查整治，切实改进作风，提升工作实效。①

近年来，随着改革的不断深化，基层的各种利益关系不断调整，就业、社保、医保、土地征用、房屋拆迁等群众日常生产生活中出现的问题越来越多，解决难度越来越大，不少干部遭遇“本领恐慌”。

有些干部在工作中匮乏“发展之招”，这实际上就是个“本领恐慌”的问题，与当前经济社会发展形势和群众的要求不相适应。中国正处于深刻变革的时期，干部的学习能力关乎国家命运与前途，必须通过不断的学习来提高执政能力与水平，这也是消除当前一部分党员领导干部“本领恐慌”的最好良药。

现实中，不少干部患学风“漂浮症”，表现在工作繁忙“不愿学”、碌碌无为“不爱学”，或装点门面“不真学”、急功近利“不深学”。虽然有些干部的学历年年看涨，文凭越拿越高，但解决问题的能力并没有相应提高。一些地方平时不重视干部培训，一到年终就搞突击，以完成既定的培训时长要求。学习培训内容与实际工作脱节，难以指导工作，还增加基层干部负担。

“苟非其选，器不虚假。”干部要多些“本领恐慌”意识，多学习、积累、历练，才能避免陷入少知而迷、不知而盲、无知而乱的困境，始终保持能力与岗位相匹配，干出更多实绩，取得更好成绩。而干部培训不再变成“留痕游戏”，对学习者产生持久的启发或指导作用，更是培训设计者与实施者面临并需要不断创新求解路径的长期命题。

---

①《一党校推出“清廉餐”引质疑！当地通报》，澎拜新闻客户端，2023年7月21日。

一、部分干部学习“在线”不“在心”

在古代，官员大多自幼熟读经、史、子、集，通过多年的寒窗苦读后入朝为官，以实现个人治国平天下的远大抱负。

盛唐时期，读书之风更是遍及朝野。唐太宗曾说“以史为镜，可以知兴替”，告诫百官多读史书。唐代文学家韩愈也说“人之能为人，由腹有诗书”。而中唐时代以勇于进谏而闻名的阳诚，“好学，贫不能得书，乃求入集贤为书写吏，窃官书读之，昼夜不出。经六年，遂无所不通”，被传为历史佳话。

中国人素有“活到老，学到老”的读书学习传统。官场上也有“仕优则必学”的优雅传统。读书学习对于干部的重要性，不言而喻。

2017 年 4 月 25 日，中共中央政治局就维护国家金融安全进行第四十次集体学习。近年来，中国共产党人在学习制度上不断完善。其中，中央政治局集体学习制度化、长期化，便是一种学习方式的重大创新。

党的十八大以来，中央更是在全党倡导大兴学习之风，且中央领导人率先垂范，但有些干部却“不愿学”。2014 年，中共中央党校“领导干部阅读状况调查研究”课题组对在校学员中进行的一次阅读状况问卷调查显示：71% 的学员对领导干部读书状况评价“一般”，17% 评价“好”，1% 评价“很好”，11% 评价“差”，1% 学员评价“很差”。持积极肯定态度的不到 20%。

当然，也有些干部在“读书学习”，但碌碌无为“不爱学”，或装点门面“不真学”、急功近利“不深学”，暴露出了各种形式主义做派。有些干部培训往往让他们既不能保证培训效果，又加大了工作强度。

第一种现象是“浅层次阅读”。有的党员干部习惯于“碎片式”学习，只是利用零碎时间应付学习。有的止步于听听讲座、翻翻辅导读物，忽视对中央大政方针的系统、深入的学习，一些人甚至没有阅读过经典著作。有的沉醉于“消遣式”学习，把学习变成了浏览肤浅庸俗的资讯八卦。

“偌大的豪宅里，却遍寻不见一本书。”深圳市委原常委、政法委书记蒋尊玉落马后，广东省纪委办案人员搜查其住所时有这样一个深刻印象。

据办案人员透露，作为一名正厅级领导干部，蒋尊玉家中书柜里摆放的并非图书，而是名贵烟酒、玉器、字画等。放在床头的唯一书刊还是“少儿不宜”的读物。他家中甚至还布置了一间佛堂，供奉了十几尊佛像。蒋尊玉作为“不读书干部”的典型，值得警醒和反思。①

有的领导干部也多读书，读好书，但个别领导干部不善读书，偏偏“走火入魔”。例如，安徽省宣城市委原副书记杨枫就对 MBA 颇有研究，相信也一定读了不少 MBA 方面的书籍，不过，这位书记并没有把这些知识用在改良领导工作上，反而运用来管理“情妇团队”。

2001 年 1 月，44 岁的“学者”杨枫当选为安徽省宣城市人民政府副市长。杨枫的妻儿在合肥，虽然和妻子长年分居两地，但他并不寂寞，身边总不缺少“红颜”相伴。他有许多情妇，并在细细盘点了几个情妇的优缺点后，把几个人的性格特点做了分析，随即运用所学过的 MBA 理论及人力资源管理知识，制订了周详的管理方案，以人尽其用，安排合适的人做合适的事情，如有的主攻上级领导圈子，有的经营公司、共享利益……最终，杨枫失宠的“首席情妇”邹某反戈一击——举报杨枫所作所为。2005 年 9 月 7 日，杨枫被依法逮捕。②

若来扒一扒底儿，至于杨枫 MBA 的头衔，相信也不过是个“空有文凭，没有水平”的样子货。其实，杨枫之所以把 MBA 拿来管理“情妇团队”，只是因为他肚子里只有那一星半点儿的墨水，只敢在情妇面前舞弄一番。若非如此，杨枫为何不在政绩上有所建树，而只拔了个用 MBA 管理情妇的“头筹”？！

第二种现象是“走过场”。有的政治理论学习停留在计划、报告、总结中，没有活动载体、约束机制、督促检查。有的“学而不

① 何龙:《领导可以不读书　为官所以不读书》，人民网，2015 年 6 月 9 日。

②《安徽宣城原市委副书记用 MBA 知识管理情妇团队》，央视网，2006 年 7 月 26 日。

思”，空喊口号，对上级精神机械传达，不结合实际深刻领会。

有一些地方，一些党员干部搞学习二十大精神、“两学一做”等活动，不乏学习会议落实学习会议、学习文件落实学习文件、打造材料搞学习等现象，看似学习方式多样，不过是摆拍做材料、走过场。

一般来说，各单位每年都对培训时长有明确要求，学习培训安排合理的单位，能按时达到培训要求。而一些平时不重视学习培训的部门，习惯于年底搞突击。可年底也是事务最为繁忙的时节，基层干部一边要参加学习培训，一边要做好本职工作。“一旦脱产学习，工作无人接手”的现实往往令他们既不能保证培训效果，又加大了工作强度。

突击实施的学习培训与考核挂钩，不能不参加。一些部门将学习培训参与情况作为考核工作态度、专业能力的依据，有的甚至将参加学习培训与评聘职称挂钩。

为了检验学习培训成果，部分单位还设置各类考试。“各类考试一般都会排名。分数太低，分管领导看到会不高兴。”基层干部反映，只有学习培训开展得“轰轰烈烈”，一些领导才有政绩。一些基层干部缺乏学习动力，但碍于参加培训的学时要求，疲于应付，索性在网上雇人刷学分，代替自己线上考试。①

近年来，不少干部走进教育基地，身临其境地感受那一段段苦难和辉煌交汇激荡的历史岁月，对人们铭记光辉历史、传承红色基因起到了正面引导的积极作用。但也要看到，有少数红色教育走样走偏，不入脑入心，甚至只满足于“到此一游”的形式感。

在红色旧址经常会看到一些单位参观，下车后第一件事就是拍集体照片，合影结束后，部分人就走开了，还有人到周边的街区玩耍逛街。有些单位说是过来学习革命精神，但到了现场以后，横幅一拉，党旗一摇，姿势摆好，照片一发，就算“学习”了。

因各方面条件限制，单位组织党员干部去培训的时间大多相对

① 杨欣、刘芳洲：《突击培训变味，重形式轻实效》，《半月谈》，2020年第23期。

较短，匆匆一瞥就离开，流于表面，使得教学效果大打折扣。例如，有些红色景点在特殊时间节点参观学习的人太多，甚至人挤人，即使想好好学习，事实上也做不到。①

参观学习是为了更好地了解革命精神。这种形式主义的红色教育，不仅不能实现初衷，反而可能对优秀红色文化的传承和发扬形成伤害。

在现实中，也有不少落马干部反思自己犯罪的根源，将其归结为“放松了学习”。胡秀军就是其中一位。

2023 年 8 月，重庆市巴南区经济和信息化委员会原副主任胡秀军因犯贪污罪、受贿罪、国有公司人员滥用职权罪，数罪并罚，被判处有期徒刑五年四个月，并处罚金人民币五十万元。

公开资料显示，2022 年 1 月，胡秀军因涉嫌严重违纪违法，接受巴南区纪委监委纪律审查和监察调查。2022 年 4 月，胡秀军被开除党籍、开除公职，其涉嫌犯罪问题被移送检察机关依法审查起诉，所涉财物一并移送。

“经济园区公司接待应酬多，社交圈子复杂，我时常缺席单位组织的集中学习，更谈不上自学；对待区里开展的警示教育，从未用心去思考、去体会，哪怕是身边人现身说法，也当成听故事……”他在忏悔书中写道。②

党员干部要想具有增强抵御侵蚀、防止蜕变的强大抗体，就需要严格的自律意识和不断学习。胡秀军在理论学习上搞形式、走过场，在警示教育中听故事、当看客，越规逾矩、放纵驰荡，人生悲剧的酿成就只剩下时间问题。

第三种现象是“学用两张皮”。在实际学习中，个别单位的个别党员干部的落实效果仍不够理想，尤其是学用“两张皮”的弊病仍然存在。

有的仍然重业务工作，轻理论学习，把学习当成任务来应付，

---

① 李雄鹰、曹祎铭：《红色教育，让形式主义走开》,《半月谈》，2018 年第 13 期。

② 李钦振、李娟：《心生攀比入歧途　不知收敛坠深渊》，中央纪委国家监委网站，2023 年 10 月 25 日。

满足于“蜻蜓点水”式的学习；有的仍在语言、文字上兜圈子，“从理论中来，到理论中去”，在学习中“空对空”；有的把工作、学习分开，工作中不谈学习，学习不指导实践，把学习和实践变成了毫不相干的“两张皮”。

年底突击培训，让本应珍惜的机会反倒成了基层干部的心理负担。基层干部坦言，学习培训中形式主义日渐抬头，除了学习培训时间安排不合理、与基层本职工作冲突这一原因外，其他形式主义乱象也让他们深感疲惫。

学习培训内容与实际工作脱节，难以指导工作。基层干部直言，一些突击培训的课程是上级安排来的，而非自己想学的，且没有提升专业能力的作用，脱离一线实际需求，不接地气。

西南某县一名教师说：“培训任务多到完成不过来，且很多和工作内容不相关。我是给学生教书的，培训课程却大讲法律专业知识。”①

第四种现象是“虚假学习”。有的学理论全靠抄袭粘贴、东拼西凑、移花接木、词语翻新。有的找人代学、代笔，自己当甩手掌柜。

近年来，干部在线学习蔚然成风。作为顺应网络时代建设学习型政党的平台，在线学习对于提高干部素质具有重要作用。然而，一些党员干部“装腔作势”，光在线、不学习，光“上线”、不上心，如此形式主义学风，不利于学习，更助长了对事敷衍应付的不良风气。

有的领导干部为了修完规定的学分而搞“外挂”，一上班就打开电脑登录，然后去忙其他事情，让授课老师在那里自说自话。有的干脆找下属帮忙“在线”，甚至出现有的干部一个人要替几个领导学习的怪象，让人哭笑不得。还有的压根儿就不“上线”，在组织部门的年终通报中出现零学时现象，却心安理得。这些现象不仅

---

① 杨欣、刘芳洲：《突击培训变味，重形式轻实效》，《半月谈》，2020 年第 23 期。

让在线学习的效果大打折扣，还衍生出浪费资源、增加下属负担等“负产品”，背离了设置在线学习方式的初衷。①

特别是，自“学习强国”正式上线以来，引发了学习热潮，受到广大党员干部群众的一致好评。绝大多数单位广泛发动，精心组织，注重实效，有力推动了“学习强国”的推广使用。广大学员能充分利用这一学习平台进行有效学习。但是，我们也发现有不少形式主义做派掺杂其中。

有极少数单位具体负责的同志未能正确引导，把推进学习活跃度转化为比拼学习积分，甚至变成了一项学习硬指标，导致少数学员相互之间“攀比”，将每天刷分作为“必选课”。有的被动学习，利用上班时间刷分；做题目直接看答案，应付考试；点开文章不看内容，掐着时间再关掉；观看视频的时候，点开放在一旁，或者直接把进度条拖到最后。在网络上，甚至还衍生出了“如何刷分”的帖子，以及“刷分黄牛”的不和谐之音。

新华社 2024 年 2 月 3 日报道，中央学习贯彻习近平新时代中国特色社会主义思想主题教育领导小组办公室会同中央层面整治形式主义为基层减负专项工作机制办公室对 3 起整治形式主义为基层减负典型问题进行通报。其中，安徽省滁州市定远县医保局在学习使用“学习强国”中搞积分排名、通报约谈，引起党员干部的抵触情绪。

2023 年 8 月，安徽滁州定远县医保局召开“学习强国”分数落后学员集体约谈会，指出该局 28 名党员干部中只有 18 人学习情况较好，其他人员学习主动性不强，要求每日学习积分要达到 30 分以上。该局还在内部工作群通报“学习强国”每周积分排名前 6 位和后 6 位学员名单，这种做法给党员干部额外增加了学习负担。②

这些形式主义的做法，影响了学习成效，更违背了“学习强国”推出的初衷。“学习强国”不是硬性任务，不应沦为形式主义。

---

① 陈琳：《警惕光“在线”不学习的形式主义》，《中国纪检监察》，2018 年第 11 期。

②《3 起整治形式主义为基层减负典型问题被公开通报》，中央纪委国家监委网站，2024 年 2 月 3 日。

作为一种新的学习方式，它传递的正是“只有学习，才能强国”的深远意义。

大部分干部能够通过认真学习，不断提升自身的理论素养、文化知识水平和服务群众的本领。但是，也有的干部的文凭与自身能力、本领并不相匹配，“大跃进”地戴上了“硕士帽”“博士帽”。对这类干部来说，学历只是他们被提拔任用的“垫脚石”，而腹中“存货”并未增加多少。

相比其他落马官员，云南省原副省长沈培平更受人关注的一点在于他的学历。沈培平系云南保山师范专科学校中文系专科毕业，其后就读中央党校函授学院在职研究生班。让人颇感意外的是，沈培平2004—2007年在北京师范大学资源学院自然地理学专业在职研究生学习，神奇地获得理学博士学位，5个月后获聘该校兼职教授，其学历和职称的“速成”令人惊讶。①

这也再次提醒，干部任用要防止年龄和学历搞“一刀切”，对干部能力的考察应重于对学历的考察。

二、干部为什么不读书、少读书、懒学习

对一个高度重视学习的政党来说，学风是思想路线问题，反映党的理论自觉程度，反映党的思想方法和工作方法，也反映党的精神面貌。

1941年5月19日，毛泽东在延安干部会上做了《改造我们的学习》的著名报告。这个报告准确分析了在学习中不注重研究现状、不注重研究历史、不注重马克思列宁主义的应用三个不良作风。这些论述和分析对我们今天的学习仍然有重要指导意义。

现在的干部队伍越来越年轻，学历越来越高，即使是基层干部，绝大多数干部也具有大专以上学历，他们具有非常强的读书能力。也正是因为他们会读书，成绩优异，才上了大学，然后进入公

① 胡乐乐：《落马副省长文科出身获理科博士　媒体：追究学位来历》，人民网，2014年4月3日。

务员队伍。

可是，一些人从大学毕业来到工作岗位以后，慢慢地陷于日常事务之中，与书籍渐行渐远。时间长了，他们对书望而生畏，一年甚至几年也读不了几本书。他们身上的“书生气”是没了，读书的兴趣也随之减弱了。

干部为什么不读书、少读书、懒学习？探究下来，大概有以下六种因素。

一是疲于应酬，劳累所致。一些干部整天忙于迎来送往，沉溺于推杯换盏之中，无暇读书、无心读书、无力读书。有些人乐此不疲，也有些人感觉无奈。

其实，应酬也可以分为必需和可有可无两类。一些应酬必不可少，这是由国情决定的。但是，还有更多的应酬是可以推掉的，或者是可以简单化的。因为工作关系必不可少的应酬，尽量简化一点，少占用一些时间。

一些担任领导职务的干部，应酬本来就很多，如果习惯于这种生活，其他一些人往往投其所好，创造更多的应酬机会和场合，与之保持亲密接触。久而久之，他们很可能在灯红酒绿中迷失自我。

在一些经济不发达地区，不少干部肩负着繁重的任务，他们精神压力太大，满脑子是招商引资。还有一些党政机关提倡“两眼一睁，忙到熄灯”的工作方式，这也让一些领导干部无暇读书。其实，时间挤一挤总是有的。

二是浅尝辄止“懒”病犯。要读书，更要读好书。读书应该有计划，根据工作需要、兴趣爱好，选择经典图书、制定阅读进度。饭要一口一口地吃，书要一页一页地读，好书还要细细地读、反复地读，就像品茶一样。

有不少干部并没有深刻认识到现代领导活动与读书学习的密切关系。因为读书是在无形之中一点点积累的，所以素养也就一点点提升。不少领导干部不懂得读书的益处和必要性，也就没有读书的紧迫感。

有的干部一时兴起，雄心勃勃，有庞大的读书计划，但是，虎头蛇尾，坚持不下来。也有的干部读书浮皮潦草，不求甚解，急于求成，收获甚微。读书应有健康的心态和正确的方法。

三是自认为是“失意精英”。有些干部不读书、少读书、懒学习，是“读书无用论”作祟。有些领导干部忙着去交际应酬，忙着维护自己的关系网，唯恐因为读书而影响晋升。如果官场盛行裙带关系、小圈子，选拔不是根据考试成绩和政绩，而是讲靠山、派系以及票子，就会迫使一些追求上进的官员不是用心地把精力用在读书学习上，而是放在混圈子、找靠山以及一些迎合领导喜好的各种投机钻营上。

有些干部总觉得自己怀才不遇，牢骚满腹。其实，与其这样，不如静下心来，踏踏实实、认认真真地读书学习，为将来做准备。平时不积累，书到用时方恨少。机会是为有准备的人而准备的。一些干部平时默默无闻，关键时刻却能脱颖而出，恐怕与他们平时的阅读、思考、积累不无关系。

四是热衷玩弄权术。现在的火车站、飞机场书店里，热销和畅销的书籍、干部案头摆放的书籍，往往是领导艺术、用人的艺术、管人的艺术类的居多。阅读这些书籍本也无可厚非，如果选择得当，可以提高领导和管理水平，改善人际环境、管理质量和工作效率。

但是，不少干部热衷于读如何玩弄权术，如何利用官场的潜规则，如何在官场上钩心斗角之类的书籍。什么《教你管人36招》《教你治人40计》《官场厚黑学》等已成为一些干部喜欢的读物。而对与自己业务有关的、扩大知识、开阔眼界、提升境界的书籍没有兴趣。

读书是好事，但是，要学会读好书，读有用的书。

五是有下属代劳，自己不必动手。有些干部要做报告却自己不愿意读书、思考、动笔，习惯于让下属捉刀代笔。这些干部经常动嘴却不会说话，连简单的祝酒词、主持词都要秘书代拟，然后照念。需要即席讲话时，要么吞吞吐吐、结结巴巴，要么夸夸其谈、东拉西扯，不知所云，空洞无物。

六是脱离实际好作秀。干部要善于向实践学习，向书本学习，做到理论联系实际。干部特别是领导要把时间和功夫多用在读书学习、思考问题上，少做或根本不做表面文章。

有一些干部办公室和家里经典的、时尚的书籍倒是摆放了不少，但是大多是为了装点门面，而不是用于开卷有益。很多时候，书籍对于他们而言是艺术的陈列品，供奉在那里，从不打开、从不触摸、从不翻阅。

三、干部五种“本领恐慌”不容忽视

“不读书，放松了世界观改造。”综观近年来落马的贪官，在反思中几乎都会后悔没有“好好学习”。没有精力读书，却有精力“花天酒地”，没有时间学习，却有时间“求神拜佛”，这无疑是“危险信号”。

由于借口工作繁忙“不愿学”、碌碌无为“不爱学”，或装点门面“不真学”、急功近利“不深学”，因此不少领导干部开展工作全凭吃老本。在全面深化改革进入啃“硬骨头”阶段，常遭遇以下五种“本领恐慌”。

第一，有理论与实际“两张皮”的恐慌。当前很多基层领导干部对党的基本理论和方针政策非常了解，讲起理论“头头是道”，但落实到具体工作中，与实际脱节。例如，有些基层领导干部对党的理论和大政方针的把握只停留在概念的表层意义上，不能结合本单位、本部门的实际需要，因地制宜地与地方特色紧密结合，导致一些良好的发展理念不能落地生根，发展成效不能很好地彰显。

党的大政方针确定以后，对基层领导干部而言，关键是要精准理解政策，在基层狠抓落实。但现实中一些基层领导干部在改革创新和推进工作中，对政策把握不够精准，应变能力不足，应对方法捉襟见肘，“手里掐着政策，桌上摆着文件”，在狠抓落实上缺乏手段和方法创新，跟不上时代的步伐和要求。

第二，有知识贫乏的恐慌。当前需要在新技术革命的制高点上推动产业升级、发展转型，一旦基层领导干部对这些方面的“嗅觉”差，就可能错过发展的大好机遇。有些基层领导干部面对互联网、大数据、人工智能等前沿科技成果，由于“接触少、存货不多、不会用”，不能及时推进新兴产业和服务的配套管理建设、实现实体经济与现代信息技术的有效对接。

面对国内外多变的局势、复杂的社会环境，不少干部常常感慨工作中常遇到“新办法不会用，老办法不管用”的状况。例如，当前的脱贫工作已进入攻坚拔寨的关键时期，有的干部也想有所作为，但因知识水平低，在工作中没有新思路、新模式、新方法，扶贫方式仍是“慰问式”，对贫困户“输血式”扶贫多，“造血式”扶贫少。扶贫产业结构比较单一，还是按照送鸡苗、鸭苗，种蔬菜大棚的老套路发展扶贫产业。

第三，有工作经验不足的恐慌。有些领导干部基层历练不够，缺乏基本的危机应对能力。例如，一些突发性、群体性事件的发生，归根结底就是个别领导干部解决实际问题、处理复杂矛盾的经验不足。作为一名合格的干部，既需要知识，又需要经验。一些地方和部门的干部队伍中，年轻人占大多数，基本是从学校到机关，他们解决基层实际问题的经验较少。

第四，有环境不适应的恐慌。当前干部面临的社会环境复杂，外在挑战多。有些干部随着工作岗位的变化、职级的提升，原有的能力素质与新岗位、新角色的需求之间会出现新的不适应，不能适应新岗位、胜任新工作。

第五，有服务水平难达群众需求的恐慌。随着群众利益诉求的多元化，有些基层领导干部在法治框架内处理问题的能力不足，简单粗暴地回应群众的利益关切，缺乏有效的应对措施，从而加深了群众与地方政府之间的隔阂。更有甚者对公众情绪的表达具有一种天然的恐惧，集中表现为害怕面对群众提出的问题，缺乏接受群众监督落实的意识，尤其在面对群众诉求过程中出现的各种矛盾和问题，缺乏有效应对方法和手段，缺少依法处理问题的能力。

有的乡镇干部下村，常常和村干部约个时间、定个地点，匆匆忙忙握个手，三言两语往回走。有的县里干部，下乡就是“到此一游”，群众问个政策他含含糊糊，求个指点一问三摇头。个别市县领导，下乡坐在接待室，任凭汇报人胡夸海吹，不加分析地频频点头。这些干部并非不想跟群众多交流，也并非不想帮群众多解决困难，而是因自身素质能力有限，实在帮不上忙，说不上话。

“本领恐慌”是毛泽东在延安学习运动中提出的。1939 年 5 月 20 日，毛泽东在延安在职干部教育动员大会上说：“现在我们的队伍里面发生了这样一个矛盾，就是我们的干部不学习便不能够领导工作……我们队伍里边有一种恐慌，不是经济恐慌，也不是政治恐慌，而是本领恐慌。”

“好像一个铺子，本来东西不多，一卖就完，空空如也，再开下去就不成了，再开就一定要进货。”毛泽东把学习比喻成“开铺子”，如存货不多，取一点，少一点，不久就要告罄，你不进货，就要关门倒闭。

历史经验表明，中国共产党人依靠学习走到今天，也必然要依靠学习走向未来。干部要上进，国家要上进，民族要上进，就必须大兴学习之风，坚持学习、学习、再学习，坚持实践、实践、再实践。

四、“能上能下”倒逼干部“用心”学习

党的十九大报告指出，领导干部“既要政治过硬，也要本领高强”，不仅要提升“五种思维”，还要增强“八种本领”。对领导干部来说，达到本领高强，可能有很多方法，但千招万招都离不开读书这一招。

“学习的最大敌人是自我满足，要学有所成，就必须永不自满。”习近平总书记说，“现在，有的党员、干部对理论学习不重视，把自学变不学；有的想起来就学一学，三天打鱼，两天晒网；有的拿学习来装门面，浅尝辄止、不求甚解；有的学习碎片化、随意化，感兴趣的就学、不感兴趣的就不学；不少年轻干部理论功底还不扎实、理想信念还不够坚定。要做到真学真懂真信真用，还需要下更大气力。”①

从这个角度讲，对干部要本着“缺什么补什么”的原则，有针对性地及时补齐干部能力上的“短板”，这既需要干部自身勤奋努力，有提升自身的强烈愿望，同时单位和组织也应提供更多培训机会。

首先，干部自我施压。智能之士，不学不成，不问不知。干部要增强学习的自觉性和主动性，通过各种方式和途径学习，并把每一次学习，包括自学、集中学、外出培训等，都当作充电的机会。

干部在工作中，宜以学促干，学干结合。博学才能多识，干部既要精于学习书本上的各种理论知识，又要善于向群众多学习、向实践学习，在学习过程中，要甘当小学生，“不耻下问”，以谦恭的态度，真心向基层群众要经验、要方法，才能“积跬步而至千里”。

其次，增加培训机会。要对干部开展有实效性、针对性的培训，采取请进来和走出去等灵活多样的方式，突出干部需要什么就

---

① 习近平：《在“不忘初心、牢记使命”主题教育总结大会上的讲话》（2020 年 1 月 8 日），中国政府网，2020 年 6 月 30 日；《习近平关于力戒形式主义官僚主义重要论述选编》，北京：中央文献出版社，2020 年 5 月第 1 版，第 11 页。

学什么，基层干部素质缺什么就补什么，补精神之“钙”，开思想“总开关”，创工作“新实效”。

有针对性地将有培养前途的基层干部、年轻干部安排到经济发展和急难险重岗位一线经受锤炼。把经济社会发展的一线，作为培养锻炼干部和选拔任用干部的主战场。

应建立干部在职读书的报批制度，严格审查其学费支出及学习情况。对于想在职攻读学位的干部，须上报上级组织部门审批备案，对整个学习情况进行跟踪。同时，对拟提任干部应严查其学历真实性。

第三，健全考核评价体系。在干部选拔任用中，要结合“德能勤绩廉”等各项指标全面客观地综合考核评定，重学历，但不能唯学历。干部的工作能力，不仅仅体现在有高学历，而是更多地体现在有工作业绩。

对干部考核，宜更为细化、科学。一要考核综合素质，全面考量干部的综合素质、能力水平。二要考核工作业绩，建立体现科学发展观要求的政绩考核指标体系，促使基层干部扎根基层、务求实效。三要将评判标尺交给群众，切实发挥群众的监督作用。四要考核责任，强化责任分解和责任落实，对于不履职、不尽责的干部要严厉问责。五要逐级开展由上级领导主持、相关群众参加的定期公开述职，用具体指标和工作事实说话。

干部能上不能下，一直是制约干部工作的一个难点问题。从较长一段时间的干部工作实践来看，如果没有违法乱纪、未达退休退职年龄、没有严重健康问题的话，干部很难从岗位上下来。这就要求在既有的严重违法违纪、重大工作失误、关乎全局核心指标落后等这些干部“必下”的“硬杠杠”之外，设置一些干部“可下”的“软指标”。

常用“群众”这把尺子量一量，从正面的表扬、经验推广和树立标杆，到反面的提醒、警示、警告和严重警告等，让干部真正“能上能下”，就可最大限度地避免庸官、懒官长期在位而无察的现象发生。

参考文献

1. 唐任伍：《形式主义十大新表现》，《人民论坛》，2018 年第 1 期。

2. 本书编写组：《整治形式主义官僚主义教育读本》，北京：中国方正出版社，2020 年。

3. 吕德文：《基层督查考核检查泛滥，谁之过？》，《人民日报》公众号“侠客岛”，2018 年 10 月 14 日。

4. 余哲西：《深挖形式主义官僚主义五大根源》，《中国纪检监察》，2018 年第 1 期。

5. 赵聚军：《指尖上的形式主义：分布形态、生成因素与治理路径》，《贵州省党校学报》，2023 年第 6 期。

/ 后记 /

古人是这样整治形式主义的

《明史》中有这样一个故事——

明朝初建，朱元璋夜以继日操劳国事。有一次，刑部侍郎茹太素给朱元璋上了个奏折，长达 1.7 万字。朱元璋让人念到 1.65 万余字，还没讲到主题，不禁勃然大怒："虚词失实、巧文乱真，朕甚厌之。"遂令人把茹太素拉出去打了 20 大板，又耐着性子接着听，在奏折最后 500 字，茹太素才提出五条建议，朱元璋认为有些道理，采纳了其中四条。随后，朱元璋严令群臣，以后的奏折要"许陈实事，不许繁文，若过式者罪之"。

为避免被"罪之"，大臣们从此写奏折时都是开门见山，"一口咬到骨头上"，奏折很快短了下来。《明太祖实录》记载，奏疏制度改革后，朱元璋平均每天能看或听200多件奏疏，处理400多件事，工作效率大增。

也许有人对朱元璋暴打茹太素的事情有看法，但仔细推敲就会发现，明明 500 字能把问题说清楚，为什么非要弄 1.7 万字，这放在今天不就是典型的文字上的形式主义吗？如果我们好好翻翻历史典籍，里面还真是不乏形式主义的案例和整治形式主义的建言。

一

形式主义容易导致务虚奢华之风，若不加以遏制，大有蔓延之虞。纵观中国古代中的形式主义，有以下几种主要表现。

首先，文风虚浮华丽、言之无物。这样的文风对治理国家毫无裨益，不仅会影响政治，也会延伸到军事领域。《资治通鉴》是由北宋著名政治家司马光负责编纂的经典著作，第 202 卷记载，唐高宗凤仪二年（677 年），太学生魏元忠曾经上奏提出治国治军的理念："治国之要，在文与武。今言文者以辞华丽为首而不及经纶，言武者则以骑射为先而不及方略，是皆何益于理乱哉！"①

魏元忠认为朝中的文风华而不实，只讲遣词造句，不追求经世致用，武官也只是求骑射功夫，而没有将精力放在战略战术上，从而导致唐朝国力削弱，在西征吐蕃时遭遇失败。

形式主义是一种投入小回报高的行为，不发现一起惩罚一起，很容易死灰复燃。朱元璋之后，明世宗发现形式主义有所抬头后下令："诸司章奏，不许烦词，第宜明白，开陈要旨，庶易省阅。"可明世宗只提要求却不抓落实，结果形式主义愈演愈烈，明朝国力江河日下。

一位明史专家在谈到明朝的灭亡时写道："官僚机构虚、假的作风不能得到惩罚，结果偌大一个帝国被掏成了空壳。"

其次，以"处处留痕"代替正常工作。《资治通鉴》第 192 卷记载，有人告发大臣魏徵偏袒亲属，唐太宗派御史大夫温彦博查问，没有实据。温彦博在审查时认为魏徵没有留下办事的痕迹，远远地避开嫌疑，内心虽然无私，但也有应责备的地方。于是魏徵上奏唐太宗说："臣闻君臣同体，宜相与尽诚；若上下俱存形迹，则国之兴丧尚未可知，臣不敢奉诏。"

第三，"形象工程"劳民伤财、浮华无效。据《资治通鉴》第 11 卷记载，西汉初年丞相萧何主持营建未央宫，刘邦见到宫殿如此壮丽，十分愤怒，批评萧何不顾连年战事劳苦而铺张浪费。而萧何回答："非壮丽无以重威，且无令后世有以加也。"刘邦转怒为喜，支持了萧何的做法。

司马光对萧何的言论进行了批驳，他在《资治通鉴》中提出："王者以仁义为丽，道德为威，未闻其以宫室填服天下也。"他认为真正的权威是建立在仁义的基础之上的，而不是靠华美的建筑来彰显。在天下尚未安定之时，理当节俭用度，优先改善百姓的生活水平。

二

对于花样百出、浮于表面的形式主义，不少古人厌恶至极。

---

① 司马光：《资治通鉴》，北京：中华书局，2011 年版，第 265 页。

《资治通鉴》记载了这样一个细节：隋朝大业六年（610年），各蕃部落酋长齐聚洛阳，炀帝杨广命令集市内用丝绸缠树、店铺内必须挂设帷帐、酋长到餐馆吃饭店主必须免费，连卖菜的人也要用龙须席铺地。这种“打肿脸充胖子”的形式主义，连一些酋长都“看不下去”。

唐代诗人来鹄在旅途中看到年逢大旱，官员们却不恤民劳，拿不出实实在在的救灾措施，心中甚是痛恨，于是寓情于景，写出一首寓意深刻的咏云绝句：“千形万象竟还空，映水藏山片复重。无限旱苗枯欲尽，悠悠闲处作奇峰。”

夏天的云本是形状奇特、变幻无常的，作者用“竟还空”三字指明了这些千姿百态并没有具体意义，但祈求甘霖者仍不死心，继续试图找到一丝降雨的迹象，低头看到大片旱苗行将枯死，作者与所有农夫一样心急如焚，抬头再去看云，云仍然高高在上，悠闲从容，甚至还化作奇峰在自我欣赏！诗人哪里说的是云，分明说的是不顾百姓死活，大搞形式主义的那些权势者的“尊容”，这些看似冷静嘲讽、实则咬牙切齿的诗句是对为官不为者的声声控诉。

形式主义是一种在历史中存续已久的负面行政因素，也是当前国家治理中亟待解决的问题。既然形式主义古已有之且一直不乏反对者，为何到现在还未绝迹？

一方面是因为形式主义具有很强的顽固性，在一些人看来，形式主义闻起来臭却吃起来香，有时还“很好用”“很顶用”。从历史上看，形式主义首先来源于高层领导对虚浮之风的偏好。反之，如果高层领导崇尚简易朴实，注重行政实效，下级官员就会在工作中自觉地克服形式主义，求真务实。但遗憾的是，历史上的君主很难做到自警自律，慎始克终。

例如，《资治通鉴》第179卷记载隋炀帝杨广在太子之时就善于伪装自己。为了掩人耳目、塑造清正淳朴的形象，杨广将他的美姬藏到别的房间里，只留下年老貌丑之人身着粗制衣服接待来看望自己的父母。房间里的屏帐都改用朴素的幔帐，断绝琴瑟丝弦，不让人拂去上面的灰尘，以示长久不过问音乐之事。这样矫揉造作的太子即位之后，自然是好大喜功，追求浮华，最终损害了隋朝的国力，导致了王朝的灭亡。

另一方面是因为形式主义往往很“狡猾”，善于“基因重组”，长于“变形变异”，总能根据形势变化及时“换装”，摇身一变，让人一时难以识别。精心“美颜”过的形式主义，具有很强的隐秘性和欺骗性。

此外，制度过于严苛也催生形式主义。根据钱穆先生在《中国历代政治得失》中的总结，从秦到清，中央政府有逐渐集权的倾向。中央政府对地方的要求越来越多，标准越来越高，控制越来越严。[①] 高度集中的官僚体制如果一味强调控制和管制，基层缺乏自主权力和能动，就一定会出现应付上级的形式主义。

《资治通鉴》第 18 卷记载了汉武帝时期大儒董仲舒的上书。董仲舒认为，秦朝之所以灭亡，根本原因在于在“治天下”的过程中依旧奉行严刑峻法，憎恶圣明帝王的治世之道，只看虚名而不注重实际。而上级用“一刀切”的工作方法、命令主义的工作要求加强对下级的控制，那么下级则用虚假的政绩来应付上级的控制，形式主义也随之而产生。

三

自古以来，求真务实就是人们追求的境界。从中国古代整治形式主义的经验来看，需要领导者率先垂范，把提升行政效率、增进制度效能、选拔厚重质朴之士等多种措施结合起来，多管齐下，达到治本的目的。

一是领导者以身作则。正如唐太宗所说：“人主唯有一心，而攻之者甚众。”当面对复杂的利益纠葛和人际关系，领导者必须保持一颗淡泊简易之心，通过身体力行、以上率下，达到“躬化易于上风，体训速于草偃”的目的，以此来阻断形式主义生长的土壤。

例如，《资治通鉴》记载后周太祖郭威提倡质朴简易，不喜浮华，在立国后，他对大臣们说：“文武官有益国利民之术，各具封事以闻，咸宜直书其事，勿事辞藻。”鼓励各位大臣直言上书陈事，不须修饰整饬。

北魏时期，大臣们曾经请求加固京师城墙，修缮皇宫建筑，北魏太武帝拓跋焘不同意，认为国家的建设“在德不在险”，治国安邦的关键在于人心向背、德行薄厚，不能过于注重外在形式。

宋仁宗赵祯崇尚节俭。一天晚上，他处理政务已到深夜，觉得

① 钱穆：《中国历代政治得失》，北京：生活 · 读书 · 新知三联书店，2012 年版，第 80 页。

又冷又饿，很想让御厨做一碗羊肉汤来吃，但最终仍未开口。次日，他将此事告诉了侍臣，侍臣很是自责："您下旨即可，我们马上就会奉上。"宋仁宗却说道："我如果在夜间随意索取，厨房将会形成惯例，不管我要不要，都会杀羊以做准备，一年下来将浪费数百只羊，这既伤生害物，也是极大浪费啊。"

二是注重提升官员考核的实效。中国古代，从秦汉开始都非常注重官吏的考核，到唐朝日趋完善。通过对各级官吏实行全面考核来端正其为政态度，提升其治理能力，减少敷衍塞责行为的出现。但是，官员考核如果只注重形式而忽略效果，也会容易衍生出新的形式主义。《资治通鉴》中特别强调了官员考核要注重实效，如第73卷记载了司马光对东汉考课之法的议论，反对依赖过于烦琐的考核程序来判断官员的业绩，避免官员考核流于形式。

三是精简政务。破除形式主义必须精简政务，减少不必要的规章制度和繁文缛节。《资治通鉴》第43卷记载了东汉时期光禄勋杜林的上奏。杜林认为汉朝初兴时，废除苛政，四海之内欢欣鼓舞。等到以后，法令逐渐增多，以致发展到有法不禁，有令不止，上下互相掩护逃避，弊病更加严重。光武帝刘秀采纳了他的建议，颁布诏书提出要精减官吏，考核实绩，精简政务，提高工作效率，更好地为百姓服务。

北魏时期，大臣元澄在上书胡太后时提到的"法忌烦苛，治贵清约"，精简政务，减少繁文缛节可以减少形式主义的发生。隋朝名臣刘炫认为行政事务极大地增多，吏员要花费大量的精力应对上级的考核，甚至出现"老吏抱案死"的情形。

唐朝大臣魏徵认为，上下级之间要以诚信相待，如果事事追求"留痕"，会损害双方共事的信任基础，不利于正常开展工作。"处处留痕"最大的危害在于消耗了各级官员的工作时间与精力，有碍上下级之间的信任。

重用厚重质朴之士。对于厚重质朴的名臣名将，《资治通鉴》中多有称赞，例如，西汉周勃"重厚少文"，丙吉"为人深厚，不伐善"，东汉吴汉"质厚少文，造次不能以辞达"，等等。

唐朝末年，大将李嗣源为人质厚寡言，崇尚务实，在战场上总是亲自冲锋陷阵，身中四矢，获得"李横冲"的美誉，他却从不自诩，更不居功，而将赏赐分与部下。有一次，与多名将领相聚，他们飞扬跋扈、夸夸其谈，这人道，我勇猛无敌，那个说，我谋略超群，把战绩纷纷揽在自己身上，独有李嗣源默不作声，别人问他何故，他慢慢说：“诸君最喜欢凭着嘴皮子去攻打贼寇，我李嗣源只是用这双手去攻打贼寇罢了。”众人听了，不禁羞愧地垂下了头。

涵养风清气正的政治生态需要树立良好的用人导向。选用这些厚重质朴、不尚华丽的高尚君子，罢黜那些华而不实、虚浮缥缈的投机之人，是破除形式主义的又一关键。

以史为鉴，对当今整治形式主义，或许会有一些深刻的启示。

是为后记。

李松

2024 年 12 月 8 日于北京